①沖縄県立図書館・貴重資料デジタル書庫より許可を得て転載。
②～⑧国立台湾大学図書館「田代安定文庫」より許可を得て転載（解説は本書 181 ページ）。

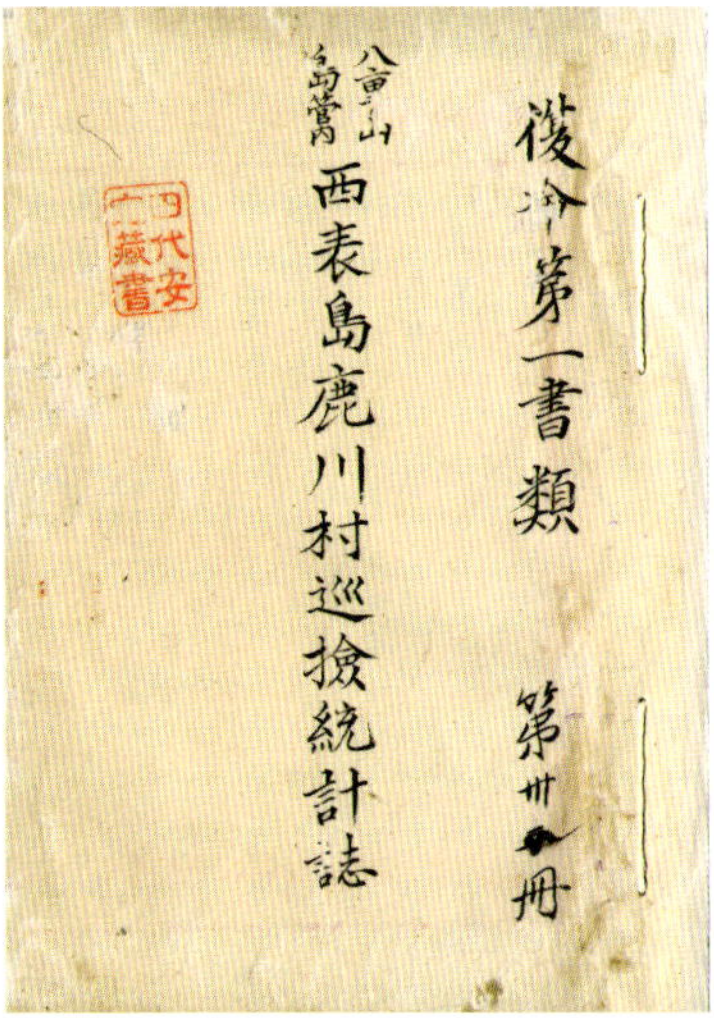

②明治18-19 年の田代安定の報告書表紙

①田代安定（1857−1928）

③ 130 年ぶりに日の目を見た、田代安定による西表島西部鹿川村の民家の図。

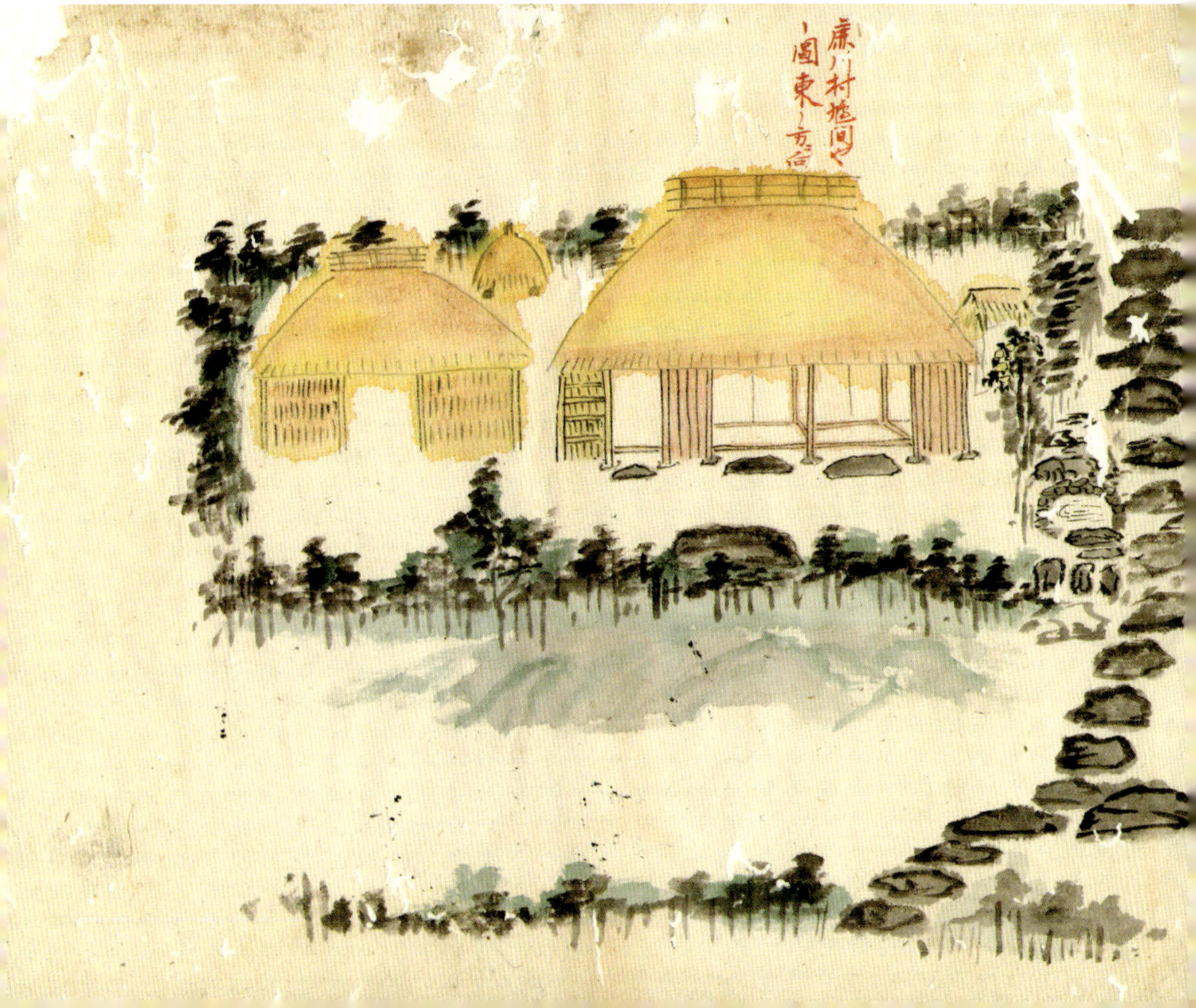

④網取村の民家の図。
「アメトレ村人家ノ圖　カヤマヤ」と墨書

⑤網取村の御獄の図。「網取御獄
神名パイ＊＊＊　戌ノ方二向」

⑥崎山村の民家の図。「崎山人家ノ圖　平良ヤ」

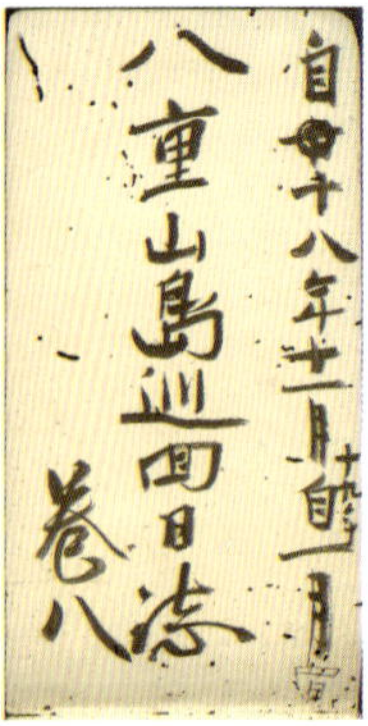

⑦（右）田代安定の『八重山島巡回日誌』巻八と、⑧（下）その一部

廃村続出の
時代を生きる

南の島じまからの視点

安渓遊地 編著

南方新社

目次

目次

はじめに――南島の廃村学ことはじめ

人口減少社会を迎えた日本では、今後コミュニティの崩壊と消滅という廃村現象が続出することが予測される。また、噴火・地震・津波などの天災や、それに複合して起こる原発事故などのおりに、退避と移転を余儀なくされたコミュニティがどのように復興あるいは崩壊していくのだろうか。どのような経路をたどって廃村化という現象が起こるのかについての事実についてのフィールドワークは充分とは言えない。実は、西表島から屋久島にいたる九州の南に連なる島々では、過去にそうした廃村という現象がたびたび起こってきた。本書は、一九七四年以来、琉球弧の島々で私がおこなってきたフィールドワークに基づいて、新しい手法で人と自然の関係を考察する民族考古学（エスノアーケオロジー）の分野に関する研究報告を第一部とし、そのノウハウを若者たちのフィールドワーク学習の中にどのように生かすことができるかを述べた第二部を主な成果とし、さらに、そうした経験を将来に生かすための現場でのさまざまな課題への個人的挑戦の報告を第三部としてつけ加えたものである。

生態的・経済的・社会的・政治的な視点から、いかに生活が破綻したかを明らかにすることは、人口減少社会を迎えている日本や、人口の都市への集中が著しい韓国、高齢化の進む中国などにとっても、未来への規範となりうる「失敗学」の教訓となるであろう。その意味で、安渓（二〇一一）で述べたような、失敗の歴史に学び、現代の課題をわがこととして（安渓、二〇一五ａ）足下から解決していこうとする人たちにとっても、なんらかのヒントとなることを期待している。

各部のそれぞれの章の大まかな内容は以下の通りである。

まず、序章として、文化人類学でも考古学でもほとんど扱われることがなかった廃村研究の目的と、その方法について記す。

第一部、第一章と二章は、明治末以降、数多くの廃村が生まれた日本の最南端の八重山の島々の中で最大の面積をもち、廃村も多い西表島南西部の三つの廃村の中で最古の鹿川《かのかわ》廃村での研究結果をまとめる。鹿川はとくに遠隔の地にあったため、廃村になったあとの人工的な土地の改変などが少ない場所であり、明治三六年まで続いた沖縄の旧慣温存期の生活を知る手がかりが豊富である。第一章で物的証拠を集め、第二章では、それに対応する人々の記憶を聞き書きして物的証拠と対応させるという構成で、これ以後も廃村研究にあたってはこの順番で取り組んでいる。

第三章は、最近台湾大学図書館で再発見された、博物学者・田代安定の残した明治中期の八重山の膨大な踏査資料紹介である。廃村となる前の八重山の村々のありさまをつぶさに知ることができ、はじめの二つの章の推論や記憶を、実際の史料によって裏付け、修正することができるという貴重な結果を得た。

第四章は、戦争中に廃村でおこった事件と、戦争のために森の木を伐りすぎたために未曾有の洪水被害によって壊滅した浦内川ぞいの稲葉集落の最後を語る生々しい聞き書きである。

第二部は、屋久島を舞台として、数日単位という短期の実習の中ではあったが、学生たちとともに経験した廃村でのフィールドワークの記録である。

第五章は、屋久島を教科書にして学ぶフィールドワーク講座の内容の紹介である。その中で「人と自然班」を担当した私と妻の安渓貴子が、学生達とたずねた西部林道の廃村が第六章、ついで、屋久杉伐採の最前線基地となった小杉谷で電化が進む屋久島内でももっとも近代的な生活が営まれていた当時のようすを第七章で、さらに山奥のもっとも高度の高い村であった石塚でのフィールドワークと聞き書きが第八章である。

第三部は、第九章として、沖縄島北部の山の中の別天地であったユッパーと呼ばれる集落での暮らしの記憶を置き、第一〇章は、二〇一五年五月の噴火で全島民が屋久島への七か月間におよぶ避難生活を余儀なくされた口永良部島の暮らしを聞き書きの手法で紹介する。

『南日本新聞』の一九九九年七月二三日号は、一面トップで「一七一二集落消滅、今後も二二〇〇集落に可能性——一九六〇年からの三八年間」とする、国土庁（当時）の調査による過疎地域での廃村の統計を掲げた。その後、「限界集落」という言葉も使われるようになる中、廃村続出の時代の到来が危惧されるようになったのである。

地方に暮らす者として日々感じている生活基盤の崩壊に対する具体的な危機感を前提として、最終の第一一章は、このような過疎と人口減少社会の中で、廃村が続出するような時代を人々がどのように暮らしてきたか踏まえて、自分の足下から未来をどのように切り開くべきかの、主として山口県での実践記録をもりこんだ。個人的な模索のようであるが、持続可能な未来につながる生活様式の確立は、もっとも具体的な幸せの形であるという普遍性をもつはずだ。

以下、その研究の方法などに触れながらやや詳しく述べていこう。

第一部は、私の廃村でのフィールドワークをまとめたものである。京都大学大学院理学研究科の修士課程の学生として、伊谷純一郎先生の指導のもと初めて取り組んだフィールドワークが、西表島の廃村鹿川の総合的研究だった。この研究は、最近になって台湾大学から田代安定の踏査資料の原本が出現したことから、学生実習の引率のかたわらその整理をしつつ現在も継続しているから、足かけ四〇年を越える研究である。私が大学院に進学した一九七四年当時、伊谷先生は、霊長類学・アフリカ地域研究・生態人類学などの分野のパイオニアであったが、さらにその視野を考古学へと広げるべく構想しておられるところであった。

大学院入試の面接で、「学部で勉強したことで印象に残ったことは？」というような質問があった。私は、生物学専攻のはずだったが、実際には三年生の後期から文化人類学者の川喜田二郎先生が東京工業大学を辞して始められた移動大学運動に没入していて、ほとんど授業には出ていなかったのだが、それでも次のように答えた。渡辺仁《ひとし》先生（東京大学）の Ainu Ecosystem の集中講義で聞いた「石器は、作られたままの傷のないものがきれいで良いと思いがちですが、それは逆で、傷がついていたり、折れたりしたものこそ、その現場での使い方を知るための貴重な手がかりを残しているのです、という物の見方にたいへん感心しました」。

後に知ったことだが、この前の年、西表島の鹿川廃村を訪ねた伊谷先生は、海岸に面した急斜面のジャングルの中にたくさんの遺物が落ちているのを見た。そこで誰か大学院の新入生にこれを研究させようと手ぐすねを引いておられたのだ。

大学院進学後の四月、伊谷先生は、私に「君の行くところは一か所しかない。西表島の廃村の鹿川村や」といい、やがて次のように指導された。「最近世界ではNew Archaeology(新しい考古学)というものが注目されているらしい。明治とか大正とかいう新しい時代の考古学は、日本ではまだ誰もやっていない分野だから、それへの挑戦だ」。

自然人類学研究室の主任教授の池田次郎先生から紹介していただいて、文学部考古学教室の実習にもぐり受講生として入れてもらい、土器の実測図などを書く練習を始めた。簡単な測量も必要だろうというので、キャンパス近くの吉田山での簡単な平板測量も指導していただいた。このように、学科や学部の間の専門の壁や溝をほとんど感じさせずに学べるのが、京都大学のもつ力の源泉のひとつだった。廃村研究にあたっても、貝類や動物の骨から種類を同定するという動物学教室らしい部分もあり、植物の遷移や花粉分析などは、まだ理学部的であったが、考古学遺跡としての実測図の作成や、陶器の鑑定など、人文学的な分野も多かったのである。そして進学して二か月目の一九七四年六月には第一回目のフィールドワークとして西表島に向けて出発した。まずはフィールドに行って、戻ってから必要な文献を読むがいいというのが、伊谷式の指導だった。

理学部の動物学教室の図書館には、American Anthropologistsなどの雑誌のバックナンバーがあり、厚さにして何メートルもある全巻にざっと目を通してみるということをしてみた。しばしば傍線が引いてあったが、これは研究室の創立者の今西錦司先生のしわざだという噂だった。一九五〇年代の論文には、「アウストラロピテクスは歌をうたったか?」とか「人はビールだけで生きていたことがあるか?」といったロマンチックな問いかけのあるものがあった。そして、当時「新しい考古学」の旗手の一人であったLewis Binford（一九三一〜二〇一一）の論文などを読み、沖縄の考古学に新しい風を吹き込んでいたリチャード・ピアソン氏の講演を聞いたりするうちに、「新しい考古学」の「新しさ」は、民俗分類などの新しい手法を取り入れた「新しい民族誌」New Ethnographyの刺激を受けながら勃興しつつあった理論的な研究方法についてのものであり、「時代の新しい遺跡」の考古学を指すのではないことに気付いたのであった。

膨大な先行研究を読む必要がない、これまでの研究者の気付かなかった隙間を探す。隙間産業的学際研究としての廃村研究であったが、当時ただひとつ属していた日本人類学会の研究大会で発表してみても、そのような研究発表は一九七〇年代にはほとんどなく、評価してくださる先学は、赤澤威先生などごくごくわずかだった。いわば隙間が大きすぎて、既製の学問分野にはかすりもしない、という状態に近かったのである。

その後、八重山の在来稲の研究や、アフリカ研究を経て、一九九九年から屋久島でのフィールドワーク講座がはじまり、地域を教科書として学ぶ手法を若者に伝えるという取り組みに加わった。私と妻の安渓貴子が指導する「人と自然班」では、屋久島の廃村調査をひとつの柱として、四度にわたるフィールドワークをおこなった。

さらに、二〇〇五年からの総合地球環境学研究所の「列島プロジェクト」内の奄美沖縄班の世話人となって、奄美大島や沖縄島北部を歩くようになって、その中でも廃村の現場に立ったり、そこに暮らした人たちの聞き書きをしたりする機会を得た。

西表島の廃村を歩き回っている時には気付かなかったが、人口の過密とその結果としての過疎、過密過疎を問わず全国で進行する少子高齢化という問題が、これから日本の直面する大問題だと言われるようになっている。そうであれば、正式に日本に組み込まれる前の時代から南の島々で起こってきた現象は、人口減少の行き着く果てとしての廃村廃市といった現象についての、なんらかのヒントになりうるのではないか。私はそう考えるようになっている。とくに、一九九五年に現在の山口県立大学に赴任してからは、山口市の中でも人口の少ない地区の集落の一員として住み、農協の組合員として家族での稲作にも関わりながら過ごしてきたため、日本の農村や農家の直面する問題についても、約二〇年の経験をもっている。そうした田舎に暮らす者同士が手をつなぐ、インターローカルな連携のネットワークの可能性を、スペインのピレネー山中で復活する廃村での経験なども交えて語ってみたいと思う。

第一部　西表島の廃村と人々の暮らし

第一章　廃村の考古学——鹿川村の遺構と遺物そして植物からみた人々の暮らし

Ⅰ　はじめに

一　廃村との出会い——伊谷純一郎先生とのフィールドワーク

本研究の調査地鹿川《かのかわ》は、行政区画でいうと、沖縄県八重山郡竹富町に属している。沖縄島についで二番目に大きい西表島の西南部、鹿川湾に面している（図１）。

川喜田二郎先生（一九二〇〜二〇〇九）が主催する移動大学でその片鱗に触れたフィールドワークにあこがれて進学した京都大学大学院理学研究科で、新入生の私に、当時万年助教授だった指導教官の伊谷純一郎先生（一九二六〜二〇〇一）はこう言った。「君の行く所は一か所しかない。西表島の鹿川村や」、広げた地図の上で先生が指さすあたりは、しかし、空白になっていた。廃村が行き先だった。考古学と文化人類学の隙間を狙うというチャレンジなのだという。アフリカ行きという私の当初の夢はこうして砕かれた。

鹿川村は遠かった。当時、神戸港から石垣島までは船を乗り継いで五〇時間以上かかった。さらに西表島西部まで五時間。白浜港からの渡し船でしか到達できない船浮《ふなうき》（舟浮）村からは徒歩である（図１）。海岸を歩き、川を渡り、山を登り、沢を下るが、道らしい道は残っていない。そして潮時がよく歩きやすい条件でも最短四時間はかかる。満潮で身動きが取れない場合には、一晩がかりとなったこともある。

一九七三年、私が大学院生になる一年前、はじめてこの鹿川廃村を訪れた伊谷先生と大学院生たちは、緑の木々に覆われた急斜面が海に落ち込む浜辺に立って、人が住んだ跡などまったくないように見える藪の中に入ってみた。すると、敷地らしいものが段々に連なり、陶器のかけらやガラス瓶などが点々と落ちており。人工的な石積みの跡もたしかにあった。あまりにも僻遠の地であるため、ここに住んだ人々がいつとも知れない昔に離村した後は、再利用されることなく放置されたのである。ここがかつて居住地であった当時の遺品が多量に残されていたのだ。この豊富な遺品や遺構等の「もの」を中心に、鹿川村の歴史とそこに住んだ人々の生活を推定復原したみたらどうか。それが翌年大学院一年生となった私に与えられた課題となった。

自然人類学研究室では、いろいろな基金を工面して、大学院生のフィールドワークについては、旅費の実費と、一日一〇〇〇円の生活費を支給してもらえた。十分とは言えなかったがキャンプをするならこれでほぼ足りた。初めてのフィールドワークにあたって、ぜいたくなことに、伊谷先生と、研究室の助手だった原子《はらこ》令三さん（一九三六～一九九六）のお二人が私一人の指導のために同行して下さったのである。

食料を買い込んで、テントなどのキャンプ用具一式をもち、西表島西部の祖納《そない》村から船外機付のモーターボートをチャーターして直接鹿川村に向かった。伊谷先生の装備は、私に命じて京都の金物屋で買った厚鎌と、一澤帆布《いちざわはんぷ》製のサブザック、底が薄く

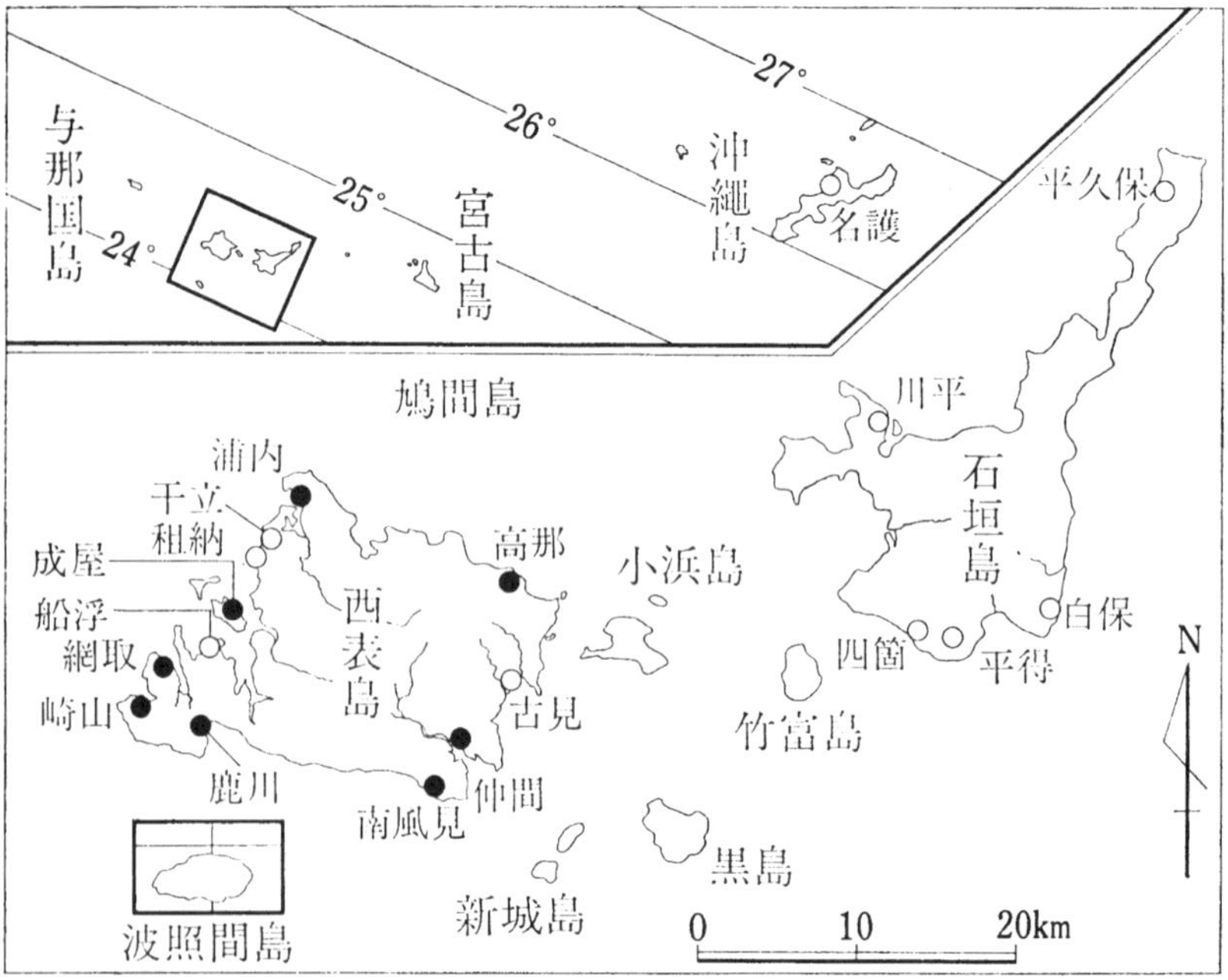

図１　西表島の位置図と主な廃村　（白丸は主な集落。黒丸は廃村。ただし浦内は復活）

軽い運動靴と、イスラム風のふちなし帽子だった。

とりあえず人工的なものを探して、藪の中を歩き回る（図2）。急斜面の藪の中など経験したことのない私は、夕方の浜に降りてくるころには疲れ果てているが、「君は山幸、僕は海幸」と言って、もっぱら海ですごしていた原子さんがイセエビの仲間のゴシキエビを捕まえてきていた。米と味噌と酒ぐらいしかもたない伊谷式のキャンプとしてはたいへんな御馳走であった。伊谷先生と二人だけで鹿川に泊まったとき、しぶきのかかる岩場で採ったオオベッコウガサ（大型のカサガイ類）は、直火で軽く焼くと旨いのだが、先生は手ずから生の肝を勧めて下さった。喉の奥までいがらっぽくなって私はへきえきしたが、先生は「その余韻がものすごう旨いのやないか」とおっしゃった。ある日は、急斜面の藪の中での遺物探しを終えた私が、夕刻浜に戻ると、その日の食事係を引き受けてくださった伊谷先生は、誇り高いシェフの面持ちで、しずしずと鍋の蓋を取った。そこには、ハチジョウダカラガイとシャコがそれぞれ一匹ずつ鎮座してい

図２　鹿川村の南のウブドーの山中から集落跡を見る（楕円の破線で囲ったあたり）

た。努力の結晶。文字通りのご馳走だった。いつでもどこでも、どんな状況でも、現場をとことん楽しみ、そこに豪華さと楽しさを演出する伊谷先生のサファリ（旅）の心意気と茶目っ気を教わったのだった。それに引き替え、朝飯ごうで炊いた熱いご飯を、ポリ袋に入れて、振りかけぐらいをかけてすぐに封をするという私の用意する昼ご飯は、たしかに腐りにくくはあるのだが「安渓のビニール飯」として、伊谷先生の評価は低かった。

大学での会議や大きなプロジェクトの準備や、家でも旅の途中のバスの中でさえ、原稿の執筆と学生の論文の添削に、目の回るように忙しい伊谷先生も、それらを逃れた廃村の浜辺のキャンプではくつろいでおられた。

このような隔絶された場所で人々はどんな暮らしをしていたのか。いつ頃まで住民がいたのか。そして、どのように無人になったのか。それらの謎を、いまここに残されたものを組み立てて推理小説のように解いてみないか。君、エンガルーカとかエンドマーガとかいう遺跡を知ってるか。タンザニアの遺跡やが、勉強不足やな。――これがアフリカでの民族学的考古学（エスノアーケオロジー）の新展開を夢見る伊谷先生から与えられた課題だった。

「目覚まし時計までもって来たんか！　まるで百貨店やないか！」、廃村で迎えた初めての朝、浜辺に張ったテントの中で伊谷先生に叱られた。軽装の伊谷先生にひきかえ、私はといえば、無駄なものはうんともち、廃村に降り立ってみたら、港に自分の靴を脱いだまま忘れてきたことに気づいたというちぐはぐさだった。幸い、誰かが鹿川に置いていった長靴のおかげで、裸足で山の中を歩かずにすんだのだったが。

鹿川廃村は当時の西表島ではもっとも隔絶した立地条件にあるため、離村の後は人が住まず、耕地としても利用されることなく、ほとんど人手の入らないままに長年放置されてきた。現在居住趾は植物が繁茂し、遺構は多少崩壊してはいるものの、段々畑状の敷地が残っていることがわかった。この状態をどう記録したらいいのだろうか。斜面をある幅で格子状に切り開いてみるか、というのが伊谷先生からの示唆だったが、それは一人ではとうてい無理な注文だった。

私は米軍の放出品の、刃渡り五〇センチ近いブッシュナイフを片手に藪の中を歩いた。廃村の旧道を切りひらいて歩を進めている時に顔を出した一メートル半ぐらいある西表一の大蛇サキシマスジオを思わず切り捨てた。それから五分ほど歩いた時、伊谷先生は「さっき殺した蛇の首が君のズボンの裾に食らいついてるで！」と言われた。思わず飛び上がったが、何もついてはいなかった。「危害も加えてこない相手に対して喰わぬ殺生はするな」という先生の教えに気づいたのだった。

伊谷先生は続ける。鹿川が位置する崎山半島には、鹿川以後に廃村になった崎山、網取《あみとり》の二集落跡があり、遺跡として鹿川との比較の好対象になるだろう。この調査がうまく行くようなら、この三つの廃村がある崎山半島をまるごとわれわれのフィールドにさせてもらおうではないか。

その後、数か月おきにつごう三度、伊谷先生は私に同行して鹿川村まで来てくださった。私はひ弱でたよりない学生だったこともあるが、遭難しても簡単には助けを呼べない場所だということも大きかった。携帯電話などが普及する何十年も前のことである。

鹿川廃村から崎山廃村まで伊谷先生と、考古学の指導に来て下さった先輩の篠原徹さん（当時岡山理科大学）とともに歩いたことがある。このルートは約三時間かかったが、昔の人の作った道を利用できる場所が多く残っていた。

崎山は、鹿川に比べて、自然遺物、人工遺物ともに、表面採集可能な遺物がはるかに少なかった。鹿川村は、同じような斜面に立地するが、より僻地であり、人為の撹乱を受けにくかったのだろう。だから鹿川の放棄後の変化は、自然変化が主であったと考えられ、復原にあたって、複雑な後世の撹乱にあまり惑わされないですむはずだ。この点は、西表島の他の廃村に見られない特徴ではないか。このまま放棄しておけば、ほとんどの遺構が崩壊し、埋もれてゆき、いわゆる考古学的な遺跡になると考えられる。考古学遺跡の生成過程を実見できるという意味からも貴重な遺跡である。

重要な発見をすることを目指してもうまく行くとは限らない。むしろ自分の見つけたものの価値をきちんと明らかにしていくことが大切だ、と徐々に気付くようになっていった。

崎山廃村に泊まった時、夕食をとりながら、私はポケットに入れていたノートをなくしたことに気づいた。慌てる私に伊谷先生はこう諭された。「俺もフィールドノートなくしたことがあって、その時は今西（錦司）さんにものす

ご う叱られたわ。あれからいっぺんもなくしたことないけどな……」。ところが、食事が終わらないうちに「あ、ありました」と報告したところで、自分の恥ずかしい経験を教材にして渾身の指導をしてくださった伊谷先生は、憮然として「しょうもない無くし方すな!」と言われたのだった。

　藪の中には、サキシマハブもいたが、たくさんのダニや、もっと小さくて痒みの激しいツツガムシ、蚊を始めとするいろいろな羽虫が私たちを待ち構えていた。出迎えを頼んでおいた舟が来ずに、満潮になってしまったウダラ川で身動きがとれず、マングローブの湿地にテントを張って寝たこともある(図3)。いずれにしても久しぶりに現れた人間は虫たちの御馳走であった。ダニのあとが化膿しやすい伊谷先生は、鹿川に行くとそのあと半年ぐらいは、痒い生活をされるのが常で、「アフリカでもこんなことはないで。安上がりの熱帯は辛いな」と言われていた。

　ここが延べ三か月を過ごした私の初めてのフィールドだったから、後のアフリカ研究を含めて人間の住んでいる場所でのフィールドワークに大きな不満

図3　鹿川村を発つもマングローブ内で寝ることになる朝(左から安渓遊地、安渓貴子、篠原徹氏)

をもつことがなくなった。

西表島の人が住む集落では、本来の自然環境が比較的よく残されていた。そして、採集や狩猟などの古くからの生業活動を見ることもできる。だから、現在の集落での生活の観察と聞き取りをすれば、鹿川村があった時代の生活をある程度推定復原できる可能性もあるだろう。西表島西部には、一九〇三年まで続いた人頭税の時代以前から連綿と続いてきている三集落と、廃村となった、鹿川を除く六集落があり、これらが鹿川廃村の生活復原の有力な手がかりを与えてくれるはずだ。伊谷研究室では、当時、生態人類学という新たな分野を模索していた。その当時の私の理解では、生態人類学とは、人の生活と自然環境とが密接にかかわっていた時代のそのかかわりそのものの姿を探ることだった。まずは、「もの」にこだわることに理学部的な特色を打ち出すことをめざし、聞き取りの情報はあくまでも補助的手段として、いかにして食料を獲得していたかという生業形態に力点をおいた生活復原を目ざすことにしたのである。

徒歩での鹿川村からの行き来につきものの沢歩きの途中、大男の原子さんが先に行き、足の長い伊谷先生がへずって越えた滝壺を、私も同じルートで続こうとしたところ、私のひきしまった足の長さを察知した伊谷先生は、「そこは君では無理や。滝壺を巻いて上から通れ」と言われた。そんな面倒くさいことができるかときかん気をだして脚を伸ばした私は、先生の予測通り次の足場に届かず、大荷物を担いだまま滝壺の中に落ち込みそうになったのだった。その時である。伊谷先生は、胸まで水につかって駆け寄るや、金具のついた私の大きな靴を肩で支えて下さったのであった。

二　調査方法

フィールドワークにあたっては、上記のような崎山半島での現地調査と、舟浮、祖納、干立《ほしたて》三集落での生業活動の観察と実際に経験してみる「参与観察」および、インタビューをおこなった。さらに、当時石垣市、那覇市、川崎市に居住しておられた鹿川・崎山・網取三廃村の住人へのインタビューをおこなった。フィールドワークにかけた時間は、延べ六か月余りで、そのうち約二か月ははじめの予察を除けば一回に二週間程度の鹿川廃村でのキャンプだった。キャンプにあたっては、伊谷先生の配慮で、私一人にならないように、共同研究者を差し向けてくださったことは上述の通りである。観察・参与観察・聞き取りについては、伊谷先生の直接の指導を受ける機会はほとんどなかったが、移動大学運動の中で知った宮本常一先生の「調査地被害――される側のさまざまな迷惑」（宮本、一九七二）は、大きな指針となった。宮本先生の没後に共著の形で『調査されるという迷惑――フィールドに出かける前に読んでおく本』（宮本・安渓、二〇〇八）を出版するようになるほど、深い影響を受けた。伊谷先生からは、現地のリーダーであり、当時西表小中学校の体育の教諭であった石垣金星さんに習えばいい、と言われたのがきっかけで、長いおつきあいが今も続いている。

一九七〇年代には、国土地理院の五万分の一地図しか手に入らなかった。米軍が一九六〇年代に撮影したという不鮮明な空中写真を営林署で閲覧させてもらった程度で、一九七七年に国土地理院が撮影するカラーの空中写真や、のちに存在があきらかになる戦時中に米軍が撮影した高精細な空中写真の存在も知らなかった。またGPSなどという便利なものも、まだ民政用には提供されておらず使えなかった。わずかに気圧高度計とコンパスと、簡単なレベルをたよりに、山刀で薮を伐り、道あとに生えた木の枝を払いながら歩きまわった。こうして再発見した道路、石垣、屋敷の敷地、墓地などは、その位置を地図上に記録し、遺構の分布図を作成した。屋敷跡が連続して分布する場所と墓地の周辺は、昔の道をできるだけ伐り開いた。石垣島にある竹富町役場で、地籍図と土地台帳を閲覧してはトレーシングペーパー上に複写していった。私が見つけた墓と、地籍図上に「墳墓地」と記されたものを照合すると、三分の二近くが一致したが、地籍図にない墓も数多くあった。

屋敷あととおぼしい段々の敷地は、伐採後も見通しが悪く、全体像が把握しにくかった。地籍図との対応が困難であったので、研究室の先輩の丹野正さん（当時東京大学）に助けてもらって、簡易な平板測量を行った。この略測図は、海岸付近を除いて、地籍図とほぼ一致することがわかった。

遺物の発見場所とその位置を地図上に記録した。墓と屋敷跡は、遺構の一区画ごとに番号をつけ、それぞれの区画で採集された遺物には、番地としてその区画番号を付けることにした。

廃村が考古学遺跡と違うところは、遺物が表面に出ていることが多く、発掘しなくても拾い上げることができることだ。しかし、何かを移動させるとか、持ち出すということは、発掘と同じように廃村遺跡の破壊につながりかねない。だから、原則として現場で写真をとり、スケッチをし、必要なメモをとるという方針を立てた（図４）。遺物は発見された場所から動かさず、種類の同定を必要とする少数のものだけを持ち帰ったのである。人工遺物は、典型的なものを現地でカラー写真に撮り、その写真を博物館や専門家との産地、年代の鑑定、地元での用途の聞き取りに用いた。完型品やそれに近いものは盗難の恐れがあり、事実石垣島の土産物屋では高値で売られている例もあったので、現地での記録をして石垣市立八重山博物館に寄託した。人工遺物の大半を占める土器・陶磁器は、高さ、口径、底径を計測し、形状をスケッチし、胎土、釉の性状、焼成の度合いその他を記載した。主に器型にもとづいて大まかに分類し、それぞれのタイプに、抱き瓶《ダチビン》、油壷《アンダチブ》などの沖縄の壷屋焼の名称を参考に仮の名称を与え、それを活用することによっ

図４　人工遺物のうち浜辺に持ち出されていた陶器類の測定（竹かごと一升瓶は持ち込み品）

て、小さな文様をいちいちスケッチする等の手間を省いた。

遺構の下の斜面に転がり落ちて、原位置にはない遺物は相当数にのぼった。二つに割れた石臼のように、それがもとどの敷地にあったかがわかる少数の例もあった。樹木が生い茂り、下草が多くなかったことから、遺構内の比較的平坦な場所に残された表面遺物の九〇％以上は見落とさずに記録できたと考えている。

遺物の分散状態と生活面の埋没状況を観察するために、建物の柱を支えていたと考えられる礎石様の平たい石が露出した区画で、地山に達する浅いトレンチ（試掘溝）を掘った。発掘と、図の作成にあたっては、篠原徹さんの力を借りた。

移動大学で出会って結婚した妻の貴子は、それまでの微生物学をやめて植物生態学をめざしていた。一年目の秋、彼女を鹿川村に迎えて植物学の視点を導入してから、廃村研究は急に進展しはじめたのだった。

遺構と遺物の調査のほかに、鹿川周辺の植物景観の大まかな記載を行った。その結果、原生林、マングローブ林など、人間の利用があったとしても概ね天然のままの自然植生と、ススキ草原、照葉樹二次林などの人間の営みによって成立した植生に大別することができた。人為が加わってできた代償植生は、鹿川周辺にかなりの広がりをもっているが、景観は自然植生のようでも、放棄年代が古いかあるいは遷移の速度が速い場合には、人為の影響がかなり消えている場合もあると考えられた。

そこで鹿川地区の代表的な植生型のそれぞれについて、何か所か植生調査地点を定め、ブラウン・ブランケによる植物社会学的な調査をおこなった。各地点の立地、景観、高木・亜高木・低木・蔓植物・草本のそれぞれを占める構成種についての植生調査である。ホウライチクが道の端に繁茂している状況など、遺構の復原に役立つ、人為の加わった植生の調査も行った。植物は各地点ごとに採集して、アルコールあるいは薄めたホルマリン液をかけたうえ、ポリ袋に封入して持ち帰った。これは、普通に新聞紙に挟んだとしても、非常に湿気が多いために、乾燥するどころか、腐敗したりかびたりしてしまうためやむを得なかったのだが、キャンプ用品とともに背中に担いで運び出すのは大変な労働であった。

　植物相調査の結果の生態学的な分析を通して、それぞれの場所の放棄年代の推定、放棄以前の環境の復原、さらには、かつての土地利用の状況の推定を試みた。

放棄年代の推定のため、リュウキュウマツとその切り株の太さと年輪、垣根に使われるホウライチクの株の大きさについて観察した。また水田跡と思われる湿原があるので、その泥の中に堆積している花粉を調べれば、あるいはイネの花粉が大量に出土するのではないか、という期待をもって、湿地に棒を刺してみたのだが、植物の遺体の間をほとんど抵抗なく二メートル近くも棒が沈む底なし沼のような状態で、花粉を含む土の層は取れそうになかった。そこで、湿地のヘリの斜面で、砂岩の地山に達するわずか一〇センチほどの土層を花粉分析用試料として試験的に採集した。

　以上が一九七四年から一九七六年の二年間をかけて鹿川で行ったフィールドワークのすべてである。崎山村跡では、鹿川村ほど木が茂っていなかったため、地籍図にもとづいて遺構図を作成することができ、遺物の種類と出現頻度を観察して鹿川村との比較資料を得た。網取村でも遺構図を作成し、まだ建っていた家屋を実測した。

　さらに、比較のため、現存する集落でも鹿川と同じ方法で植物相の調査を実施した。選んだ地点は、干立の集落内と道沿い、干立の深田と浅田、祖納上村集落趾などであった。祖納・干立で、使用中ならびに今では使わなくなったものの保存されている農作業用具をはじめとする生産用具、祭祀用具等を観察し、名称、用途、製作法等を聞き取った。祖納の郷土史家の星勲さんは、西表島の歴史と民俗に関する大部の手稿を読ませてくださった。

　次に、主として石垣島で行った、鹿川・崎山・網取出身の方々からの聞き取りの方法について述べておきたい。話す方も聞く方も石垣島にいて西表島の話しをするので、単純なことがらを了解するのも容易ではなかったが、地籍図や遺構図、写真、遺物等を前にして説明を求めるうちに、色々な昔の話が語られていった。話者の皆さんは一五名に達するが、なかでも鹿川生まれの屋良部亀《やらぶかめ》氏御夫妻、崎山生まれの赤嶺ナシキ氏、川平永美《かびらえいび》氏、網取の東若久和利《ありわかくわり》氏（川崎市在住）、山田雪子氏の高齢の方々から、長時間にわたって話を伺うことができた。話しの内容は、生業活動、衣食住の生活を中心に、崎山三村の歴史、伝統、村人の消息、崎山半島の地名とその由来、信仰、行事と、多岐にわたった。本報文では、これらの聞き取りのうち、鹿川からの物的所与と密接にかかわりあうものを重視してとりあげた。とくに、数量に関する聞き取りは、二人以上から話を聞いて、大きなくい違いのないことを確かめた資料を採用した。

私は、研究の趣旨を書いた紙をもって、竹富町役場その他で挨拶をしてから西表島に渡ったのだったが、その内容が、石垣島で発行されている『八重山毎日新聞』に小さく掲載されたことがあった。役場で紹介された、網取出身の山田武男さん、シズさんが石垣島で開いておられた民宿山田荘に泊めてもらって次ぎ次ぎに廃村の出身者に顔をつないでいただいたのだが、その中で忘れがたいのが、赤嶺ナシキさんとの出会いであった。私の研究のタイトルが「廃村鹿川の生活復原」と新聞で紹介されたために、実際に廃村が復活する可能性を調べてきたと理解されたのである。たいへん熱心に、島での暮らしのことなどを語って下さったナシキさんは、「お兄さん、どうか網取村や崎山村も復活させてくださいい！　あそこへまた帰れるようにお願いしますよ」と言われたのであった。

また、これは調査されるという迷惑に直結する話だが、こちらが聞きたいことと、話し手が話したいことには常にずれがあったのである。それは、その後、一九七八年から二年間、アフリカでのフィールドワークで八重山を訪ねられなかった間に、山田武男さんが書いておられた郷土誌の草稿の整理をお手伝いするうちに気付くことになり、「話者が筆を執る」という大きな可能性につながっていくのだが（山田武男、一九八六、川平永美、一九九〇、山田雪子、一九九二）、いま反省してみるに、この廃村調査の段階では、私はまだ自分の疑問を解こうとするゆとりのない質問に終始することが多かったように思う。

II　自然環境

一　位置

これまで述べてきたように、鹿川廃村は、八重山群島西表島の西南部に突き出た崎山半島にある西表島には珍しい南に向かって開いた湾に面する急傾斜に位置している。これほどの急斜面に立地した集落は、西表島では鹿川と崎山だけであった。西表島は北緯二四度一五分～二六分、東経一二四度四〇分～五六分に位置し、周囲七七キロ、面積は約二九二・五平方キロで、琉球列島中第二の面積をもち、八重山では最大の島である。崎山半島は一周約二二キロ、面積二一平方キロ強で、八重山郡竹富町大字崎山に属している（図5）。

二　地形・地質

西表島は全島が山地といっても過言でなく、とくに西部地区には平地が少ない。崎山半島の内部も標高二〇〇～三〇〇メートルの起伏の緩やかな丘陵が広がり、海岸付近で比高一〇〇～二〇〇メートルの崖あるいは急斜面になって海に落ちこんでいる所が多い。地質は崎山半島全体が八重山層群と呼ばれる中新生の砂岩層からなっており、薄い頁岩層が崖となって、鉢巻をしめたような特異な地形を随所に見ることができる。

水系は半島北半部によく発達し、

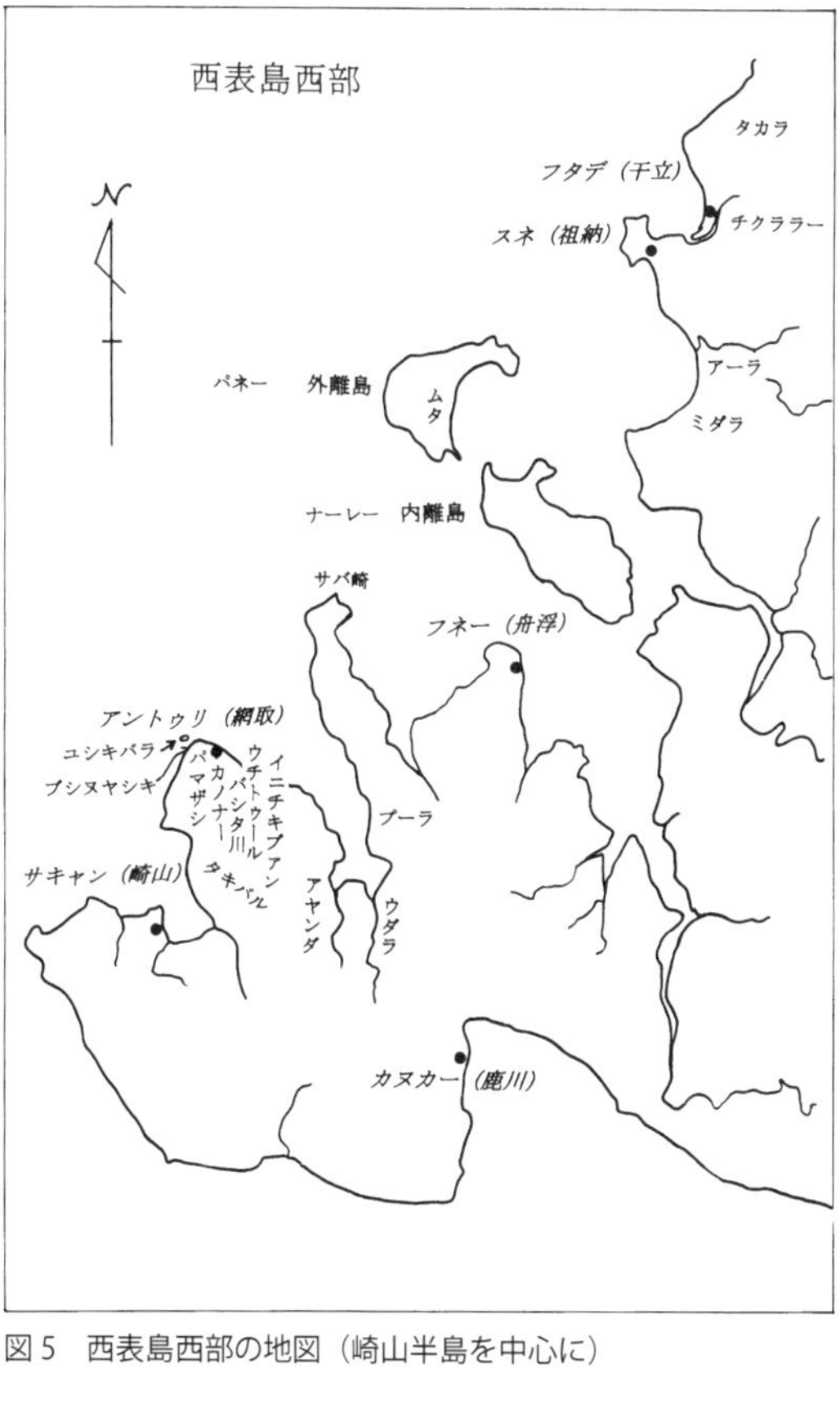

図5　西表島西部の地図（崎山半島を中心に）

ウダラ川、ウボ川、パイタ川など、河口付近がマングローブ帯になっている川もある。狭い谷や小さい沢が網の目のように丘陵を刻んでいる。半島の南半に開口する沢には、滝になって海に注ぐものが多い。

海岸線は単調であるが、半島のつけ根は、北が網取湾、南が鹿川湾とかなり大きな湾入になっている。鹿川湾だけが南向きで、太平洋の波が直接に打ち寄せている。サンゴ礁が、ほぼ切れ目なく半島を取り囲んでいて、網取の北方と、崎山の西北方には幅二キロに近い、リーフが発達している。鹿川湾の奥にはリーフがない。海に面した崖の下は、大小の砂岩が累々と積み重なっているところが多く、砂浜は少ない。

結局、崎山半島は、山を歩く時は、崖や滝から落ちないように気をつけなければならず、川を行くときは満潮に阻まれるかマングローブの泥に足をとられ、海辺を行くときは巨大な岩の上を何時間も延々と跳ぶことを余儀なくされる、そのような地形の中に、昔の人が移動するのに用いた踏み分け道や切り通し道が点々と残っているという状況なのである。

三　気候

西表島は年間を通じて温暖多雨で、亜熱帯海洋性気候である。図6は網取観測所の資料（八重山気象台、一九六八）にもとづくもので、年平均気温二四・二℃、年平均降水量一八六四・六ミリ、となっている。祖納の西表島測候所の資料によると、湿度は年平均八〇％と高いが、鹿川の二次林内は沢沿いの原生林なみで、この値を越えることが多いと考えられる。防湿性の低いカメラでは、フィルムが湿気で粘りを帯びて廻らなくなることも珍しくなかった。風向は九～三月は北東風、

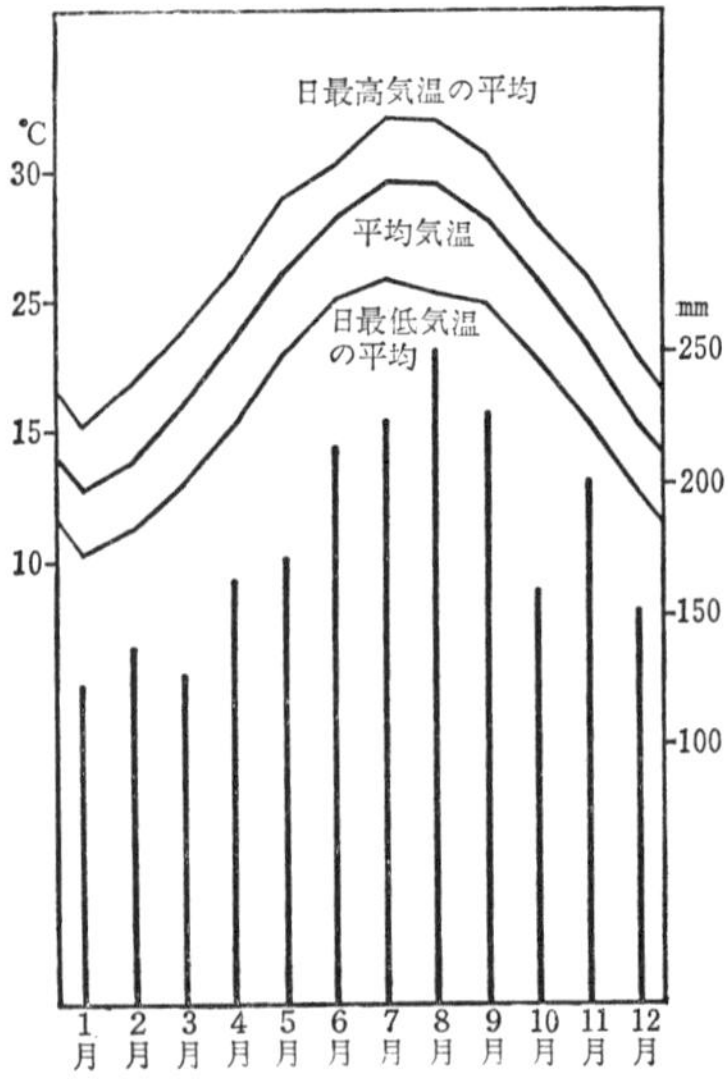

図６　網取の気候（月平均気温と月間降水量）
（1958年～1967年））

四～八月は南風の日がもっとも多い。風速は年平均毎秒四・〇メートルで、一〇月～一二月は平均五・〇メートルと強く、海は時化る日が多い。こういう日は、全身が雨で濡れたところに強い風にさらされて、体感温度としては震えるほど寒いことが時折ある。三～九月の平均風速は三・三メートルで比較的穏やかである。鹿川湾は南南東に開口しているため、北東風の強い冬季は穏やかで、むしろ夏季に荒れる日が多い。台風の襲来は七～一一月中旬である。干満の潮位差は最大二〇〇センチを越える。

このようなおおざっぱな平均的な数値では理解できない、二月の突風や、集中的な豪雨などについても精細な民俗知の体系があるのだが（山田武男、一九八六、一一一―一二〇）、私はこの廃村研究の段階ではまだ一九七七年七月三一日の五号台風にも遭遇しておらず、西表島の自然の深さと恐ろしさを何も知らないに等しかった。

四　植物相

この項は、安渓貴子が京都大学理学部の植物生態研究施設の研修員として田端義雄先生の指導で植物生態学を学びながら、琉球大学理工学部の初島住彦先生などの教示も仰ぎながら研究した内容である。

八重山群島の植生は、常緑広葉樹林帯に属するが、熱帯と暖温帯の移行帯として特徴づけられている（新納義馬ほか、一九七四）。

鹿川の集落趾はいわゆるジャングルに覆われているが、植物の構成は伐採地植生というべき様相を呈しており、裸地が放棄されればすぐ生えるヤンバルアカメガシワ、クワノハエノキを中心とした陽樹が多く、ビロウが林立し、蔓植物によるマント形成が特徴的である。この集落趾の一区画を除いて、その周囲は広大なススキ草原になっている。ススキ草原の南方、落水崎付近は、海岸林のすぐ後方から、タブ、イタジイを中心とする照葉樹林、さらにその西方にはリュウキュウマツ林がひろがっている。リュウキュウマツに覆われた丘の谷沿いには、カキバカンコノキ、サガリバナ等が叢生する湿地林、そしてイネ科植物が繁茂する湿原が見られる。また海に近い谷間にはアダンが繁茂している。鹿川の後背地のススキ草原の奥には、照葉樹林帯がひろがっているが、それは極相林ではないように思われる。とくに鹿川湾の最奥部に流れ込む浦浜川沿いは樹高が低く、蔓植物や潅木の多い二次林である。

浦浜川の源頭部ユサザ峠からウダラ川との合流点までの谷ぞいは、樹高一五～二〇メートルのオキナワウラジロガシを高木層とし、イスノキ、フカノキ等を亜高木層とする照葉樹の極相林が見られる。林床は暗くて、蔓植物、低木、草本は少なくシダ植物が多いが、鹿川村からの旧道がよく原形をとどめている。

砂浜のある海岸には、グンバイヒルガオ、ハマナタマメ、ツキイゲ、あるいはスナヅルなどの海岸草地が見られ、モンパノキ、クサトベラも見られる。さらに陸地に向かってオオハマボウ、ハスノハギリを主とする海岸林が帯状に発達している。岩場になっている海岸には、ススキ、ツルヨシ、コウライシバなどに続いて、崖沿いにトベラ、ヒイランシャリンバイ、ソテツ、アダン等が認められる。

実は、植物相に応じて、ソテツの群生する所は方言でシトゥチヤン、アダンならアダヌヤンなどの方言による呼び分け方のじつに細かい民俗分類があるのだが、それについてもこの廃村調査の段階ではまだ学んでいない。植物環境の民俗分類を普通名詞とすると、崎山半島にかぎってもおびただしい数の固有名詞としての地名がつけられており、古くからの道にも命名がされていることを後に知らされることになる。

五　動物相

西表島で知られている野生哺乳動物は、ネズミの仲間と四種のコウモリ類を除けば、リュウキュウイノシシ、イリオモテヤマネコの二種類にすぎない。リュウキュウイノシシは、崎山半島にはきわめて多く、地元の猟師がウダラ川沿いなどに罠を仕掛けにくる。祖納、干立には、水牛、ブタ、ヤギ、イヌ、ネコが飼われており、舟浮では、サバ崎などにウシを放牧している。

集落の立地や、生業活動にとって死活的な意味をもつのが、後述するように種々のマラリア原虫を媒介するハマダラ蚊の種類とその生態であり、台湾では致死的な病原体をもつことが多いツツガムシなどの行動への知識である。田畑の病害虫についての知識が生業の研究にとっては重要であることは、この廃村調査のあとで、在来の農耕文化の研究に歩を進めてはじめて気付くことになったのである（安渓遊地・安渓貴子・川平永美・山田武男、二〇〇七）。

Ⅲ　崎山半島の歴史

崎山半島に人が住むようになってから、沖縄の復帰の前年の一九七一年に網取村が廃村になり、崎山半島が無人になるまでの概略を、西表島の歴史の中に位置づけながら述べてゆくことにしたい（表1参照）。

便宜上、西表島の時代区分として次の四時期を設定する。その中で鹿川村の人口が一番多かった時期は、第二期の人頭税時代にあたる。

一　～一六三六　人頭税以前
二　一六三七～一九〇二　人頭税時代
三　一九〇三～一九四〇　炭鉱時代
四　一九四一～　戦中・戦後

一六三七年は、八重山地方に初めて人頭税が課された年、一九〇三年は人頭税制度廃止の年、一九四一年は太平洋戦争勃発の年である（牧野清、一九七二）。

一　人頭税以前

西表島の村落の中でも、古見《こみ》・祖納などは、非常に古い文献にも登場するが（牧野、一九七二）、この時代の文献には鹿川・網取の名を見ることはできない。当時崎山村はまだ存在していなかった。

口碑によれば、鹿川村は古く南方から漂着した人びとによって建設されたということになっており（牧野、一九七二）、西表島の中では古見・祖納についで古い村とされている（古見用美氏による）。半島北部の網取は、古く祖納から分村したといわれている（東若久和利氏による）。

崎山半島には、鹿川・網取のほかにビラドー村、マイヌトー村、ウビラ村という三つの古い小村があったと言い伝えられている。興味深い伝承であるが、実地の調査をするには至らなかったので、第二章の、旧住民の聞き書きの項に譲ろう。

二　人頭税時代

一六三七年（寛永一四年）、宮古・八重山地方に人頭税が課されて、崎山半島にも二六五年間にわたる人頭税の時代がおとずれる。この税制は、耕地面積を測量する検地も、その年の収量を調べることも必要がないため、遠隔地の課税法として採用されたものであろうが、その結果、住民は移住の自由を厳格に制限された。

名宰相と言われた蔡温の時代に、西表島や石垣島北部の耕作地を目的として王庁の政策で、移民による新村の建設がなんども試みられた。人口の増加する低い島から、マラリアのある高い島への移民は、結局ことごとく失敗に帰し、八重山全体の人口も減少していった時期である。

人頭税制度開始の一〇年後の一六四七年（正保四）に、鹿川・網取両村が「かのかわ村」、「あみとり村」として、備《そない》、ほしたて、たから、浦内、なるや、舟浮の六か村とともに西表間切《まぎり》（琉球王国の行政区分）に属するという記録があって、「八重山嶋村々書上帳」と仮称されている（新城敏男ほか、一九七四）。

『八重山年代記』所収の一六五一年（慶安四）の村々の人口は、舟浮（ふなけ）、成屋（なるや）、鹿川（かのか）併せて五二人、舟浮、網取合せて三八人であった。

一六七四年には、鹿川は米四四・六石余りを、網取は一九・一石余りを人頭税として課せられている（新城ほか、一九七四）。一七三七年（元文二）には、網取村四九人、鹿川村四二人の人口が記録されているという（牧野、一九七二）。一七五五年（宝暦五）、崎山村が強制移民によって創立された。移民は波照間島から二八〇人、網取村から六三人、〝かぬか〟村から九三人、祖納村から一〇人、その他から一三人、計四五九人という大きな村だった（喜舎場永珣、一九五四）。先の記録からわずか一八年後のことだが、そのような短い期間に、四二人の村が九三人の移民を送り出せるまでに人口が増えるわけがないので、史料になんらかの齟齬があるのだろう。このとき以後、崎山を親村（ウヤムラ）とし、鹿川と網取は、崎山の子村（ファームラ）とあり、三村一括して崎山村として扱われるようになって、鹿川、網取の名が文献に現れることは少なくなる。

一七七一年（明和八）四月、八重山の人口の三分の一の九四〇〇人余りの命を奪った大津波が起こったその記録（牧野、一九七二）によると、津波前の人口は崎山三村で五二五人（男二四五、女二八〇）、津波による死亡・行方不明者は二三人（男一四、女九）となっている。

伝承によれば、昔、大津波までは、鹿川村は海辺にあった。ある日、急に海の水が引いたので、若者が魚を拾いに行こうとした。老人が、こんなときはナンヌリ（津波）が来るからすぐに避難せよと命じて全員が高台に逃れた。村の家々は一番上にあった大久家《だいく》一軒を残してすべて洗い流されてしまった。その上の斜面にあらたに敷地を切り開いて新しい村を作ったという。この伝承が、一七七一年の大津波に対応するかどうかは確かめられないが、その可能性は高い。大津波は湾の奥で高まり、後に作成した遺構図および地籍図と照らし合わせると海抜三〇メートルを超える地点までが流失したことがわかる。

この大津波後、八重山は疫病などが連続して起こって人口減少の一途をたどり、崎山三村も一八七二年（明治五）にはわずか四八戸、一六七人になっている（竹富町誌編集委員会、一九七四）。八重山の人口が順調に伸びていた津波前に比べて約三分の一になるという人口の激減が起こったのである。

一八九三年（明治二六）に八重山をくまなく踏査した弘前の探検家・笹森儀助の調査によると、鹿川一八戸四八人、崎山一五戸七三人、網取一一戸六八人で、崎山三村の合計は四四戸一八八人（男九四、女九四）とやや持ち直してい

表1　崎山三村の歴史と人口推移・廃村

時代区分	西暦	元号・年	出来事・情報	人口（　）は戸数				出典
				鹿川	網取	崎山	三村	
人頭税以前	～1636							
人頭税時代	1637	寛永14	八重山に人頭税導入					
	1647	正保4	かのかわ村、あみとり村の記録					6
	1651	慶安4	舟浮・網取の人口38人					1
	1737	元文2		42	49			5
	1755	宝暦5	崎山村が強制移民によって創立			459		3
	1771	明和8	八重山・宮古に大津波				525	5
	1872	明治5					167（48）	7
	1885	明治18	田代安定の調査（～明19）	59（19）	66（12）	63（16）	188（47）	12
	1886	明治19	西表島西部で炭坑操業開始					
	1893	明治26	笹森儀助が八重山を調査	48（18）	68（11）	73（15）	188（44）	2
	1897	明治30	崎山の村番所が間切役場と改称					
	1898	明治31	網取に大川尋常小学校崎山分校					4
	1899	明治32	間切役場が崎山から網取に移転					8
	1902	明治35						
炭坑時代	1903	明治36	人頭税廃止				168（51）	7
	1906	明治39					138（45）	7
	1911	明治44	鹿川が内田原に挙村移転	（10＋）				9
	1913	大正2	内田原が放棄される	（廃村）				9
	1916	大正5	網取で悪性感冒の流行		120（23）			11
	1940	昭和15						
戦中・戦後	1941	昭和16	太平洋戦争勃発					
	1945	昭和20	敗戦					
	1948	昭和23	崎山から最後の三戸が転出			廃村		10
	1971	昭和46	網取の七戸が離村		廃村			8
	1972	昭和47	沖縄の日本復帰					

出典　1：『八重山年代記』、2：笹森（1894）、3：喜舎場（1954）、4：網取小中学校（1971）、5：牧野（1972）、6：新城ほか（1974）、7：竹富町誌編集委員会（1974）、8：山田武男（1986）、9：屋良部亀氏（聞き取り）、10：赤嶺ナシキ氏（聞き取り）、11：川平永美氏・山田雪子氏（聞き取り）、12：本書第3章

るように見える。しかし、一戸あたりの平均人数は鹿川一一・七人、崎山四・九人、網取六・二人、三村平均四・三人で、鹿川の一家族あたりの人数がいちじるしく小さく少子高齢化が進んでおり、人口が伸びているのは主に網取で子どもが多く生まれたためであることがわかる（笹森儀助、一八九四）。

一八九七年（明治三〇）、八重山統治の行政機関だった蔵元（くらもと）は廃止され、崎山の村番所（方言でオイサー）は間切役場と改称された。翌一八九八年（明治三一）には、網取に大川尋常小学校崎山分校開校（網取小中学校、一九七一）。一八九九年（明治三二）二月には、間切役場は崎山から網取に移された（山田、一九八六、七二）。

このようにして、行政、教育の中心が網取に移されて間もなく、一九〇三年（明治三六）に人頭税制度の廃止を迎えたのである。居住の自由を手に入れた人びとは、風土病があり、交通の不便な所から次第に離れてゆき、かろうじて維持されてきた村が崩壊してゆくことになった。

三　炭坑時代

炭坑時代というのは仮称で、西表島西部における炭坑は実際は一八八六年（明治一九）から継続的に操業されているが、大正・昭和の活況を呈した時期にほぼ相当するための命名である。

人頭税廃止の時点を中心に、前後二〇年ほどの間に廃村を迎えた西表島の村々は、後述するように十指に余り、鹿川もそのひとつであった。

崎山三村の人口の推移を見ると、一九〇三年（明治三六）には五一戸一六八人、一九〇六年（明治三九）には四五戸一三八人と人頭税廃止後の人口の漸減が続いている（竹富町誌編集委員会、一九七四）。

鹿川が廃村を迎えたいきさつは、鹿川村で明治三七年に生まれた屋良部亀氏が語るところによると、舟浮の駐在所では毎月崎山三村を見まわっていたが、あまりに陸路が不便なので、鹿川・崎山両村に網取への移転を命じた。その結果、鹿川だけがこれを受け容れて、網取の東方約一キロの内田原《うちたばる》（方言でウチトゥール）と呼ばれる海岸に挙村移転した。これが一九一一年（明治四四）のことだった。笹森儀助（一八九四）が記録した一八戸のうち、内田原に移住したのは、一〇戸余りだった。集落内には拝所をつくって、祭も網取とは独立に行なっていたが、移住後間もなく数人の戸主が病没したうえに、三年目の夏、台風によって、全家屋が倒壊してしまった（石垣島測候所、一九六三）によると、大正二年七月一四日に、波照間島、与那国島を台風が直撃し、八六時間吹き荒れたというが、この台風である可能性が強い）。これを機に内田原を放棄して、身寄りのある者はそれを頼りに自由移転することになり、村人は離散して鹿川という地域集団は名実ともに姿を消した。一九一三年（大正二）のことで、このとき二、三名が鹿川に戻っていったという。

四　戦中・戦後

鹿川はすでに廃村となっていたが、網取は人口も増えて最盛期を迎えていた。一方、崎山は人口流出の結果、一九四八年（昭和二三）には最後の三戸が転出して一九三年の歴史を閉じている（赤嶺ナシキ氏による）。一九六五年頃から顕著になった過疎化によって、網取の七戸も一九七一年（昭和四六）に離村して、石垣市、那覇市などに移住した。網取廃村によって、原因こそ違え、崎山三村はことごとく廃村を迎えたことになり、網取に身を寄せていた崎山、鹿川出身の人びともすべてこの半島を去らなければならなかったのである。沖縄の施政権返還の一〇か月前のことであった。

Ⅳ　廃村

一　西表島の廃村

八重山群島には、古来多くの廃村が知られており、大浜信賢（一九七一）は文献に表われたものだけで八〇余の廃村があったとし、その名をあげている。ただし、その中には、集落趾ではあっても村の建て替えの跡地で、この論文では廃村と捉えていないものも含まれている。

西表島西部の集落趾を列挙すると、いったん廃村となり、その後移民によって復活しているものが船浦（フノーラ）、上原（ウイバル）、浦内（ウラチ）。村落の建て替え、住民の移住による集落趾が、祖納上村、イミシク。廃村となったままのものは、網取、崎山、鹿川、成屋。詳細不明のものが、多柄（タカラ）、元成屋（フナリャー）、元舟浮、マイヌトー、ビラドー、ウビラなどである。最後の一群は、人頭税時代前半以前の古い集落趾と考えられる。

東部には、南風見（ハイミ）、仲間、ヤッサ、花城（ハナグスク）、与那良（ユナラ）、高那（タカナ）などの廃村がある（図７参照）。

二　廃村化の原因

前項で触れたように、崎山三村の人口は、人頭税中期以後減少を続けた。人頭税時代には、居住の自由は認められていなかったから、このことは死亡率が出生率を上まわっていたことを物語っている。事実、明治三五〜三九年の五年間に、鹿川では出生数三人に対して死亡数一七人、崎山三村では出生数一六人に対して死亡数五四人という統計がある（『八重山郷土資料』、一九三八）。鹿川が廃村となる前の時期には非常な速度で人口が自然減を起こしていたことがわかるのである。

人頭税時代末期に亡んだ村の多く（図７）は、人口稠密地帯からの寄人《よせびと》政策による人口補充という首里王府によるてこ入れを受けなくなったあと、上記のような人口減少を続けた結果、村人が死滅して廃村となったものと思われる。人口が比較的多かった村は、人頭税廃止の時点まで生きのびることができたが、その場合も戸数がある程度以下に減少してしまうと、村落の維持が困難になり、居住の自由が得られるとともに構成員の離散という形で廃村になっていった。鹿川、南風見などはこの例である。

さらに鹿川、崎山に固有の事情のいくつかを考察してみると、耕作地までの距離がきわめて遠く、それも嶮しい山道であったこと、集落が傾斜地に立地しているので、道路の保全には平地の集落にはない苦労があったことをあげることができる。他の集落でも同様だが、イノシシの害を防ぐ垣根の管理、空屋敷の草刈りなどは、村の戸数が少なくなっても欠かすことのできない仕事で、戸数が減るに従って、各戸にかかるこのような村仕事（ムラングトゥ）の負担は、飛躍的に増大していったと思われる。以上が、人口減少にともなう、村落内の圧迫である。一方離村を引きおこした外力ともいうべきものには、マラリアのない健康地への脱出、嫁探しといった共通の要因と、崎山にとくに強く働いた医療問題・教育問題があった。小学校は網取にあり、鹿川、崎山の子供の多くは寄宿生活を送らなければならなかったし、医師も、白浜、あるいは祖納にしかおらず、病人を乗せ薬をたずさえてのくり舟での往復の苦しさが、今もって語り草になっている。

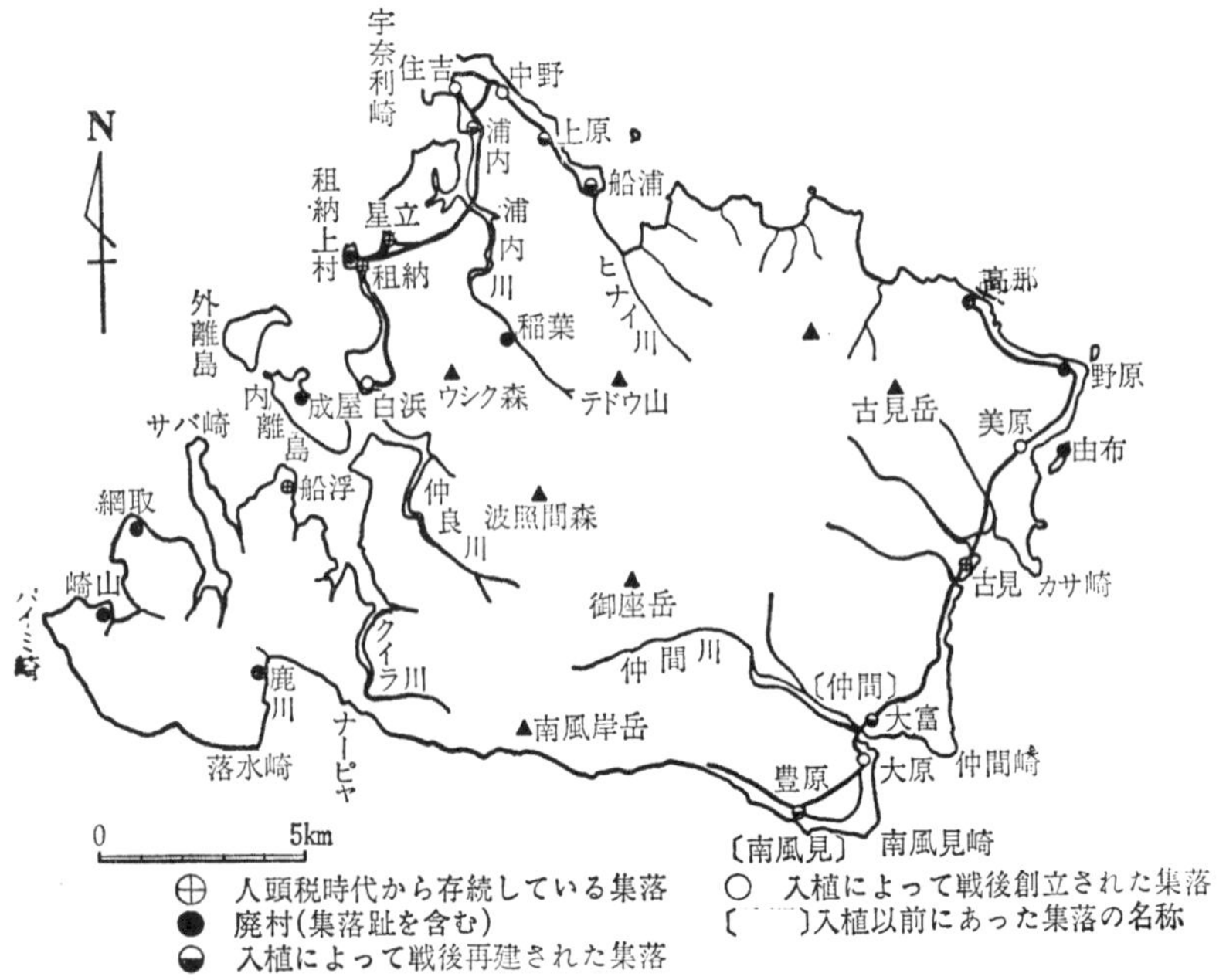

図7　西表島の村々と廃村

このように、人口の減少と近代化にともなう生活上の新たな要求が、わずかな動機によって村落の崩壊を引き起こした。鹿川における巡査の巡回の不便、内田原の台風、南風見ではいわゆるスペインかぜによる大量死などが、その動機の例である。しかしこれらの村落を廃村に追いやった真の原因のひとつは、死亡率の高い熱帯熱マラリアである。このマラリアを媒介するハマダラ蚊は、*Anopheles minimus*（コガタハマダラカ）と *Anopheles saperoi*（オオハマハマダラカ）の二種で、マラリア伝播力のより強い前者は湧水に日光が照射するところを好み、開墾や伐採によってその繁殖の適地をひろげた（千葉徳爾、一九七二）。人口増加や新村建設が熱帯熱マラリア蔓延の原因となり、それが結局は廃村に導いたのである。このような熱帯熱マラリアのある場所を八重山では「有病地」それがない所を「無病地」とする習慣があったが、実は比較的症状の穏やかな三日熱マラリアを媒介する *Anopheles sinensis*（シナハマダラカ）はいわゆる「無病地」にも発生したのであった（千葉、一九七二）。

人頭税として米を上納するために水田を作らなければならなかった崎山三村の人々は、有病地として恐れられた熱帯熱マラリアの感染地に縛りつけられていたのであった。八重山に見られる幾多の廃村は、『八重山の人頭税』（大浜、一九七一）に総括されているように、「猖獗をきわめた八重山のマラリアと、琉球王庁が人頭税増収を目的として行なった新村建設との攻防戦の結果」なのであった。

三　廃村へのルート

前述のように、私は鹿川廃村を前後七回訪れ、延べ二か月以上現地にキャンプして調査を行なった。網取、崎山両廃村でも、比較のため四日ずつの調査を行なった。季節は七、八月以外の各月にわたっている。

鹿川へは、東部からと西部からのルートがあり、それぞれ陸路と海路があるが、ほとんどは西部からのルートをとった。白浜集落から海路崎山半島を一周して鹿川に至るコースは、途中、網取、崎山にも立ち寄ることができ、キャンプ設営のための装備、食糧等を搬入するときにはこれを利用した。一度だけ東部の大富《おおとみ》から入ったことがあるが、好天時なら、どちらもほぼ一時間半で鹿川に着くことができる。しかしいかに好天でも、沖のリーフに白波が立っているときは海路は危険で舟を出すことはできない。その上、西部からは、サバ崎、パイミ崎（ヌバン崎）という波の荒い難所を通過しなければならない。そのため一一月〜三月の間は、陸路以外は難しいといってよい。

崎山三村への陸路は、舟浮が出発点となる。舟浮の集落西方の海岸線につくられた小道をたどり、干潮時に海岸線に沿ってサバ崎の中ほどまで歩く。古い道のあとをたどってサバ崎を横断する。降りた浜はナータと呼ばれ、網取が真正面に見える。昔は、ここで烽火をあげれば、網取の人がくり舟をこいで迎えに来ることになっていたという（山田武男氏による）。ここから、岩の間を縫って砂浜を歩き、ウダラ川の河口のマングローブ林に達する。満潮時ならウダラ川の約〇・五キロ上流までは舟で入ることもできる。川を西にそれれば崎山に通じ、鹿川へはさらにウダラ川沿いの狭い旧道を行く（図8）。少し上流には、西からの沢が入っており、鹿川から崎山と網取に至る旧道は、この沢伝いに通っていた。そのあと少し歩いてウバラシュクと呼ばれる沢の合流点に至る。人工によると思われる跳び石が橋のように川を横切っている。ここは崎山に新村をつくったとき、役人が采配をふるった場所だと言われている。鹿川への旧道はウバラシュクへ西から流れ込む沢沿いについている。谷の両側は、人手のほとんど入っていない原生林である。低い峠を越えていると、アダンに覆われた湿地が沢沿いに続き、植生は一変する。鹿川まで続くススキ草原が始まるが、一〇分ほどで道は消え、渓流沿いに下ることになる。約三〇分で、この滑りやすい岩の重なる急な沢を下りきって、鹿川湾最奥の浦浜（鼻音でurabwãと発音。「ウラブぁ」と表記することにする）に着く。浜の両側は岩場で、約五〇〇メートル岩場の上を跳んで浜づたいに南下する。約一五分で、鹿川の集落跡の直下の浜に着く。徒歩だけだと舟浮から四時間以上を要する。

崎山へは、ウバラシュクの下流五分ほどの所から、アヤンダ川を横切りウボ川の源頭部に出る原生林中の古い道が、営林署の手で再現されていた。崎山—網取間には山道もあるが、干潮時に砂浜を歩いて網取の南側のウルチ浜から山越えすれば、わずか一時間余りで崎山に達することができる。

海岸線は廃村直下のわずかな砂浜を覗けば、累々たる岩場になっていて、岩を跳びながら伝って行かなければならない。鹿川―南風見間は崖の上の原生林に道がないので、長さ一五キロ近い岩場を伝うことになる。

このように交通の便は網取、崎山、鹿川とも不便をきわめ、少しでも波が高いと孤立せざるをえなかった。とりわけ舟浮集落と海路二〇キロ余りを隔て、間にパイミ崎の難所をもつ鹿川は、崎山半島でも僻地にあり、西表島でもっとも隔絶した集落であった。

Ⅴ　遺構

鹿川の人びとの活動の痕跡は、彼らの生活圏全体にさまざまな形で残っているが、まず遺構について述べる。

一　分布

最初は、山刀を手にして地元の人たちが集落跡だと言われている所を歩きまわり、住居跡らしい

図８　崎山半島の主な地名と廃村への陸上ルート

遺構が集中している場所を認めた。ついで踏査の範囲を集落の外の山地、沢沿い、海岸にひろげていった。

遺構の分布を決定するために、浦浜川とウブドー川に挟まれた南北七〇〇メートルくらいの斜面（平均傾斜約二二度）を、平均一五〇メートルの間隔で何度も直登を試みた。その結果、斜面上方、高度約一二〇メートルの所に、海岸とほぼ平行に走る断崖があり、崖の上に達することのできるルートは、ほぼ中央に一本あるだけであることがわかった。この崖と、海岸線、二本の沢に

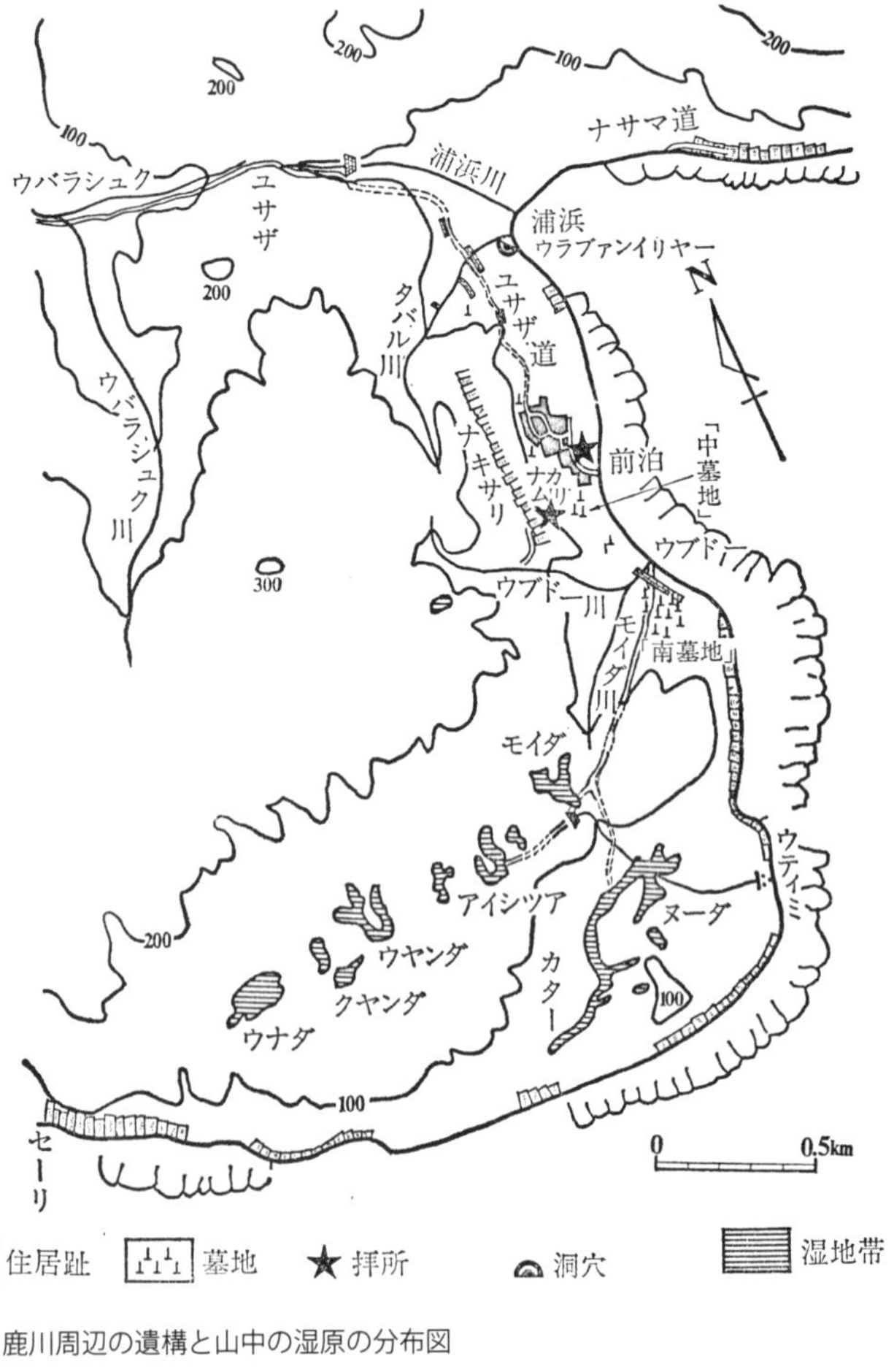

図９　鹿川周辺の遺構と山中の湿原の分布図

挟まれた約三〇〇×七〇〇メートルの急斜面のほぼ中央に、多くの遺構が見られた。この斜面以外では、ウブドー川の南に墓群が発見された。

前ページの図9は、鹿川周辺の遺構と集落南側の山中の湿原の分布図である。人びとが利用したか否かの明確でない自然洞穴なども表示した。集落のある斜面と墓群のほかは、道と、沢を堰き止めた石組み、山中の湿原の辺縁にめぐらされた溝、土どめの低い石垣などが断片的に現われるだけであった。集落のある斜面の中央部には、一群の造成地のような平坦な敷地（今後「フロア」と呼ぶことにする）が連なり、それらをつなぐ道、石段、橋、それから祭祀場の跡を見いだすことができた。図5、7、8、9中の地名は、崎山三村の人たちから聞きとったものである。

二　集落址

フロア群の全貌を把握するために、石垣や石段が比較的よく残っている橋のところを出発点にして昔の道をたどり、蔓をはらい下草を刈りながら各フロアに番号（フロア一などと表記）を与え、それぞれの大まかなスケッチをしていった。旧道の伐採が終了した時点で、簡易な平板測量で道の略側を行なった。道を骨格にして、フロアその他を書き加えたのが図10である。こうして作り上げた略測図は、竹富町役場の明治三〇年代測量といわれる地籍図とかなりよく一致した。遺構集中個所とその周辺の遺構は、用途別に次のように分類することができる。

（一）通路——道、石段、橋
（二）住居——敷地とそれをめぐる石垣
（三）水場
（四）墓
（五）祭祀場

上記のそれぞれについて記述し、必要なものは、用途推定の根拠を述べておくことにしよう。

（一）道、石段、橋

道は、斜面に平行に走る場合は斜面を切りとるようにして、山側は低い石垣で土砂の崩壊を防いでいる。海側にも石垣が築かれている場合がある。道幅は一メートル以上、最大で三・五メートルであった。勾配のある道は、幅一メートル程度の石段になっている場合が多かった。石段は往々にして水路となり相当崩壊が激しい。勾配の緩やかな道には、幅三メートル近い溝状になった大通りもあって、崎山集落の中央部を上り下りする道に酷似している。

フロア群の外部に通じる道は、概して植物の繁茂がひどく、遺構も断片的に残っているにすぎず、半ば消滅しかかっているものもあった。

（二）住居趾

一区画一〇〇～三〇〇平方メートル程度の平坦なフロアが段々畑状に隣接しながら海岸近くから海抜高度約八〇メートルまで続き（図10）、四四区画に区分されたフロア群をなしている（図11）。隣接するフロアや道との間には石垣が築かれている。石垣の崩壊がはげしいらしく、表面に砂岩片が散乱しているフロアも多数見られた。道とフロアをつなぐ石段が多く見られた。多くのフロアの山側には、一辺一・五メートル内外、高さ〇・六メートル程度の正方形状に砂岩を囲らした遺構が、ひとつずつ見られた。墓に似ているが、副葬品のような遺物は少なく人骨は全く見られない。この遺構は笹森儀助（一八九四）の仲間村でのユーモラスな報告「琉球仲間村雪隠困難の条」を見るとブタを内部に飼育していた便所の遺構であることが判明した。よく原形を留めている一、二の例では、人の乗った平坦な砂岩板がブタの入る石囲いの縁に乗せられていた。石段（南ないし東側）の反対側に位置することが多く、山裾の水はけのよいところが選ばれている(図10参照)。崎山では遺構の傍に穴を掘って汚物を溜めるようにした跡が見られた。

住居趾は、この四四区画のフロア群以外には考えにくいのだが、その様相はけっして一様ではなく、一度も住居として使用されたことのないフロアや、早期に放棄された住居趾も含まれていると考えられる。礎石と思われる、上

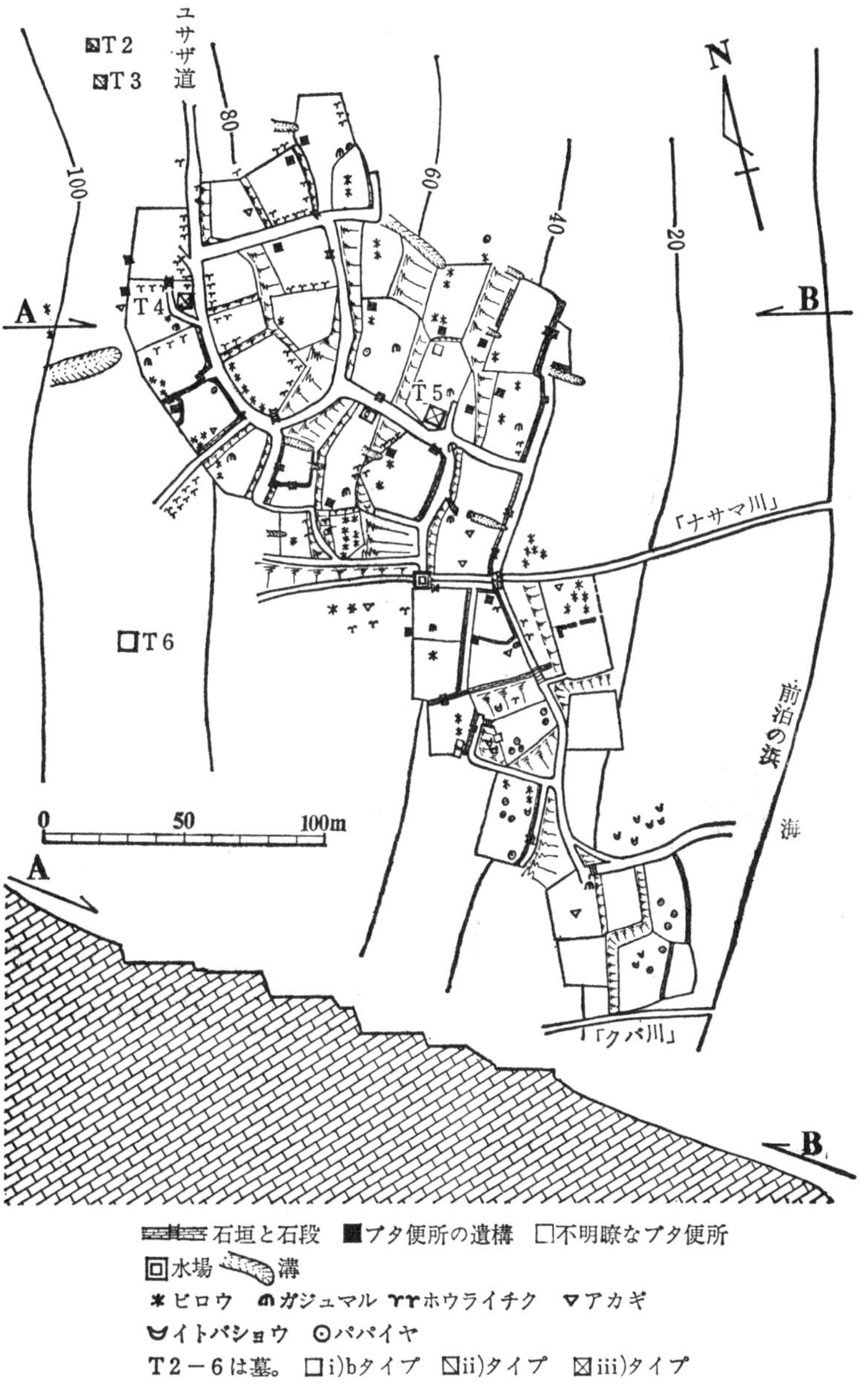

図10　鹿川集落跡遺構の平面図と断面図

面が平らな砂岩が規則正しく並んでいるのが見られるフロアも分布している、後にブタ便所の遺構とわかった石組みを生活に不可欠のものと想定して、住居趾らしさの指標のひとつとしてとり上げてみた。上記四四のフロアのうち石組みをもっているものは一八～二〇であった（図10）。そのうち道に通じる石段をも併せもつフロアは一三で、それは石段をもつフロアの総数一八の七二％に当たる。石段は必ずしも住居趾の指標とはならないが、便所の石組みと石段がかなりの程度共存していることがわかる。

遺構からの一応の結論としては、鹿川が廃村になる直前に住居として使用されていたフロアは二〇を越えないということが言える。これは笹森（一八九四）の鹿川村には一八戸あるという記述と符合しているように思われる。

（三）　水場

人工的な水場を二か所認めることができた。ひとつは、集落の中央を流れる小川（名前が聞き取れなかったため、鹿川村の伝説の美女にちなんで「ナサマ川」と仮称する）とメーンストリートが交差するところにある石橋の上流約

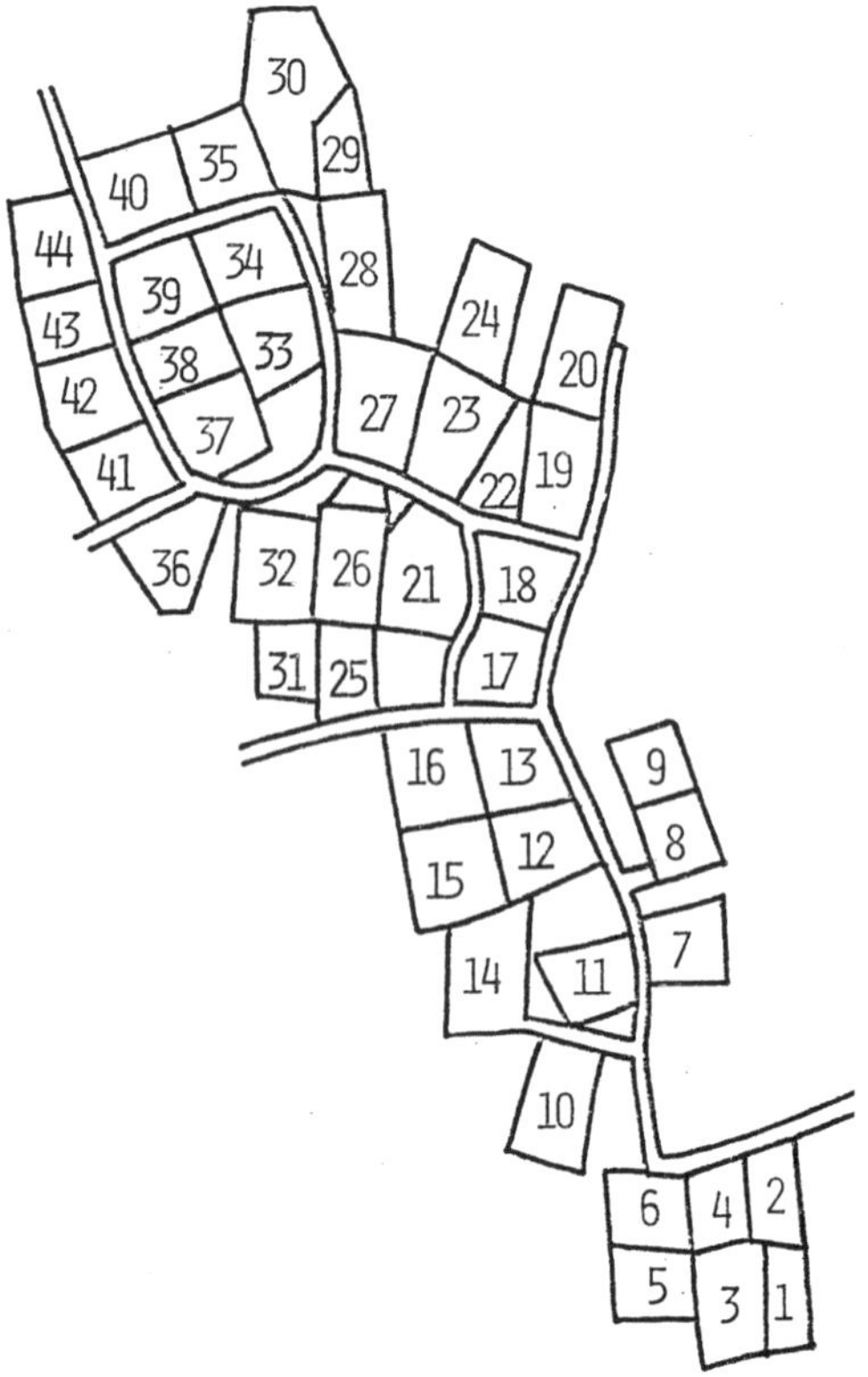

図11　鹿川集落趾遺構のフロアの番号

二〇メートルのところにある、一辺約二・五メートル、高さ約四〇センチの正方形の石組みで、ほぼ「ナサマ川」を堰き止めるような形をしており、加工した細長い砂岩の板に囲まれ、底にも同様の砂岩の板が敷かれている。これは石を桝状に組んだ水溜め場だったのであろう。水質は飲用に適しているが流量が少ないため、溜めて利用したものと考えられる。同様の水場は、舟浮村で現在も使用されているのを見かける。

もうひとつは、急な石段の道の南側で、フロア二六の地続きである。山側の大きな一枚岩を一方の壁として、それに接してコの字型に石を組み、一辺一・五メートルの正方形の囲いがつくられている。泥が四〇センチ以上堆積していて、試掘してみたが底を確かめることはできなかった。山側から湧く水は、幅五センチくらいの隙間から、洗い場のように砂岩を敷いたところを通って地下に潜ってゆく。昔の井戸であったらしい。どちらの水場も住居趾群の中央にあって、道が三本以上通じている。集落内での水場の重要性が想像される。そのほかフロア群の南端をかすめて海に注ぐ「クバ川」（これも筆者の仮称。上流に方言でクバというビロウの木が多いところから命名）のフロア三西端の滝は、水量が豊富で水質も良好であるから、人が住んだ当時も利用されたであろうと思われる。

(四)　墓

私が見つけた鹿川村の墓は集落趾内とその周辺に五基、集落趾南の斜面に八基（「中墓地」と仮称）、タバル川上流右岸の平坦地（集落趾北方約三〇〇mの地点）に一基、ウブドー川右岸の斜面に二九基（「南墓地」と仮称）の計四三基であった（図12A、B参照）。墓はそのほとんどがおそらく盗掘によって破壊され、副葬品を持ち出されており、人骨が散乱していた。

墓をその構造から以下の三つないし四つのタイプに分けた。

I）巨石の下の自然の窪を利用した墓

ほとんど加工を施さず、人骨を収めただけといったタイプi-aと、窪地を大きく掘り広げ、岩を多量に補って玄室その他の形式を備えたタイプi-bの二つに細分される。金城睦弘（一九七三）のいわゆる「岩影葬」に相当する。南墓地の高地にはi-aのタイプだけからなる一群の墓が分布している。人骨や副葬品によってはじめて墓であることがわかる例が多く、遺物や骨片がなくなって墓と断定することが困難なものが見られた。

i-bは例が少なく、墓六、墓一五、墓一九の三例にすぎない。いずれも玄室前方に石垣をめぐらしている点は、次のii、iiiのタイプとも共通する特徴である。玄室の蓋には、はめ込み式の砂岩またはテーブルサンゴ類の板が用いられている点もii、iiiの形式と同様である。

ii　ヌーヤ墓

ヌーヤというのは、「野原の家」の意味で、宮古島のミャーカに相当するという（『沖縄文化史辞典』）。鹿川の墓の半数以上がこのタイプに属する。砂岩を主に使って、コの字型に高さ八〇センチ程度に積み上げたものの上に、テーブルサンゴの大きな一枚板をのせて天井とし、玄室を形づくっている。天井の板は、砂岩のこともあり、規模により枚数は異なる。玄室の入口には、主としてテーブルサンゴの板がはめ込まれていたらしい。玄室の大きさ、墓の規模にかかわりなく、こ

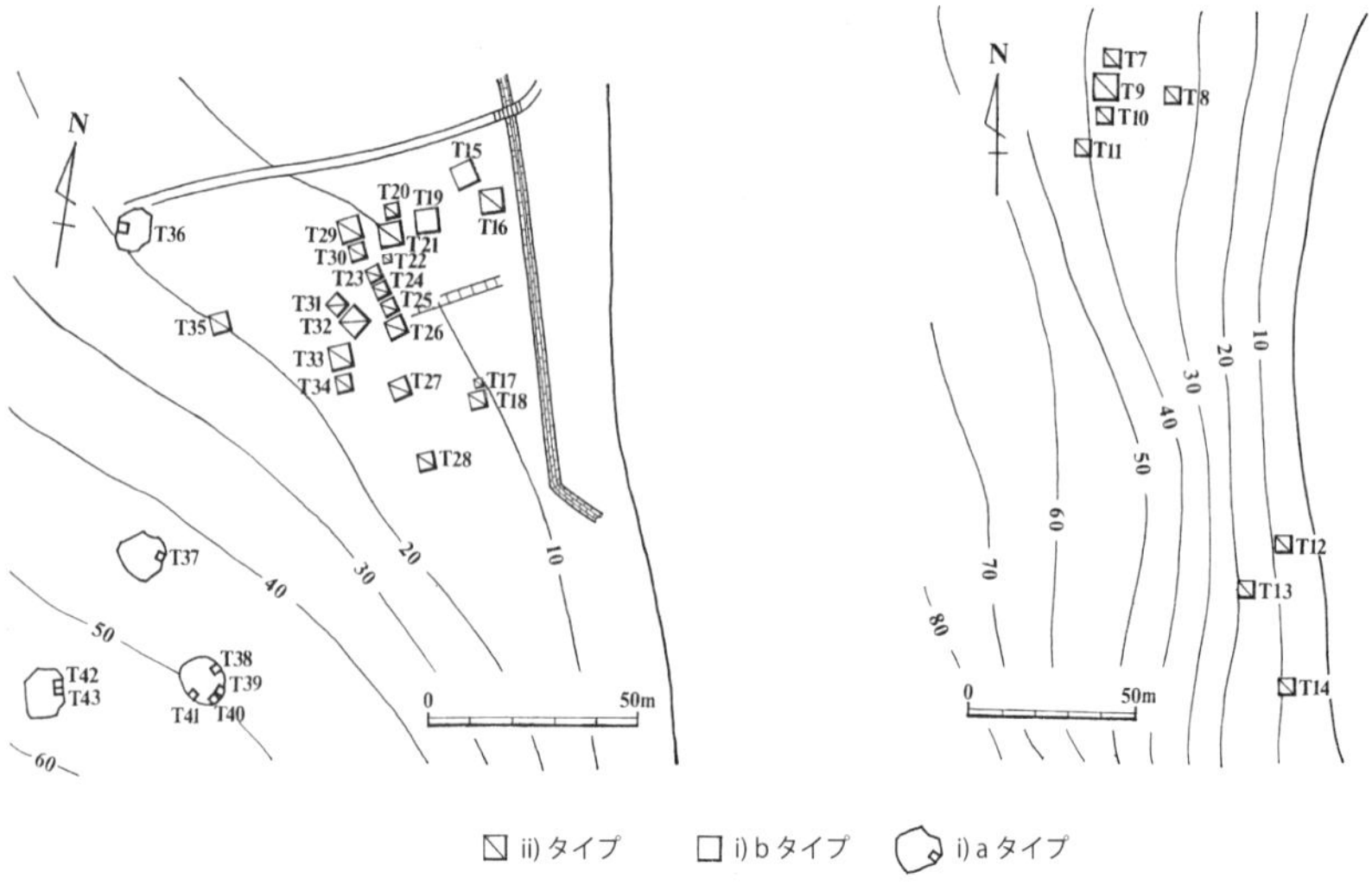

図12　鹿川村の墓の分布図　A（左）南墓地　B（右）中墓地

の蓋の大きさはほとんど変らないことが観察された。

この、玄室と蓋の二要素だけからなる墓もかなり見られるが、玄室の前方に石垣が回らされて、玄室部と同じくらいの広さの空間が区切られている例の方が一般的である。後者の方が玄室そのものの規模も大きい。図13は、このタイプ最大の墓の写真である。

墓一七はⅱのタイプにはちがいないが、例外的に小さい。内部の大きさが幅三五センチ、奥行五〇センチしかなく、墓一八の東北の隅に接していた。遺物は頭骨のみで副葬品もなく、仮の墓であったかと思われる。頭骨からして小児の墓ではない。

iii 記念碑的墓

このタイプは一基だけで、集落中心の墓五がそれである。道のすぐそばにあり、東西約五・五メートル、南北約四・五メートルの石垣に囲まれ、一辺三メートルの方形の石組みを積み上げて、砂岩の厚い板を上からはめ込んだ鹿川村では他に例を見ない巨大な墓である。玄室への入り口が見あたらないことは、常時埋葬に使うものではなかったことを示唆し、集落の中心という位置とともに例外的な墓であった。聞き取りによれば、これは鹿川村の伝説の美女ナサマ

図13　鹿川村の集落すぐ南に点在する大型の墓のひとつ

を葬った墓であるとされるものである。

フロア群の近くには規模の大きな墓があるが、とくに大きなものは四基だけである。南墓地には、墓の数は多いが、iiのタイプの小さなものとi-aがほとんどである。

（五）　祭祀場

フロア群の上方、「中墓地」の真西に、方言でクバというヤシ科のビロウの群生地がある。海上から見るとほぼビロウだけが密生しているのがよくわかる。「クバ川」伝いに登ってゆくと、ところどころに昔の道のようなあとが現われ、やがて斜面の途中のやや平坦な場所に出る。そこから海側の斜面には、一面にビロウが生えた平坦地の海側の端が少し高くなっていて、ビロウの生えていない空間（約三×六メートル）があり、その辺縁に点々と岩を埋めた囲いができている。囲いの南端には〇・四×一メートルほどの砂岩の板が落ちており、板のところから香炉が発見された（石垣金星氏による）ことから西表島西部方言でウガン、沖縄では一般にウタキ（御獄）と言われる拝所であることがわかった。

集落の中心付近にあるフロアのフロア七とフロア八はその境界にサンゴを積み上げた特異な構造物をもっていて、構造的に西表島西部の他集落の拝所とよく似ていることから拝所と判定した。

その他、フロア四にも一・五×三メートルほどの空間を石を埋め込んで区切り、その北端に香炉が置かれていたということであり、上記のふたつより規模が小さいが、やはり一種の祭祀場と考えられた。

三　フロアの試掘

礎石と想定される石が点々と並ぶフロア二〇を試掘した（図14）。これは遺物が多く下草が少ない広々としたフロアである。北と東は急傾斜のススキ草原で、西は石垣と斜面によって上方のフロアから切り離されている。南方の区切りは明確でない。

二列に並ぶ礎石に沿って、幅〇・五m、長さ一五メートルのトレンチ（試掘溝）を掘った。木の根が縦横に走る、厚さ八〜一〇センチの暗褐色の表土層を剥ぐと、黄土色の平坦な砂礫層が現われる。この砂礫層は地山であって、この層より下には文化層は見られず、砂礫層の最上面が離村直前の鹿川の村人の生活面だと考えられる。礎石群は、生活面に接するか、それよりもやや埋まった状態で存在していた。

このトレンチに垂直に、中央付近から山側の石垣までメートルにわたって幅一・〇メートルのトレンチを掘った。生活面を覆っている暗褐色の表土層は山側ほど厚く、下部に若干砂岩礫が混る石垣付近では六〇センチの厚さに達した。試掘によって新たに姿を見せた上面が水平な礎石と考えられる石は六個で、露出していたものとの合計は一四個であった。第二トレンチの中央部には、不整形な砂岩の立石が大小一〇個密集していた。

礎石の配列は部分的にしか明らかになっていないから、家の大きさ、向き等を推定することは難しい。しかし、西に石垣があり、南北にアカギの古木、東にやや古いクワノハエノキがあるから、家屋のあった範囲は東西一〇メートル、南北一二メートル程度の長方形の区域に限られる。礎石は原位置を少しずつずれているものが多いらしく、実測してみると等間隔でなく、正確に直線にもなっていない。第一トレンチの海側の礎石列の上に家の柱が載っていたとすると、第二トレンチ内の三つの礎石がこの列に直交する。一方、断面図中に表われる五つの礎石列を基準にすると、家が石垣と平行で、石段の正面に建っていたことになり、他の遺構との相互関係からは、これらの五つの礎石が原位置から動いていない可能性が高いと考えられた。

生活面に接している遺物はほとんどなく、わずかに立石群付近に木炭の微少片が採取されただけだった。表土中にも、素焼きの壷のかけらや貝殻が若干見られたにすぎない。フロア出入り口の約二〇段の高い石段の足下の、向かって右側に高さ約五〇センチの砂岩立石があり、東向きの面に「東方門」という文字が刻まれていた（図14および図16—14・15）。向かって左側には、風化して文字の読みとれない同様の石が倒れていた。このような遺物のあるフロアはほかに例がなく、試掘の対象としては一般性を欠いたかもしれない。

人頭税の時代には、礎石の上に柱を建て、ほぞで柱を組み合わせたるヌキヤ（貫屋）は、ユカリピトゥ（士族）にしか許されず、ブザと呼ばれた百姓は、アナブリヤ（穴掘り屋）、つまり柱を地面に埋め込んだ掘っ立て式の家しか建ててはならなかった（山田、一九八六、一三六―一三七）。漢字を刻んだ立石の存在といい、ここは、二軒あったという

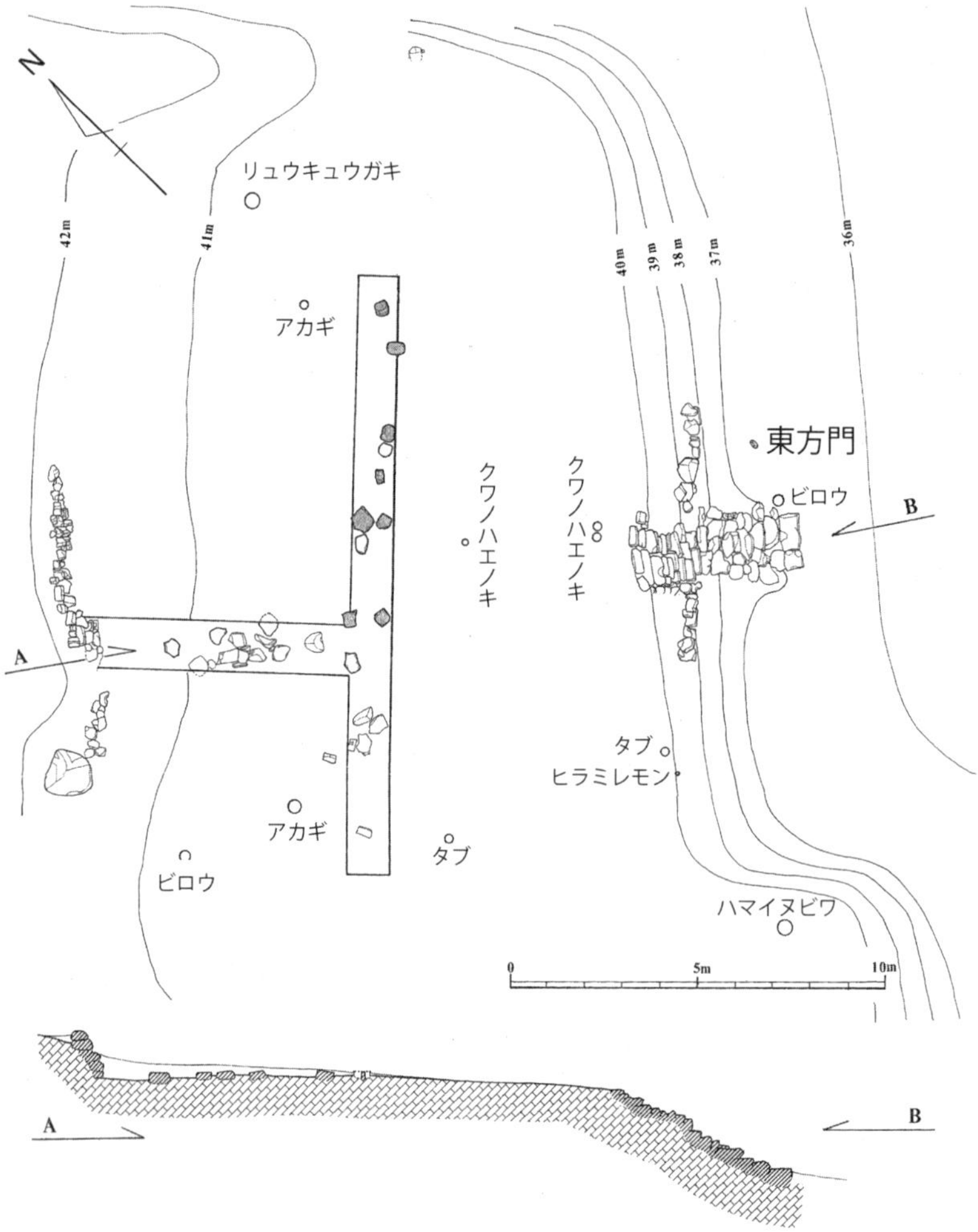

図14　鹿川集落址中央部のフロア20の試掘実測平面図と断面図（篠原徹氏の指導による）

士族の屋敷だった可能性が高いと考えられた。

試掘の結果、文化層は一層であり、鹿川の生活面は、地山を平らになるまで削り取って作られていること、土砂が長年の間にフロアを埋め、現在の地表面は水平でないこと、遺物は生活面にも表土層にも少なくむしろフロア表面に多く見られるらしいこと等がわかった。遺物は土砂流に撹乱されて、生活面から地表に浮かび上り次第に下方に転落していったのであろう。軟弱な表土の上を、野生のリュウキュウイノシシが長年月にわたって縦横に歩きまわり、固形物を表土上に浮き上がらせる作用に力を貸したことも考えられないではない。

Ⅵ　遺物

鹿川の浜を歩いていると、よく砂の中にいろいろな程度にすり減った土器や陶器のかけらが見つかる。一歩薮の中に足を踏み入れると、フロアとその下の斜面は所によって足の踏み場がないくらい、釉のかかった碗類や、素焼きの壷、擂鉢等々の破片が散乱している。それに混じって、ヤコウガイ、サラサバテイ等の大型の貝殻が銀白色に光っている。これらの人工遺物・自然遺物を、表面採集して記載した。遺物の記載は、遺構の一区画ごとに行ない、異なるフロアや墓の遺物が混ることのないように気をつけた。

種類別に鹿川廃村の遺物を見ると、非常に多岐にわたっている。それを大まかに分類して順次述べてゆこう。腐りやすい木製品などは地表からは発見できなかった。

一　人工遺物

（一）　やきもの

A　素焼き

a　パナリ焼き

低温で焼成された厚手の土器で、新城島《あらぐすくじま》（方言でパナリ）産と伝えられる。器型は、背が低く、下部のなだらかにふくらむ口径二〇～三〇センチの甕状のものが大半を占め、墓の骨甕として数多く使用されている。住居趾や道から採集されたのは小破片ばかりであるが、厚みと曲率から判断されるところでは、墓で使用されているものと器型は同じであるらしい。墓六の墓からは香炉様のものと小型薄手の花立て様の器が見つかり、集落趾内の道からはススの付着した小かまど片が採集された。

b　八重山焼き

石垣島で焼かれていたもので、胎土に石英粒が混入している（多和田真淳氏による）。大小の甕類と擂鉢が中心で、遺跡全体にもっとも普遍的に分布していて、量的にも人工遺物中でこれが占める割合は高い。器型は、図15に示すように、甕類で大体五種類が見られ、同じタイプでも大きさは多様である。沖縄第一の生産地であった那覇の壷屋では、水甕、酒甕、スーチキカーミ（塩漬甕）、塩壷、徳利と呼ばれているものに相当する（ヤチムン会、一九七五）が、実際の用途はさらに多様であったと想像される。

フロア三五の西端の岩の下の隙間につめこまれていた遺物から、「八重山　東田」と墨で書かれた中型の水甕片が発見された（図16—13）。東田という姓は崎山三村にはないが、波照間島での聞き取りによれば、東田は「アガダー」と呼ばれる波照間島北部落の非常に古い家柄であるという（後底阿良加《あとそこあらか》氏による。なお、新城祐吉、一九七五をも参照した）。このことは古くから鹿川と波照間島との間に交流があったことを裏づけていると考えられる。

擂鉢は、口縁部につばをもった独得の形のもので、フロアから表面採集される破片は、目のはっきり刻まれていない、色の赤っぽい低湿焼成のものが多く、擂りつぶす効率は比較的低かったと考えられる。破片ごとの目の幅の変異は一センチあたり四・二本から八・〇本の程度であった。聞き取りによれば、擂鉢は多くの用途に使われた。大型のものは、魚肉をすりつぶして作る「カマボコ」やヤマノイモをすりおろすために用い、小型のものはみそをすったり、薬用にヨモギやホソバワダンの絞り汁をとったりするために用いたという。
八重山焼きの、甕・擂鉢以外のものは、数種類しか見られなかった。いわゆる水甕に似た文様の大鉢、沖縄島でミジクブサー（水こぼし）と称される鉢、小皿、薄手のひょうたん型徳利、火取り等がそれである。

c　その他の素焼き製品

薄手の朱泥急須は、中国産らしいと鑑定された。同じ墓から、厚手の重いものも見つかった（図15）が、これは八重山焼きである可能性が強いという。

B　施釉陶磁器

a　沖縄産の上焼（ジョウヤチ）

上焼とは、釉薬のかかった焼き物をさし、釉薬のない荒焼（アラヤチ）と対比される言葉である（外間正幸ほか、一九七四）。鹿川で発見された上焼には、八重山焼はほとんどなく沖縄島の壺屋焼を中心としている。器型、釉、胎土に多くの組み合わせが見られる。多和田真淳氏にカラー写真による鑑定を依頼した結果は、作られた磁器はもっとも古いもので一七二〇年代、新しいものは大正初期（一九一〇年代）に相当することがわかった。

碗類は大きく三つに分けられる。

第一のグループは、焼きが浅くてもろい。側面は直線的で、口径が底径の一・六～一・七五倍程度と底が割合大きい。淡色の釉がかけられており、内側の底に重ね焼用の素焼部を大きく残している。産地は沖縄でなく、もっと南方系のものだとも言われる（多和田氏の鑑定による）。聞き取りでは、ウワンマハリという飯椀だという。

第二のグループは、灰色の胎土で、金属音を発するまでによく焼かれている。側面は割合直線的で、釉は灰白色が中心である。口径が底径の二・〇～二・一倍程度である。次の第三グループより時代は古いようだ。

第三のグループは、焼成は中程度で、側面は口のところがゆるやかに広がった曲線をなしている。口径が底径の二・〇五～二・二五倍程度である。暖かみのある白い釉が主で、重ね焼のための内部の釉のはぎとり（壺屋では「剥ぎ物」

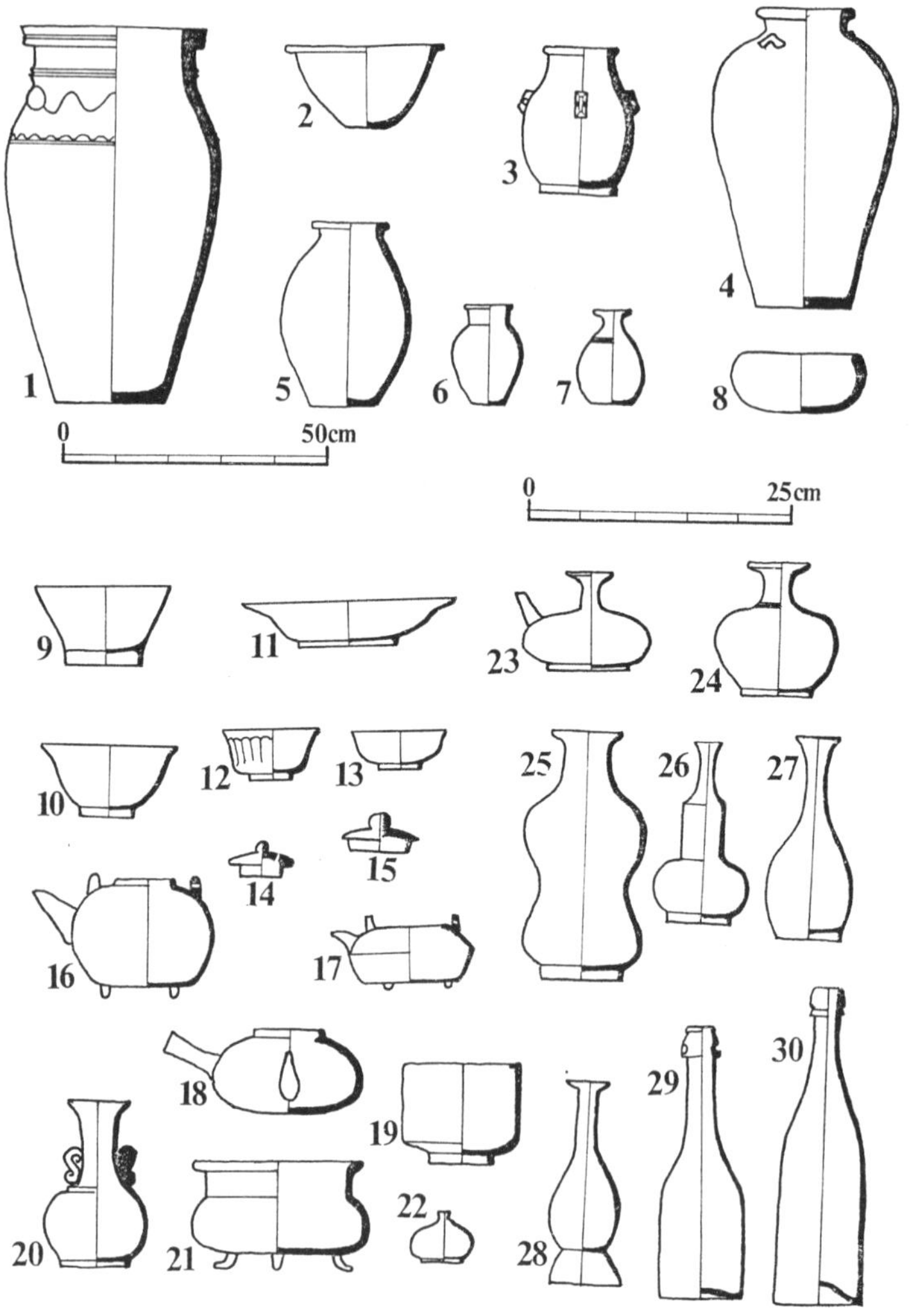

図 15　鹿川の人工遺物　沖縄産の陶器とガラス瓶　1：水甕、2：擂鉢、3：油壷、4：酒甕、5：スーチキカーミ、6：塩壺、7：徳利、8：ミジクブサー（水こぼし）、9：碗（旧タイプ）、10：碗（新タイプ）、11：皿、12・13：湯呑、14・15：チューカーの蓋、16・17：チューカー、18：素焼急須、19：火取り、20：花生け、21：香炉、22：髪油壷、23：カラカラー、24：徳利類、25：嘉瓶、26：渡名喜瓶、27：対瓶、28：徳利類、29：水色のガラス瓶、30：褐色のガラス瓶。
１～８、18 は八重山焼。９～ 28 は沖縄島産（ほとんどが壺屋焼）。１～８は、９～ 30 の半分の大きさに縮尺。

の意味でハジムンという）はリング状のいわゆる「蛇の目」である。大正年間まで作られていたという。聞き取りではシルマハリ（汁椀）と呼ばれていた。

湯呑は第三グループの碗を小さくしたような器型の白釉のものが多く、側面を面取りしたタイプも散見された。

皿類は口径一五センチ以下の中型のものがいくつか見られた。白地にコバルト青の文様をつけたものもあり、大正年間以前の壷屋製とのことである。

急須類は、沖縄では「チューカー」と呼ばれる、蔓をつけて用いるタイプのもので、多数の完形貧に近いものが墓地から見つかっている。蓋もいくつか記録された。「カラカラー」という沖縄風の酒器は、「チューカー」と比較して、ごく少数しか発見されなかった。

必ずしも酒類を入れたとは限らないが、徳利様のさまざまの容器がフロアにも墓にも見られる。大型のもので嘉瓶（ユシビン）と呼ばれるものや、首のところに耳状の飾りをもつ花生け様のものもすべてこれに含めておく。機能的にはおそらく大差はなく、用途の推定が難しく、同じ器形のものは四点とは見つかっていない。

香炉類

現在も西表島の各集落で、拝所や墓や仏壇に見られるのと同形の、下部がふくらんだ三本足の香炉が墓地を中心に発見された。「パイフキ」と呼ばれる火取りも香炉代用とされたらしく、墓地に多く見かけられた。

高さ五センチくらいの、口が細い小型の容器がフロアから三点採集された。髪につける油を入れるのが製作地での用途である。

油壷は、高さ三〇センチ以内の、釉のかかった壷で、ラードを入れて台所にひもで下げるための大きな四つの外耳が特徴的である。

以上、湯呑から油壷までは壷屋の製品であり、発見の時点で二〇〇年以上たった古いものは、嘉瓶の一部などわずかであった。

b　中国産の陶磁器

ほとんどが清朝時代のもので一七世紀に遡るものもあると考えられている（矢部良明氏の鑑定による、図16参照）。碗類は、壷屋焼の茶碗の第三グループとほぼ同じ器形である。内外には呉須による文様が染めつけてある。文様から四種くらいが区別されるが、どの文様の碗も、一七世紀の製作とされている。

皿類は、口径一二〜一四センチ程度で、呉須染付け文様のものがいくつか見られる。南中国以南の産と目される、緑釉小皿と白磁小皿も各一枚記録された。その他盃類で、中国産らしいものがいくつかあったが詳細は不明である。

c　九州産の陶磁器

ほとんどが伊万里焼で、製作時期の幅は一七世紀から明治末と広い（矢部良明氏の鑑定による）。呉須染付の手法を多用し、ごく新しいものを除けばほとんどがこの釉で、湯呑大の小碗、中皿、小皿、大小の徳利、稀に鉢などが墓を中心に見られる（図16参照）。

一九世紀以降のものとして、型押しによる、鮮やかなコバルト青の文様の碗、皿の一群のほか、緑、茶、金などの釉を使った碗、小皿、盃などの小破片が見られる。最後の一群は、ごく一部のフロアにしか見られなかった。

（二）　金属製品

A　鉄製品

フロア二一、フロア二七、フロア二八から、厚さ七〜八ミリの赤くさびた鉄の板が採集された。曲率から復原してみると、直径約六〇センチの大鍋であったと推定される。聞き取りによればこれは「ウフナビ」と称して、現在も豆腐作りや行事の際の大量の調理に盛んに使われている。

羽釜（パンガン）に取手と注口をつけたような茶釜の上半部（フロア三三）と、そのひさしの部分（フロア一二）、濃い青色のホウロウ引きらしい金属製のやかん（フロア四二）が見つかった。

フロア二〇からは、長さ約一六センチの親指より太い四角錐状の鉄釘のようなものが一本だけ発見された。

鉄鍋の破片があるのに刃物は発見されない。これは、刃物が貴重品で、移転時に持ち出された可能性も大きいと考えられる。

B　銅製品

銅製のやかん三点が墓地から見つかった。フロア一二からは六センチ四方の銅の蝶番一枚が発見された。その形状からして、長持のような物入れの錠前の一部分である可能性もある。

墓六から、長さ八・四

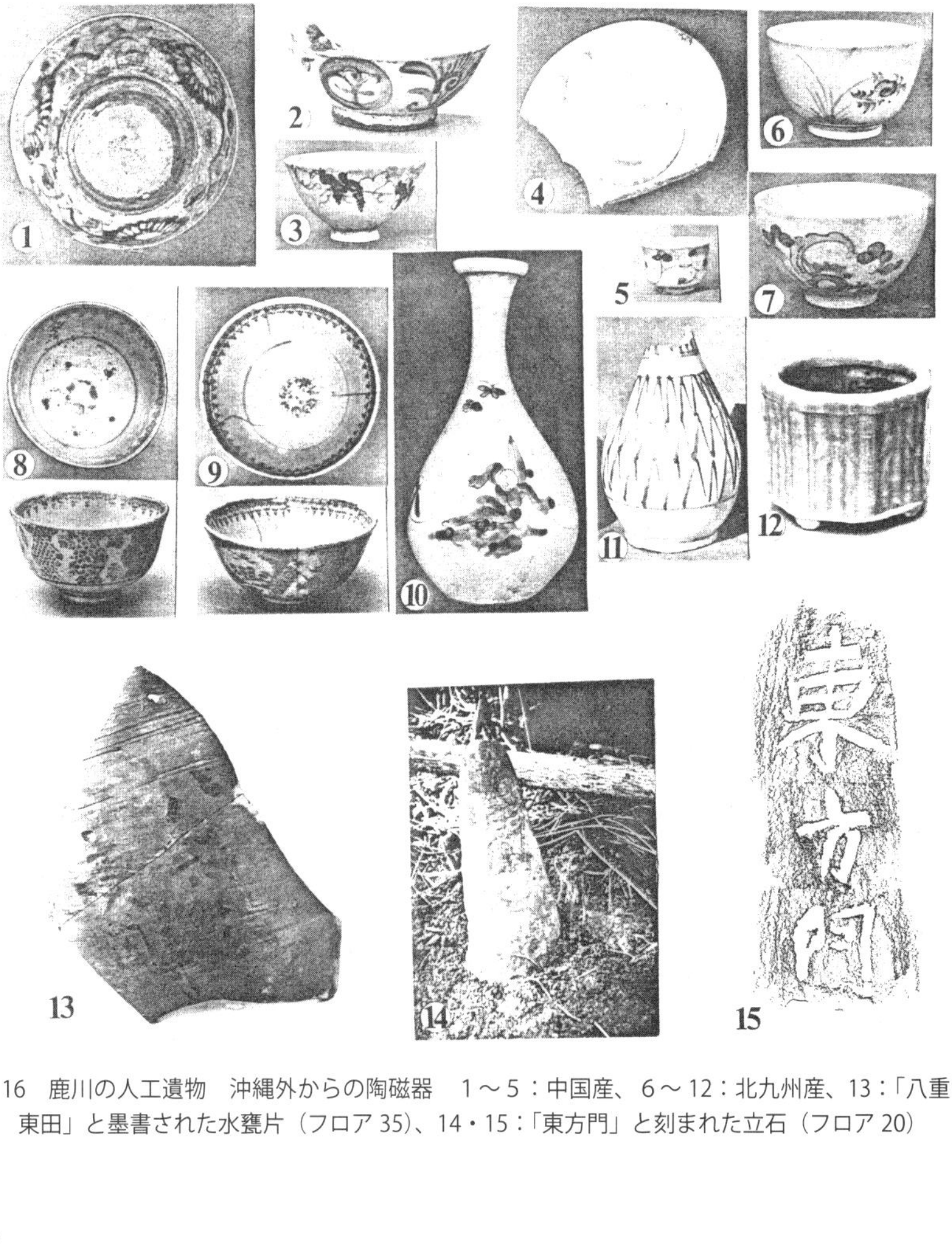

図16　鹿川の人工遺物　沖縄外からの陶磁器　1～5：中国産、6～12：北九州産、13：「八重山　東田」と墨書された水甕片（フロア35）、14・15：「東方門」と刻まれた立石（フロア20）

センチと七・二センチの二本のかんざしが見つかった。先が四角錐状のヘアピンで、根元に六角形の花型の頭がついている。葬られているのは男性であり、おそらく平民であることが、この簪から推定される（真栄田義見ほか、一九七二）。

（三）　ガラス製品

フロアの表面から一〇種以上の壜が見つかった。口辺部に図15に見られる特徴をもつ、高さ約二九センチの褐色の壜と、高さ二四・五センチで、頭部に一対のくぼみをもった水色の壜が量的にもっとも多く、前者が一三〇本以上、後者が六〇本以上発見され、この二種類で全ガラス製品の約九〇％を占めている。バネで固定されていた白い磁器の栓も見つかった。方言では「キカイビン」と呼んでいる。

ガラス瓶には文字が刻まれているものもある。例えば「大日本麥酒株式會社」。これは一九〇六（明治三九）年にできた会社だから、このビール瓶が鹿川村に置かれたのは、それ以後でなければならない。しかも、ちょうど花壇のヘリに使うようなぐあいに、底を少し土から出した状態で何本も並んでいる例がいくつかあり（図17）、これらの瓶は、鹿川の住民が使用後に埋め込んだ原位置から動いていないものと考えられる。鹿川村にいつまで人が住んだかの時代の下限をはっきりと示すのがこれらの瓶類であったわけで、少なくとも明治四〇年頃までは人が住んでいたと考えてよいということになる。小さく青い瓶に「神薬」という文字が浮かぶものは、何か液状の薬であっただろうと考えられたが、その詳細はわからなかった。また海岸からの道の入り口にあたる敷地には、サクラビールなど戦前のものではあるが時代の新しいガラス瓶が多数落ちており、ここだけは人が住み続けた年代が新しいと考えられた。

（四）　石製品

A　回転式の石臼

上半部二個（フロア三五）が見つかっている。直径三一～三二センチで厚さは一一センチ。全体に風化が激しいが、反時計回りに回転させたことがわかる。砂岩だから摺ったものに砂粒が混入することは避けられないであろうが、乾燥したものであれば篩いわけることはできたと考えられる。

B　石のたらい

直径五〇センチ、短径四〇センチの砂岩の中央を掘りとったもの。フロア三〇の西北の隅の石組みの内部に埋まっていた。「トーニ」と呼ばれるブタの餌入れと推定される。

C　その他の石製品

そのほか、イノシシを突く槍や海で使う銛などを研いだと推定される、幅約二センチの溝が刻まれた砂岩板（フロア二五）や不鮮明な線刻のある砂岩板が水甕（フロア三〇）の中から発見されている。

遺構の部で取り上げたが、フロア二〇の入り口の「東方門」ときざまれた砂岩の立石（図16）は、石製品に数えてもよい。

フロア三四からは幅五センチ弱で掌にすっぽり入るぐらいの粘板岩製の小硯が発見された（図18）。墨で文字を書くことを知る人がいたことの証拠である。

図17　花壇の縁のように列をなして地面に埋め込まれたビール瓶

崎山集落では、屋敷の庭に長さ一・五メートルもある石の容器や、役人のいた番所あとと伝えられる屋敷の岩に刻まれた「泉水」の文字などがあり、見晴らしのきくユクイチジと呼ばれる頂上には、円筒形の岩の上面に方位を刻んだものなどが見つかっている。これは唐針を意味するらしい「カラパリ」と呼ばれている。

集落跡では見つからなかったが、集落南のウブドー川の海岸べりには、石斧が採集される場所があり、熊本営林署の職員が一〇数個を拾い集めて持ち帰ったという話を聞いた。測量の支援をしてくださった丹野正氏は、石器を製造したときのかけらのようなものが浅瀬の岩のまわりに散乱していると指摘された。鹿川の遺跡のような高台に人が住む前の時代には、より水場に近いウブドー川のあたりが居住に便利な場所として利用されたのではないだろうか。

（五）　サンゴ製品

「ウミイシ」と呼ばれるサンゴの一種を彫りこんでつくった容器が、大小二個見つかった。外側に特徴的な凹凸の模様があるので普通の石との区別ができる。大きい方は下の水場の石組の北側に接して据えられていて、八五×七五センチという大きなものである。聞き取りによれば「グーチプ」と呼ばれ、サツマイモの泥を落とすため等の目的で使われたという。ウミイシは、海から持ってきた時は柔らかで彫り込むのは簡単だが、次第に固さが増すという。

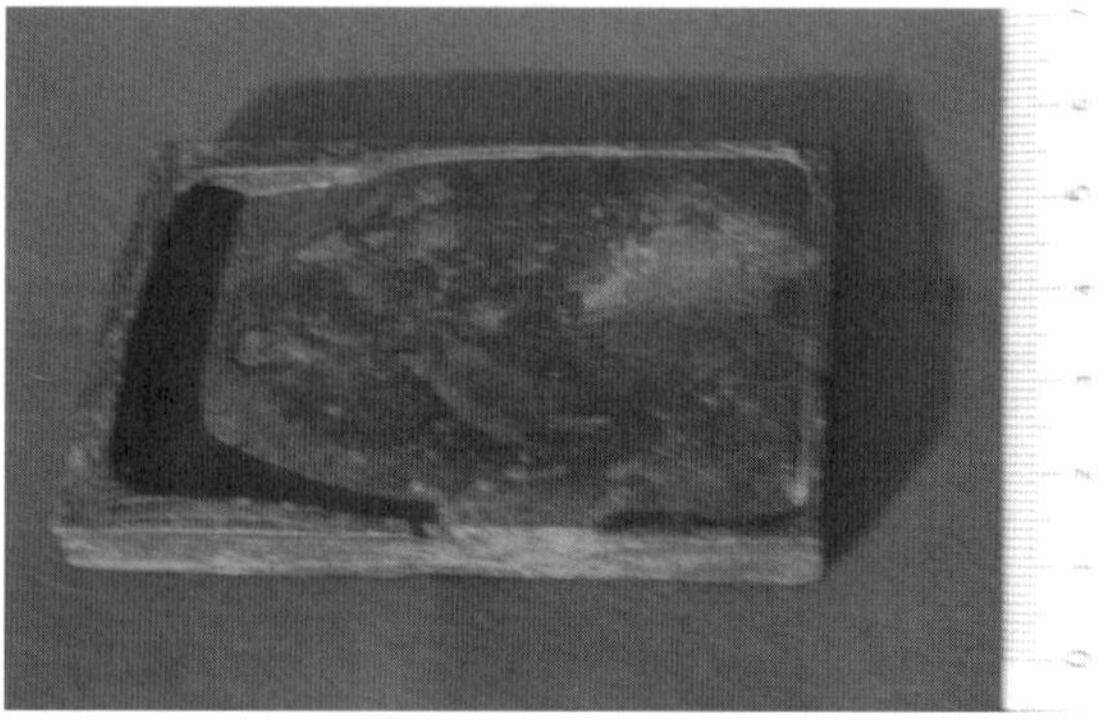
図18　フロアに落ちていた小さな硯

二　自然遺物

（一）　貝類

鹿川廃村のフロアで表面採集された貝類は、表2に示した約二〇種であった。同定は『原色日本貝類図鑑』（吉良哲明、一九五四）、『続原色日本貝類図鑑』（渡部忠重、一九六一）による。風化のために、種まで同定できなかったものがいくつかあった。表面採集からもれたり、風化のために残存しなかった微小貝があるかもしれないから、実際に鹿川の住居に運び込まれた貝の種数はもっと多かったであろう（図19）。

これらの貝類は、クロイワオオケマイマイ（カタツムリ）とウミギク類を除いて、図鑑その他によって食用になることがはっきりしており、鹿川の住民が食用に供したものの遺残である。ただし、食用だけが貝の役割と断定することは控えておきたい。

これらの貝類が生息する場所を概観すると、アマオブネ類、オオベッコウガサ、コオニシブシ等は波しぶきのかかる磯に多く、マガキガイ、ヒメジャコ、チョウセンサザエ等はサンゴ礁の干潮線付近に、ヤコウガイ、サラサバテイ、ホラガイ、トウカムリ等は干潮線下数メートルに生息するといわれている。シレナシジミは汽水産で、マングローブの泥土中に生息している。鹿川の南、落水崎周辺は、魚類、貝類とも豊富で、鹿川の漁場として利用されていたと考えられる。鹿川にはマングローブ帯がないから、シレナシジミは、マングローブ帯をもつクイラ川またはウダラ川の河口付近まで出かけて採集したものを持ち帰ったものと思われる。

西表島から二二キロをへだてた、現在の日本最南端の波照間島の下田原《しもたばる》遺跡は、三五〇〇年前という古い年代の遺跡だというが、そこからもシレナシジミの殻やリュウキュウイノシシの骨が出土する。いずれも波照間島には生息しないものだから、西表島まで出かける生活習慣は古くからのものだろう（石垣市教育委員会ウェブページ）。

ホラガイを湯沸かしに使う「ブラヤッカン」は博物館でも見られ（口絵⑧参照）、シレナシジミを杯にしたりすることは、現在も祭の行事で行われているので、器としての貝殻の用途もあったものであろう。

遺構表面に見られる貝類を遺構の一区画ごとに数えてゆき、種別に合計して総数と出現頻度を算出した（表2）。二枚貝は左右別の記載をしなかったので、個体数より多くなっている。クロイワオオケマイマイは原生林中にもよく見られ、住民が意図的に持ち込んだものではないと考えて除いた。

結果はヤコウガイがもっとも多く、四〇％近くを占め、上位の六位までが全体の八四％以上を占める。一五位以下のものはごく稀で、合計しても全体の一％に満たない。

大量にとれるはずのアマオブネ属や、マガキガイ等が少なく、現在ではあまりとれないヤコウガイ、サラサバテイが多いのだが、その理由は明らかでない。この表によると、トウカムリとオオジャコを例外として、

表2　自然遺物（貝類）の出現数と頻度

和名	学名	出現数と頻度（%）		
		集落趾	フロア35の岩のすきま	墓地
ヤコウガイ	*Turbo marmoratus*	763 (39.8)	15 (26.3)	4 (26.6)
サラサバテイ	*Tectus niloticus*	379 (19.8)	19 (33.3)	2 (13.3)
ヒメジャコ	*Tridacna crocea*	236 (12.3)	5 (8.8)	3 (20.0)
シャゴウ	*Hippopus hippopus*	129 (6.7)	1 (1.8)	2 (13.3)
クモガイ	*Lambis lambis*	112 (5.8)	6 (10.5)	1 (6.7)
チョウセンサザエ	*Turbo argyrostomus*	61 (3.2)	1 (1.8)	1 (6.7)
ハチジョウダカラ	*Mauritia mauritiana*	58 (3.0)	2 (3.5)	-
ホラガイ	*Charonia tritonis*	47 (2.5)	-	-
シレナシジミ	*Geloina spp.*	39 (2.0)	6 (10.5)	1 (6.7)
オオベッコウガサ	*Cellana testudinaria*	24 (1.3)	2 (3.5)	-
スイジガイ	*Harpago chiragra*	20 (1.0)	-	-
マガキガイ	*Conomurex luhuanus*	18 (1.0)	-	-
コオニコブシ	*Vasum turbinellus*	17 (0.9)	-	-
オニコブシ	*Vasum ceramicum*	4 (0.2)	-	-
イモガイ類	*Conus spp.*	4 (0.2)	-	-
オオジャコ	*Tridacna gigas*	3 (0.2)	-	1 (6.7)
ウミギク類	*Spondylus spp.*	2 (0.1)	-	-
アマオブネ類	*Nerita spp.*	2 (0.1)	-	-
トウカムリ	*Cassis cornuta*	1 (0.05)	-	-
	合計	1919 (100)	57 (100)	15 (100)

シレナシジミ：*Geloina erosa* と *Geloina expansa*
イモガイ類：アンボンクロザメ *Conus litteratus* など

大型の貝ほど多く残っていることがわかるが、小型の貝は破砕、流失によって減失しやすいことをその理由のひとつにあげることができる。カタツムリを食用にする島もあるが、鹿川の人々がカタツムリ類を食べたとしても、その痕跡が何十年も残ることはないであろう。フロア二〇の試掘において、土中からも小型貝はほとんど発見されなかったことから、表面採集に頼ったために、大部分の小型貝を見落としたということはなさそうである。採集した貝を必ずしも集落までもって来なかった可能性も強い。シャゴウやヒメジャコのように、殻が重く、しかも身と殻を分離しやすいものでは、採集した場所で殻を捨てることが多かったであろうし、現存の他集落での観察でも、魚の内臓やウロコを取ったり、巻貝を割って身をとり出したりする作業は、海岸で海水を用いて洗いながら行なわれることが多い。ただし、ヤコウガイは、潜水漁法によってでなく、冬季の干潮時に行なわれる、「ヨザリ」と呼ばれる夜間の磯採集の折に主にとられたと言うから、潮が引いているうちに集落に戻る必要性と身を取り出す手間とを考えれば、集落まで持ち帰られた可能性が強いと言うことができる。このような貝殻の生息状

図 19　鹿川遺跡の貝殻　上左から、スイジガイ、クモガイ、サラサバテイ、ヤコウガイ、ホシダカラ、シラナミ、オオベッコウガサ、シレナシジミなど

況の差と、それに対応した漁法の差が貝殻の遺残の状況に強く反映していると考えられるのである。

小型・中型の巻貝をオカヤドカリが移動させることも、自然の撹乱のひとつとして無視できない。集落趾の最上部でもコオニコブシやチョウセンサザエの殻にオカヤドカリが入っているのが観察された。私が鹿川の海岸林中にテントを張ってキャンプした際、食べたあと研究資料として保存しておいた三〇個近いリュウテン、フトスジアマガイ、ニシキアマオブネ等の殻が、一〇日余りですべて消失するか、あるいは壊れやすいマイマイ類の殻に置換されているのを発見したのであった。鹿川遺跡からは発見されなかったが、鹿川湾の奥の浦浜は、サンゴ礁が発達していないため深い場所に生息する貝類が波で打ち上げられる。そのなかの、ジュセイラ、ショウジョウラ、バンザイラなどの小型の貝類は、文様が美しいとしてとくに「鹿川貝」と呼んで珍重された。鹿川貝のことは、笹森儀助（一八九四）にも載っている。一九七五年当時、舟で鹿川まで送ってくれた祖納の人の中には、米ぬかを浜に撒いてそれを食べに集まってきたオカヤドカリを採集するという方法で鹿川貝を集めていた。

鹿川廃村に見られるこのような豊富な貝殻の分布に対して、崎山廃村でははるかに少量しか見られず、網取、舟浮、祖納、干立では、ヤコウガイ、サラサバテイの殻はほとんど見られなかった。市川光雄氏（当時京都大学理学部）によると、西表島西部の上原廃村趾にも、多量のヤコウガイ、サラサバテイの堆積が見られるという。ボタンの原料などとして、大型の貝は需要があったため、時おりの出荷に備えて大型の貝殻を貯蔵していたという可能性はある。この鹿川でのフィールドワークが行われた当時は、まだ事例が知られていなかったが、古くは螺鈿の材料として珍重されたヤコウガイが大量に集積した奄美大島のフワガネク遺跡などが、そうした出荷用の貯蔵物が出荷されないまま残ったものである可能性を、「貝の道」の研究家の木下尚子氏は指摘している。

近年西表島でヤコウガイを目にすることがないのは、これら貝類の漁獲が減少しているためと思われる。明治九年以来、八重山にも進出した糸満系漁師が潜水漁法によって多量に採集するようになったため、個体数の減少をきたしたというのも一因であろう（上田不二夫、一九七四）。資源を保護するために「沖縄県漁業調整規則」は、口径六センチ以下のヤコウガイ、短径六センチ以下のサラサバテイの採取を禁止している。

（二）　獣骨

フロア表面から、少量ながら獣骨が採集された。種類はウシと野生のリュウキュウイノシシだけと思われ、ウシの右上腕骨と、リュウキュウイノシシの下顎犬歯が同定された。笹森儀助が観察したように、ブタやイヌが飼われていたかどうかを物的に立証する資料は現地に残されていなかった。

（三）　人骨

墓からは多くの人骨が発見されたが、頭蓋骨がはっきり形を残しているのは数例だけで、骨甕を使用しない、i-aタイプの墓であった。他の墓の骨の保存が悪く、骨片が散乱している例も多かった。これは復帰後横行した骨董品としての骨甕の盗難の結果もあるであろう。

三　遺物と遺構との関係

前項で述べた、遺構内における遺物の出現パターンを分析してみよう。墓とフロアについて、一区画ごとに遺物を記載していったが、その結果は膨大な表となるので、ここには示さないが、その解釈にあたっては、フロアでは土砂流等による遺物の流失、墓では盗難による紛失の影響をいかに評価するかが課題となった。

（一）　分布から見た遺物の性格づけ

遺構を集落趾（フロアおよび道）と墓とに大別して、人工遺物や、自然遺物別に、遺物の数と出現頻度を示した（表2、表3）。遺物は流失や盗難によって構成比の変化をきたしている可能性が強いので、参考として人工遺物については墓六の遺物表を、自然遺物についてはフロア三五の西端の岩の隙間につめ込まれていた廃棄物中の貝類の構成を

表３　鹿川廃村の人工遺物の出現数と頻度

遺物の分類			遺構別の出現数と頻度（%）		
			集落趾	墓地	墓６
土器・陶磁器類	八重山産	パナリ焼き	13 (2.9)	18 (6.2)	7 (15.6)
		水甕	17 (3.7)	2 (0.7)	-
		酒甕	30 (6.6)	21 (7.2)	-
		壺（小〜中）	96 (21.1)	87 (30.0)	6 (13.3)
			51 (11.2)	2 (0.7)	-
		その他	17 (3.7)	6 (2.1)	2 (4.4)
	沖縄島産	茶碗（旧）	27 (6.0)	16 (5.5)	5 (11.1)
		茶碗（新）	73 (16.0)	22 (8.1)	1 (2.2)
		湯呑	10 (2.2)	10 (3.4)	-
		対瓶	7 (1.5)	8 (2.8)	1 (2.2)
		トナキ瓶	1 (0.2)	4 (1.4)	1 (2.2)
		ユシ瓶	-	3 (1.0)	1 (2.2)
		チューカー	13 (2.9)	13 (4.5)	-
		火取り	5 (1.1)	3 (1.0)	-
			1 (0.2)	4 (1.4)	2 (4.4)
		その他	17 (3.7)	12 (4.1)	-
	中国産・九州産	中国産碗	16 (3.5)	21 (7.2)	2 (4.4)
		九州産碗	22 (4.8)	5 (1.7)	2 (4.4)
		九州産湯呑	20 (4.4)	5 (1.7)	3 (6.6)
		九州産皿	6 (1.3)	18 (6.2)	5 (11.1)
		九州産盃	4 (0.9)	3 (1.0)	1 (2.2)
		九州産徳利	4 (0.9)	5 (1.7)	3 (6.6)
		中国産その他	1 (0.2)	1 (0.3)	-
		九州産その他	4 (0.9)	3 (1.0)	3 (6.6)
		小計	455 (100)	292 (100)	45 (100)
その他	ガラス	褐色瓶	130 (61.3)	4 (44.4)	-
			60 (28.3)	2 (22.2)	-
		その他の瓶	22 (10.4)	3 (33.3)	-
	金属製品		5	3	2
	石製品		7	-	-

示した。どちらも、廃村以前から移動していないことが確実な遺物の数少ない例である。

集落趾、墓ともに頻度が高かったのは、小・中型の壷、酒甕、沖縄産の碗類である。集落趾だけに多く見られたのは、水甕、擂鉢、ガラス壜類で、数は少ないが、石臼、石たらい、鉢や鉄鍋も集落趾に特徴的であった。これらの調理用具は副葬品とされることが少なかったことを示している。墓には、パナリ焼き（骨甕として）、中国産碗類、九州産皿類が比較的高頻度で見られ、住居趾には稀な香炉が散見された。墓に多い沖縄産の徳利類は、器形からは、墓前に供える渡名喜瓶（トナキビン）、祝儀様の泡盛を詰めて贈る嘉瓶（ユシビン）、仏前の対瓶（ツイビン）等に分類できるが、区別なく祭祀用としての機能を果していたと思われる。他の焼きものは、ほとんどが集落趾にも墓にも見られ、出現頻度にも大差はない。日用雑器一式を副葬品として墓に収めていたと解釈される。しかし、これらの日用雑器の構成をもう少し詳しく見てゆくと、集落趾と墓の遺物間には、若干墓の方が古いという年代差があることがわかる。集落趾に多い第三グループの沖縄産碗類、九州産のプリント文様の碗と湯呑はいずれも明治期以降につくられたものであり、集落趾に分布が局限していると言ってよいガラス壜類と青色以外の釉を用いた陶器は、明治中期〜末期に鹿川にもたらされたものであろう。一方、墓には一七世紀中国産の碗類が多出しており、盗掘されていない墓六の遺物リストを見ると、古いタイプの沖縄産碗とパナリ焼きの頻度も集落趾を大きく上まわっているのがわかる。パナリ焼きは、鹿川が廃村となる約半世紀前の一八五七年（安政四）まで焼かれていたというから、古さの指標にならないという考えもあるが、パナリ焼きはきわめてもろく、日常生活に使用した場合に数年以上の耐久力があるとは考えられず、離村の直前ころには、集落内で日常使用されているパナリ焼きはなかったと考えられる。したがってパナリ焼きの出現頻度が高いほど遺構の年代は古いと考えてよい。

このように、出現する遺物は、一般に墓の方が集落趾より古い時代に属している。その原因として、集落内では人間の活動と自然の流失によって、遺存する廃棄物がつねに更新されてきたのに対して墓ではこういった更新が少なかったことと、副葬品にはできるだけ古い伝世品を選ぶ傾向があったに違いないことの二つをあげることができよう。

八重山焼きの壷類は、破片だけでは陶形の判定が難しいものがあったので、中・小型のものを一括して扱った。この壷類は、墓の遺物の三分の一近くを占めており、集落趾よりも出現頻度が高いように見えるが、現在でも墓には完形品が多く見られることと、墓六においてそれが占める比率が集落趾の三分の二程度であることから、これらはあまり盗難の対象とならなかったため、二次的に頻度が高くなっているものと考えることができる。聞き取りによれば、この種の壷を墓前に置いて、水を満たしておくことによって死者への供養とするという。

墓九の石囲い上に置かれていた、口径四五センチもある八重山焼の大鉢は、「ハンジリ」と言い、死後三年以上たって行なう洗骨の際に用いるものであるという（屋良部亀氏による）。

貝類の九九％までが集落趾に集中しており、墓地や道路沿いにはごく稀に見られるにすぎなかった。

オオジャコと大型のシャゴウは、フロアの便所

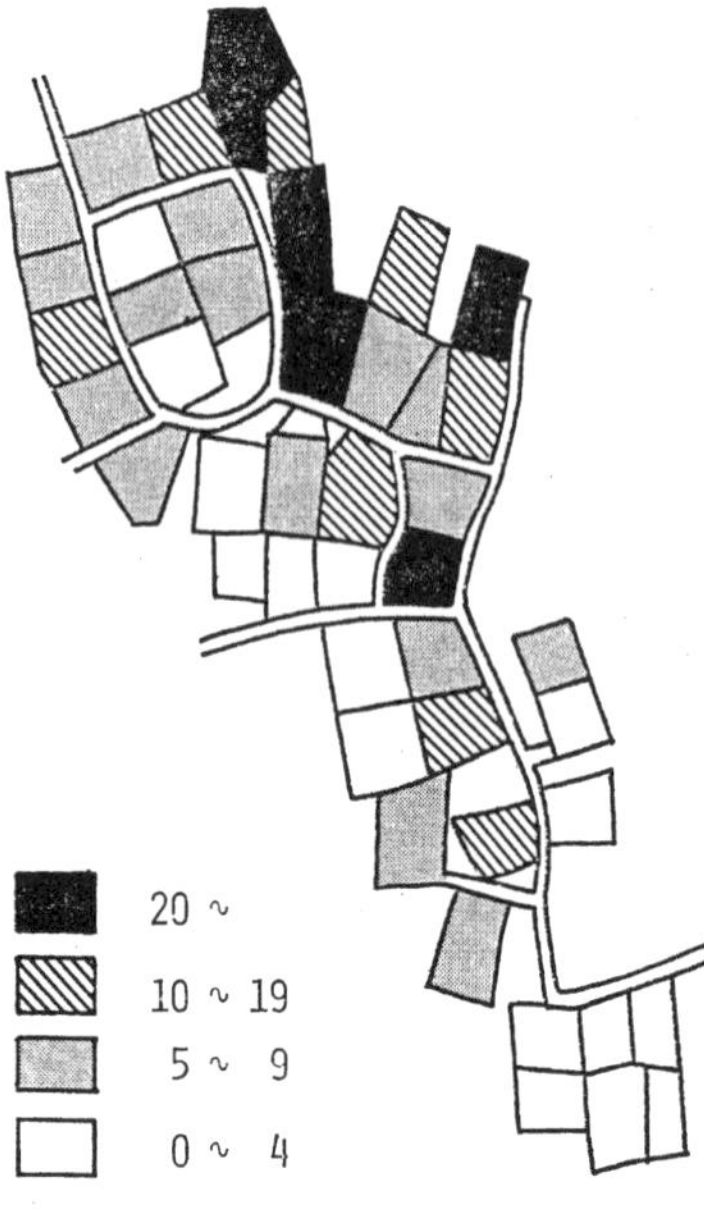

図20　鹿川集落趾内の土器・陶磁器のフロアごとの分布数

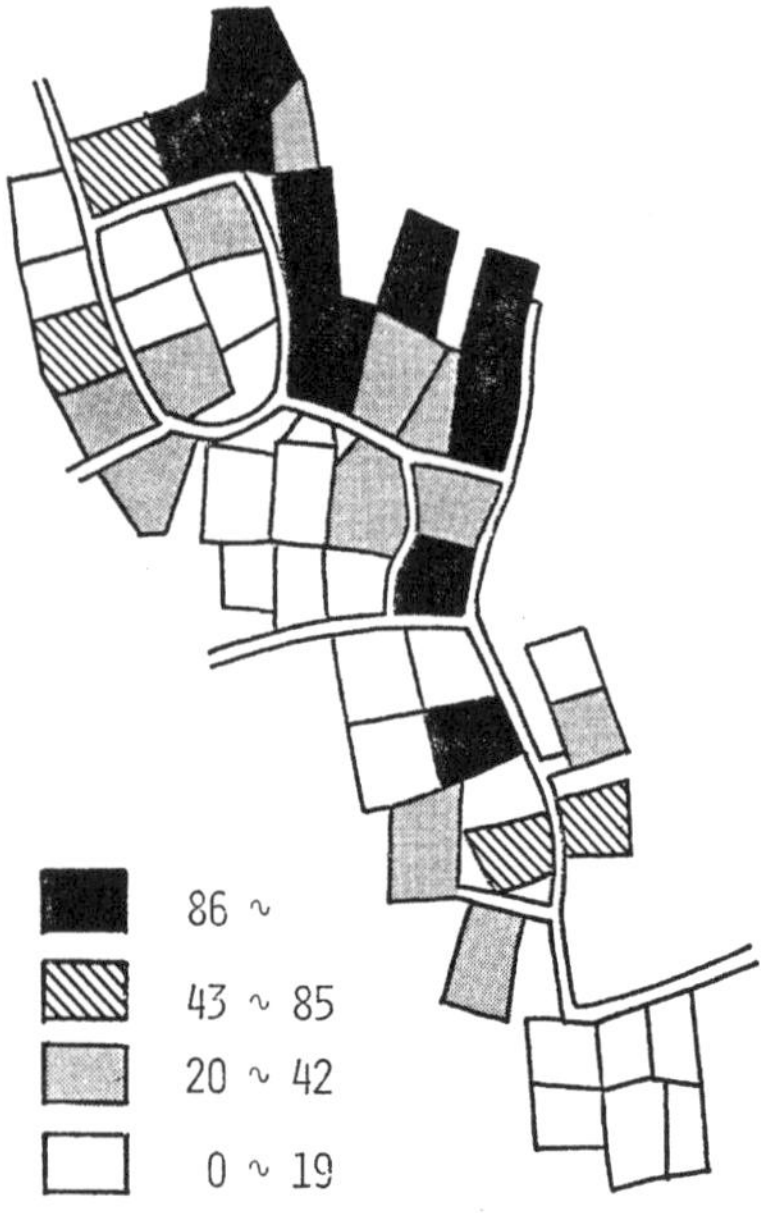

図21　鹿川集落趾内の貝殻のフロアごとの分布数

趾の石組み中か、その周辺から見つかることが多かった。フロア三〇の石組み中にあった石のたらいと同様、ブタの餌の容器として使用したとも考えられる。

(二)　遺物の出現頻度とフロアの性格

遺物のフロア当りの平均出現数は、土器・陶磁器が九・六五個、壜が四・六八本、貝殻が四二・九個であった。ただし、廃村後の撹乱のいちじるしいフロア一～三の三フロアは算定から除外した。

フロアの略図上にこの三種の遺物の出現頻度を示す（図20、図21）。遺物が平均以上の頻度で現われるフロアは、土器・陶磁器については一三、貝殻についても一三、壜については一一であった。土器・陶磁器と貝殻の分布状況は似通っていて、両遺物とも平均以上の値を示すフロアが一〇あった。その一〇フロアのうちの六フロアには石を組んだ便所の遺構が見られた。壜の分布状況は異なっており、上記の一一フロア中七フロアまでは壜以外の遺物の出現頻度が平均値に達しない。ガラス

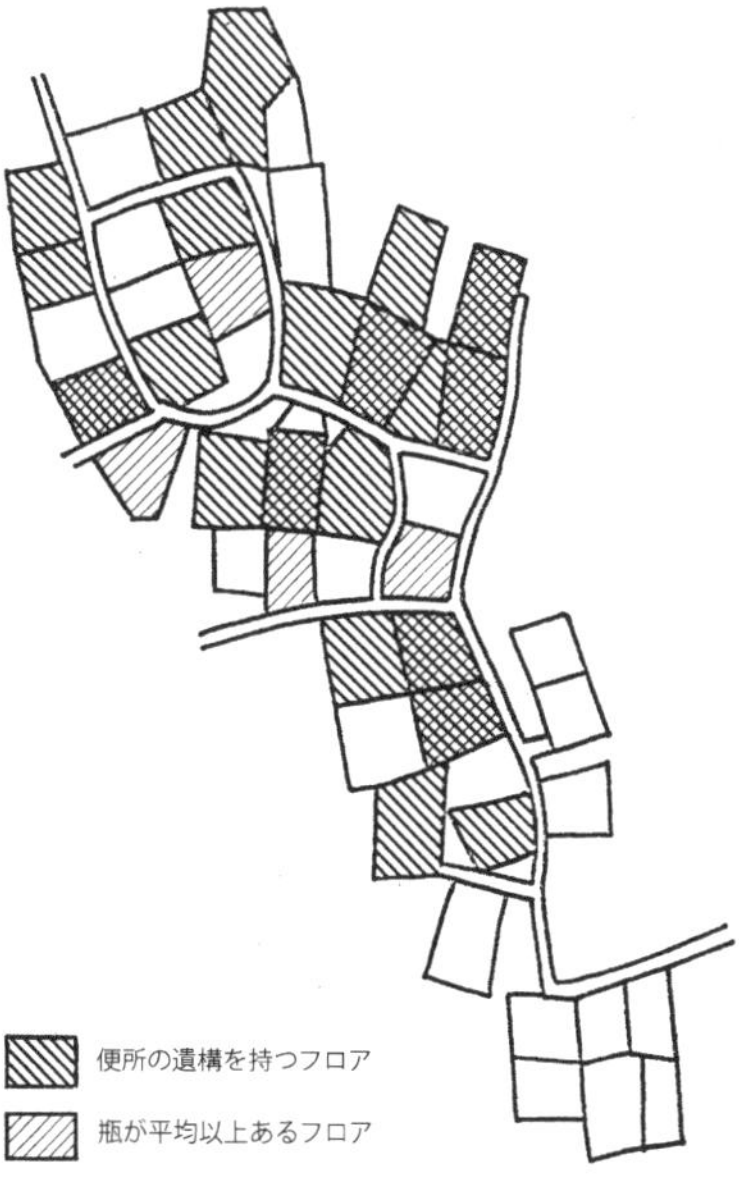

図22　屋敷放棄時期の先後関係の推定
便所の遺構とガラス瓶の物的証拠から

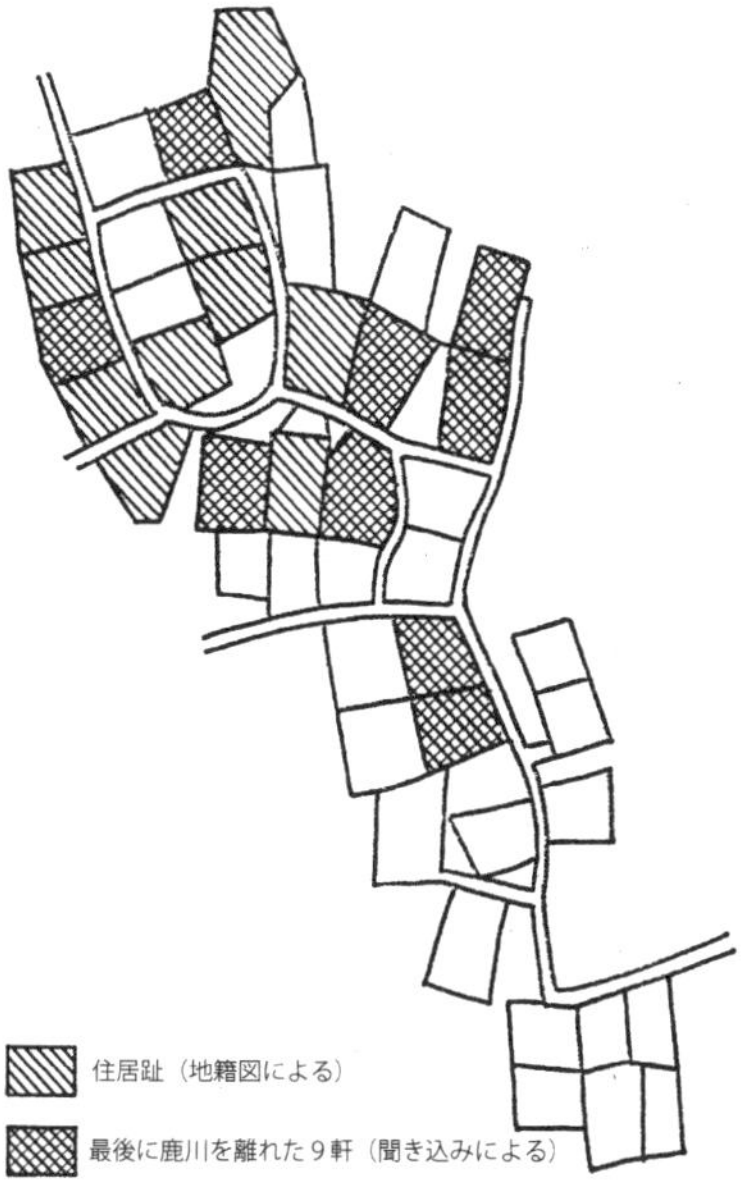

図23　屋敷放棄時期の先後関係の推定
地籍図と聞きとりから

壜の導入が大倉組炭坑の影響によるものならば、鹿川の離村を間近にした時期であったと考えられるから、壜の出現頻度が低いフロアは壜の出まわる時期以前に放棄された比較的古い住居趾であったと仮定することができる。一方住居趾は便所の遺構によって決定することができるから、この一一フロアと便所のあるフロアを同時に図示することによって、鹿川離村時の住居と空屋敷の配置を示すことができるであろう（図22）。ここで、地籍図と土地台帳から調べた鹿川の住居と、内田原への移住時まで鹿川に残っていたと伝承されている家々を図示して比較してみよう（図23）。その結果、遺構から住居趾と判定した二一フロアのうち一六までが聞き取り・地籍図と一致し、集団離村時まで鹿川に残っていたといわれる九戸のうち、六戸の住居趾で壜の出現頻度が平均を上まわっていることがわかった。フロア四二のように、遺構・遺物からは住居趾と判定されないのに、最後まで鹿川に残っていた人の屋敷であるという聞き取りがあるフロアについては、下方へ敷地換えしていたと考えるのが妥当であると考えられる。崎山村では人口減少に伴って、明治末年に四戸が海岸付近に敷地換えしているという伝承が参考になるだろう。

住居がなかったとされているフロアに遺物が集積している例がいくつか見られるが（フロア七、フロア一七等）、空き地をごみ捨て場として使用した可能性があり、拝所のそばのフロア七のように貝殻が偏在するフロアはその可能性が大きい。

遺物は高度約四〇メートルのフロア一七～フロア二〇に多く、高度が上るほど少なくなる傾向がある。遺物の下方への転落が主な原因であると考えられる。

Ⅶ　植物

一　鹿川の植生

崎山半島の植生については自然環境の項でその概略を述べたが、鹿川の生活を支えていた環境の復原のために、竹富町役場にあった空中写真の利用と構成種の詳細な分析から、鹿川周辺で以下の一一植生を類別した（図24参照）。

（一）ビロウを含む二次林
　A　ビロウの純林
　B　ビロウと照葉樹（常緑広葉樹）の混交林
　C　ビロウと落葉広葉樹の混交林
　D　イトバショウと広葉樹の混交植生
（二）海岸林
（三）ススキと潅木の混交植生
（四）リュウキュウマツ林
（五）湿原および湿地林
　A　湿原
　B　湿地林
（六）照葉樹萌芽林
（七）照葉樹極相林

これらの植生の特徴と主な構成種について述べ、可能なところでは、遺構との関連から利用状況の推定をも行なうことにする。

（一）ビロウを含む二次林
鹿川の集落趾全部と、中墓地、上の拝所がこの植生に相当する。
　A　ビロウの純林

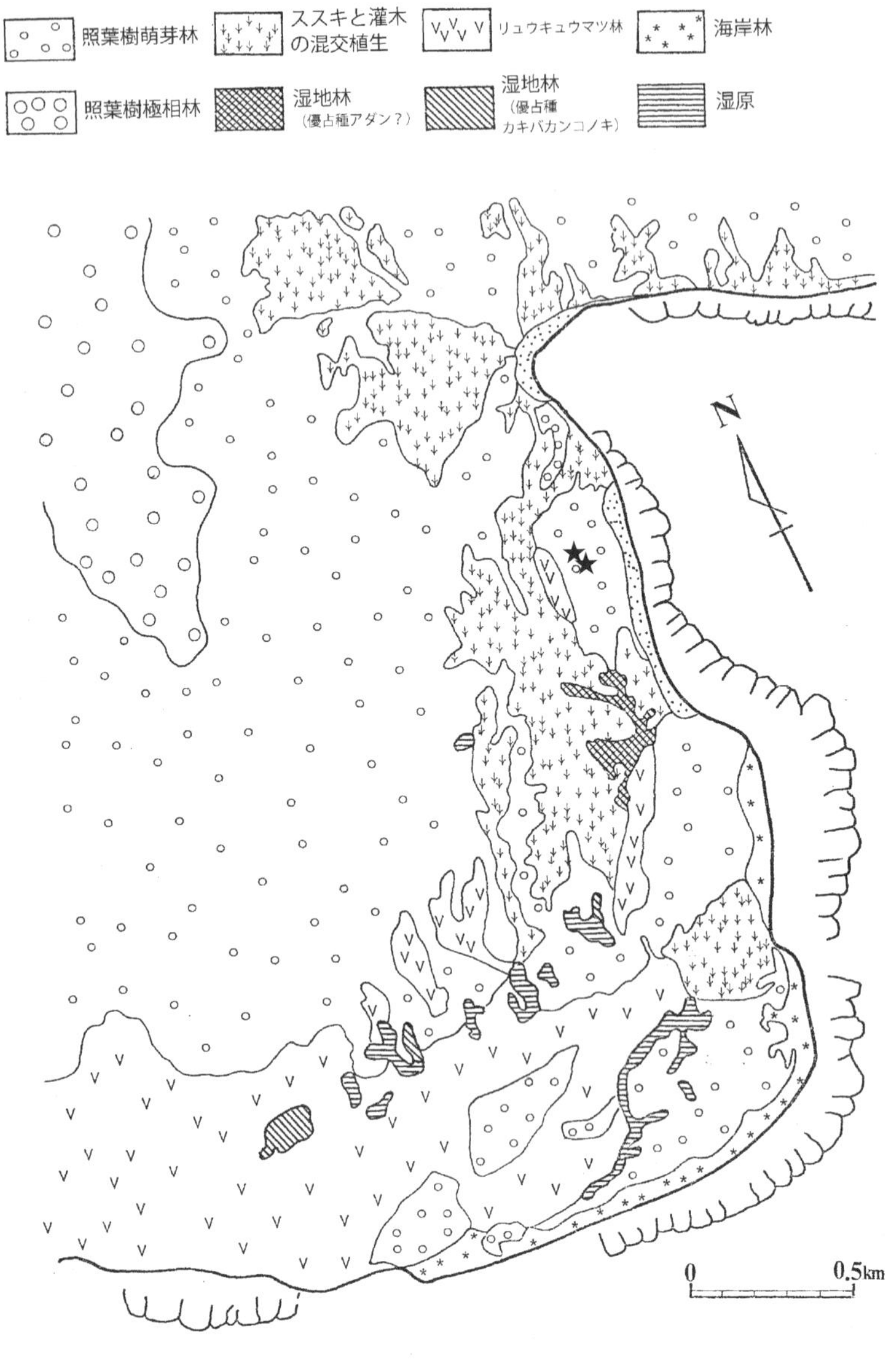

図 24　鹿川周辺植生図　（集落跡の上方のビロウの純林は★★で示す）安渓貴子作成

海上から鹿川の集落趾のある東向きの斜面を見ると、ビロウの群生地を認めることができる。集落趾南方の中基地の斜面を真西に登った高度約九〇メートルの地点には、胸高直径三〇センチを越えるビロウの密生地がひろがっている。高木層は高さ一五メートル程度のビロウに覆われ、亜高木、底木層には、フクギ、コミノクロツグがみられ、ビロウが各層に出現する。林床は暗く乾燥しており、シマオオタニワタリ、アオノクマタケランがある程度で、下生えは少ない。石を長方形に点々と置いた拝所の敷地内は、列をなすビロウに周囲をとり囲まれた疎開地になっており、光量の多さを反映して、ススキ等の草本が侵入し、蔓植物もかなり多く見られる。天然のビロウ純林の一部を伐り開いて拝所としていたものと考えられる。

B　ビロウと照葉樹の混交林

鹿川集落趾の高度五〇メートル以上の部分がこの植生型に該当し、集落趾の上限を越えて、高度約一二〇メートルの絶壁の下部までひろがっている。ビロウは実生から、高さ一五メートルに達する老木まで、各成育段階のものがあり、多いフロアでは、七、八本を数える。ビロウ以外の樹種は照葉樹林のメンバーであるが、高木層がビロウの樹冠に達しない二次林である。高木層はガジュマル、アカギ、タブおよびマルヤマカンコノキ、亜高木層には、タブ、ホソバムクイヌビワ、フクギ、フカノキ、モクタチバナ、リュウキュウガキが多く見られる。ところどころホウライチクの群生地が見られ、林内は暗く、リュウキュウアオキ、ヤンバルハグロソウ、シマオオタニワタリ、アラゲヒメワラビ等がわずかに見られるが、低木、蔓植物、草本は少なく、見とおしがきいて歩きやすい。タブが各層に見られる。

フロア四四からフロア三〇に至る石畳の道沿いには、太いホソバムクイヌビワ、リュウキュウガキ、モクタチバナが点々と並んで高木層を形成している。これら高木の間にはイヌマキや、高さ一メートル前後のサンダンカが一列に成育している。この道をフロア三五付近まで下ると、株の直径が一・五メートル以上あるホウライチクが道の両側に連なっている。また井戸に近いフロア二七では石段になった道路沿いに潅木状のマサキが並んでいるのがみられる。これらの植物は、垣根として利用されていたと考えられる。

C　ビロウと落葉広葉樹の混交林

集落趾の中程度の高度（標高三〇～四〇メートル）の地帯を占め、点在するビロウが高木層の樹冠を突き抜いており、また各層にビロウが見られる点は前述のBと同様である。高木層は、ガジャマル、アカギのほか、クワノハエノキ、ヤンバルアカメガシワ、オオバイヌビワ、ときにハスノハギリからなり、落葉樹を含んでいる。亜高木層には、Bと同じものに加えてアワダン、ショウベンノキ、アカテツ、オオイワガネ、パパイヤ等がみられる。ホウライチクは少なく、コミノクロツグが群生している。蔓植物が比較的多く、タイワンクズ、カショウモダマが樹冠をおおい、フウトウカズラ、トウズルモドキ、ハブカズラ、ハマサルトリイバラ、ノアサガオが木にからみついている。林床はやや光が入り、低木、草本層が発達している。低木層は、リュウキュウアオキ、ナガミボチョウジ、シマイズセンリョウ、イリオモテムラサキ、リュウキュウコクタンのほかに、亜高木層の構成種であるフクギ、モクタチバナ、リュウキュウガキ、タブが見られ、草本層は、アオノクマタケラン、クワズイモ、エダウチチヂミザサ、カラムシ、サツマイナモリが成育していて、見とおしが悪く歩きにくい。ここは落葉広葉樹を含んだ林が照葉樹林に移行しつつあり、放棄年代が比較的新しいと考えられる。

D　イトバショウと広葉樹の混交植生

集落趾の下方、標高三五メートル以下の斜面に七、八か所、イトバショウが群生している場所が認められた。ビロウを伴うこともあるが、ハスノハギリ、オオバイヌビワといった海岸林の要素が入っている。高木・亜高木層は高さ八メートル程度までで、ホソバムクイヌビワ、イヌビワ、ヤンバルアカメガシワ、アワダン、リュウキュウガキが成育している。パパイヤ、ホウライチク、シマグワ、オオイワガネ、木本化したカラムシなどの人間生活に関連の深い植物、ことに貢納品であった織物の原料である繊維作物が見られ、集落内の畑地であった可能性が強い。

（二）海岸林

砂浜が発達しているところは波打ちぎわに、グンバイヒルガオ、スナヅル、ハマナタマメ、ハマボッス、クロイワザサ、ツキイゲ等の成育する草地が帯状に見られ、これに接する内陸側には、イボタクサギ、ハマオオモト、クサトベラ、モンパノキ、ハマゴウが成育し、樹高五メートル前後のハスノハギリ、オオハマボウを主体とする帯状の海岸林が発達している。林内は暗くて湿度が高く、クロヨナ、オオバイヌビワ、イヌビワを交えるが、草本や蔓植物はほとんど発達していない。ハスノハギリの実生が多い。崖が直接海と接する岩場は、アダン、ソテツ、トベラ、ヒイランシャリンバイ、ガジャマル、コクテンギ、シロツブ、ハリツルマサキなどが潅木林をなし、ススキ、ツルヨシ、テッポウユリ、キキョウラン、ボタンボウフウ、オオハマグルマ、ウスベニニガナ、シマアザミ、ヒゲスゲ、シンジュガヤ、ハチジョウシダ、ハマホラシノブ等が混って成育している。また、切り立った崖の上方には、アダン、ソテツ、ススキが成育している（図25）。

(三) ススキと潅木の混交植生

集落趾の照葉樹・落葉広葉樹二次林は、潅木を交えたススキ草原にとり囲まれている。ススキの草丈は二メートルを越え、密生して歩行を阻んでいる。同様の草原は浦浜川の両岸、浦浜からナーピャまでの海岸沿いの斜面にも点在し、鹿川でのこの植生の広さは約九〇ヘクタールに及んでいる。潅木は、フヨウ、トベラ、アカメガシワ、ヒライギズイナ、タブなどで、ススキの丈を越えている。浦浜川上流の沢を

図25　昔の切り通し道に残るソテツ（樹木の影になり枯れかけている）

堰き止めた石組のある右岸の道沿いや、集落最上部から北行する道の上下の斜面、中墓地下方の緩斜面、集落南西方の湿原に向かう道の入口近くに現われる疎開地など、ススキ草原が谷筋または森林と接しているところでは、畑地跡に似た植生が見られる。これらの地点では二メートルを越えるススキの株の間に、樹高二〜三メートルのヤンバルアカメガシワ、アカメガシワ、トベラ、ノボタン、キールンカンコノキ、アワダン、テリバザンショウ、オオバイヌビワが成育し、オキナワウラジロガシ、タブの幼木が見られる。これらの潅木に、コンロンカ、ノアサガオ、タイワンクズ、オキナワスズメウリ、オオハマグルマ、ヘクソカズラ、ナガバカニクサなどの蔓植物がからみつき、ツルマオ、ケホシダ、リュウキュウヌスビトハギ、キク科のシロバナイガコウゾリナ、タイワンヒヨドリバナモドキ、オニタビラコ、ムラサキムカシヨモギなどの草本が足もとを埋めている。また、湿原に向かう路傍の疎開地には、ススキは少なくてチガヤが多く、ヤンバルアカメガシワの若木の林になっており、疎開地周辺からリュウキュウマツの実生が侵入しはじめている。

集落跡のフロア二〇の北方の斜面にあるススキ草原の中に、ソテツの群生地が見られた。上の拝所の上方、ススキ草原の縁にも枯れかけたソテツが点在していた。有毒ではあるがソテツは重要な救荒作物として首里王府が栽培を奨励していたから、群生しているのは住民が植えたものだろう。自然に分布を増やしたと考えられるソテツも崖の上などに点在している。

(四) リュウキュウマツ林

集落趾の南西に点在する湿原の南方には、およそ一四〇ヘクタール以上と算定される広大なリュウキュウマツ林がひろがっている。湿原をつなぐように幅二メートル余の旧道がきれぎれに現われる。この旧道沿いの各地点で観察したところ、場所ごとで太さのそろったマツ林が分布していた。地区間のリュウキュウマツの年令のひろがりは大きく、ヤンバルアカメガシワや、チガヤの成育する区域に侵入したばかりの実生の一群、胸高直径約一〇センチのよくそろった若木の林をはじめ、胸高直径二〇センチ、三〇センチ、さらには五〇～七〇センチのものにいたるまで、太さがほぼ等しいものがそろって成育している地点が見出された。

一例として、浜近い湿原に接する丘陵で、胸高直径四〇～五〇センチのマツ林について、その植物種の構成を述べる。高木層はリュウキュウマツで占められ、亜高木層にオキナワウラジロガシ、イタジイ、イスノキ、イヌマキ、イヌガシ、ヤマモモ、コバンモチなどがあり、低木層は実生のタブ、アデク、リュウキュウアオキ、ヤエヤマシキミ、リュウキュウモクセイ、イリオモテムラサキなどが見られ、照葉樹林への移行が進んでいることがわかる。センリョウ、マンリョウ、タイミンタチバナ、ヤマヒハツ、直径一メートル程度のタイワンヤマツツジの株、ヤンバルセンニンソウ、コシダの群生が、本州のアカマツ林と似た景観を形づくっており、土壌は赤褐色でその上に松葉が散り敷いている。林床は明るく、草本や蔓植物は少ない。

後に述べるように、このリュウキュウマツ林の年齢はもっとも古いところでも一〇〇年に達せず、鹿川廃村以前のマツ林の面積は、現在よりはるかに小さく、風衝地を中心に分布していたと思われる。

図26　鹿川村山中の水田跡と海上の波照間島（篠原徹氏撮影）

（五）湿原および湿地林

A　湿原

集落趾南西にひろがるリュウキュウマツ林は、標高約五〇メートルと一〇〇メートルの、二段になった比較的平坦な丘陵地帯を覆っているが、この丘陵地帯の谷合いには、大小の湿原が数多く分布している（図24と図26参照）。最大のものでは、その面積が約二ヘクタールに達するものもある。崖の縁からの湧水が、頁岩層に堰き止められた形でたまった湿原である。丘陵部との境界は明瞭で、湿原の周辺は急斜面にとり囲まれている。表面は草本が密生し、歩いてもくるぶしまで水没するだけであるが、棒を突き刺してみると一・三〜一・八メートルの深さがあり、各地点での実測により全域がほぼ一様の深さであることがわかった。広大な湿原は、高さ四〇〜五〇センチのイネ科の草本によって覆いつくされ、湿原内の植物相は、どこをとってもほとんど一様で、非常に単調であった。

一〇〜一一月の観察では、オオチゴザサ、ハイキビ、アシカキといったイネ科植物がほとんどを占め、それにからみつくように他の植物が見られた。リュウキュウトロロアオイが黄色い花をつけており、ケタデ、リュウキュウヤノネグサ、ヤンバルハコベ、キダチキンバイ、シマソナレムグラ、ヤエヤマアブラガヤ、クログワイ、シマツユクサも花期であった。その他、オキナワスズメウリ、ノアサガオ、テツホシダもイネ科植物に混って見いだされた。わずかに水面が見えるところには、ミズオオバコが見られた。また辺縁部で泥に水がかぶっているようなところでは、ボンテンカ、リュウキュウウロコマリ、ホウライシソクサ、セリ、キツネノボタンが見られた。

水面下にはイネ科植物の遺骸が厚く堆積し、草本の少ない辺縁部を踏むと、メタンガスが発生する。水は鉄分で赤く染まり、pHは七の中性であった。湿原内では、栽培植物を認めることはできなかった。

B　湿地林

湿原周辺のリュウキュウマツ林、照葉樹林と湿原との移行部にはアダン、サガリバナ、カキバカンコノキ、オオバイヌビワ、フトモモ、ヒイラギズイナ、ヤマモモ等の成育する湿地林が見られる。ナガバカニクサ、イリオモテシャミセンズル、オキナワサルトリイバラなどがからみついている。

ビロウが点在する北側の急斜面に刻まれた沢が湿原に流入する地点には、胸高直径二〇センチ程度のサガリバナが三〇～五〇センチ間隔に密生し、幅約一〇メートルの帯状の純林となっている。崎山付近のアザンザという地名の場所には、放棄した水田の辺縁の小川沿いに二列にサガリバナを密植した垣根が見られた。元来はイノシシを防ぐための垣として植えられていたものと考えられる。林床には下生えがなく、水が泥土の上を流れ、湿原に注いでいる。サガリバナ林の上流には、湿地林と照葉樹林の移行帯が見られる。すなわち、高木層にヤンバルアカメガシワ、ハスノハギリ、亜高木層に上記湿地林の木本類が見られ、加えてハルランイヌビワ、マルヤマカンコノキ、ハゼノキ、アワダン、低木層はシマイズセンリョウ、モクタチバナ、エゴノキ、クロヨナ、タブが出現する。林床は明るく、蔓植物はノアサガオ、フウトウカズラ、カショウモダマ、オキナワスズメウリ、コンロンカがあり、草本層にササキビ、エダウチチヂミザサ、ヤブラン、ボンテンカ、ホウライイシソクサ、ヌマダイコン等が成育している。

（十八）照葉樹萌芽林

集落趾の下の砂浜の南端、ウブドー川沿いには、海岸林の奥に樹高の低い照葉樹林帯が見られる。林冠はイタジイ、タブ、オキナワウラジロガシからなり、海岸から一〇〇メートルぐらい入るとタブの大木が見られ、マツバランが成育していることから、かなり古い照葉樹林と考えられる。萌芽したイタジイ、ウラジロガシが低木、亜高木層に見られる。オオバルリミノキ、タイワンルリミノキ、アカテツ、モッコク、ツバキ、タイワンアキグミ、ヤマヒハツ、イリオモテムラサキ、オオムラサキシキブなどが低木・亜高木層にあって薮状をなし、林内には蔓植物は少なくて明るく、比較的乾燥している。谷沿いにはエゴノキ、アコウ、サクラララン、ツルアダン等が成育している。この植生は、イタジイやオキナワウラジロガシの択伐と萌芽再生によって成立した二次林であろう。

（七）照葉樹極相林

浦浜川上流のユサザ峠を境界とした内陸部には、照葉樹極相林が見られる。林冠はオキナワウラジロガシ、イタジイに覆われ、亜高木層にイスノキ、コバンモチ、ヒメユズリハ、アカハダノキ、モッコク、タイワンオガタマノキ、バリバリノキなどが見られる。低木はタイワンルリミノキ、アデク、ヤマヒハツ、ハマヒサカキ、マルバルリミノキ、フカノキなどで、草本ではユウコクラン、ツルラン、ヤンバルハグロソウ、サツマイナモリなどが見られるが少ない。シダ類は豊富で、スジヒトツバ、ヒリュウシダ、コウモリシダ、オオイワヒトデ、アマクサシダ、ハルランシダ、トラノオなど二一種が採集された。林床は暗く、木の幹には、サクララン、ツルアダン、ハブカズラが這いのぼり、シマオオタニワタリが着生している。

ウダラ川との合流点付近から下流は、より湿度が高いらしく、トウズルモドキ、ハブカズラが密生し、岩の上にはマルヤマシュウカイドウ、コウトウシュウカイドウ、サクララン、キンギンソウが着生し、オニヘゴ、リュウビンタイ、ヒカゲヘゴ、ヒリュウシダなどの木性シダや草丈の高いシダが多く、亜熱帯の密林の景観を呈している。

二　植物による年代の推定

（一）ホウライチクの株の増殖

ホウライチク（*Bambusa multiplex*）は株のまわりに次々と芽を出して株が毎年太っていく「連軸型」と呼ばれる増殖法をとる。一本の地下茎に毎年一本ずつ新芽を出芽させ、放置すると年々少しずつ株の太さを増してゆくが、初島住彦博士（琉球大学理工学部）の御教示によると、株の直径の増加率は一年に約二センチである。

鹿川の集落後の高度六〇メートル付近に見られるホウライチクについて、株の根もとの直径を計測したところ、一・五〜二・〇メートルのものが多かった。干立では、ホウライチクの垣根は、株の幅が約三〇センチを越さないように管理されているから、鹿川放棄後の株の直径の増加は、一・二〜一・七メートルとなり、集落のこの付近は調査した一九七五年の六〇～八五年前、すなわち一八九〇年から一九一〇年ころに放棄されたと見なすことができる。これは、鹿川から集団で離村したのが一九一一（明治四四）年、集落の上方の住居は集団離村の少し前から放棄され始めていたという聞き取りと非常によく合致する推定となった。

（二）花粉分析とリュウキュウマツの年輪

集落趾南西の湿原の辺縁斜面で、表土層を砂礫の地山までブロック状に切りとって持ち帰った。表面から、二、四、六、八センチの各部位で厚さ一・五センチの試料を採取して分析した。ＫＯＨ処理―水洗―重液（ZnCl 2）分離―水洗―酢酸処理―アセトリシス処理―水洗―マウントの順に処理した。図27はこの試料の花粉ダイアグラムである。

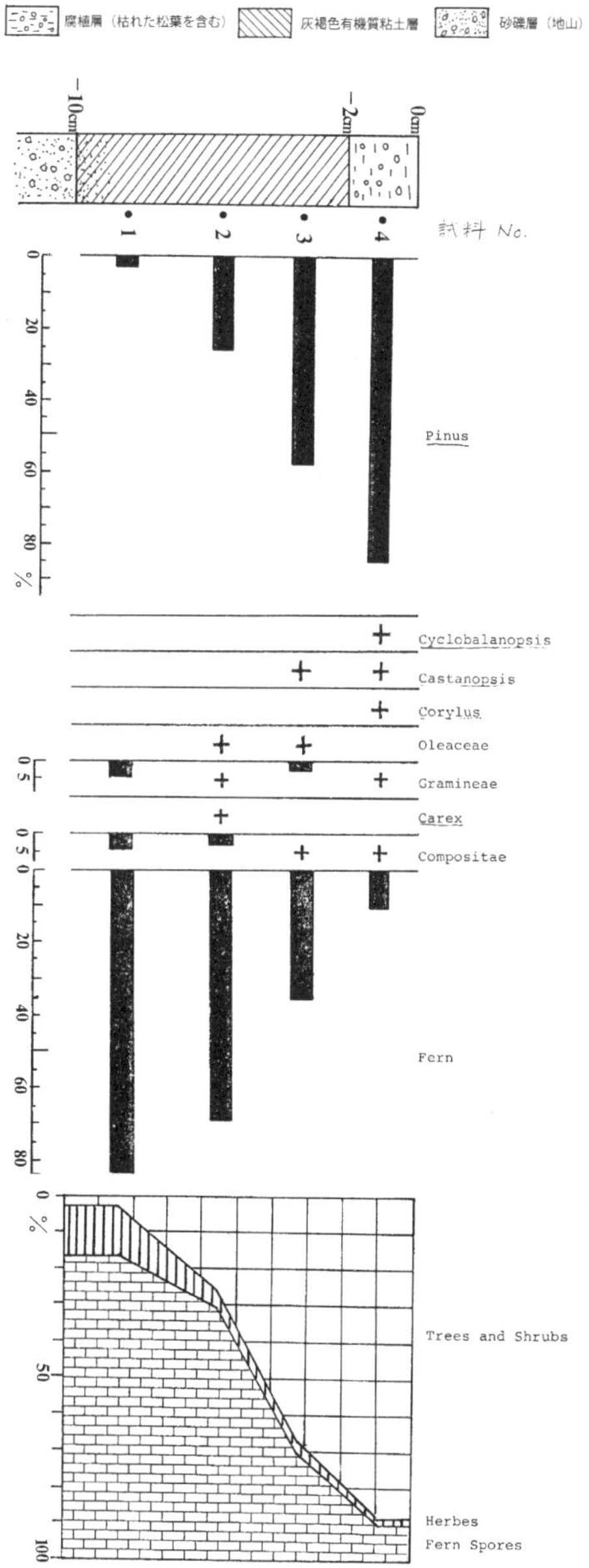

図27　湿原辺縁斜面の花粉ダイアグラム

最下層の第一試料には八三％のシダ植物の胞子が含まれ、他に野性のイネ科、キク科、マツ属などが見られる。第二〜四と、試料の年代が下るほど、シダ植物の胞子はマツ属の花粉に置き換えられてゆき、第四試料では、マツ属が八五％に達する。一％程度ながらも、*Castanopsis*（シイノキ属）や、*Cyclobalanopsis*（アカガシ亜属）といった照葉樹の花粉が見られるようになる。

このように、花粉ダイアグラムの結果からは、湿原周辺の植生が、シダ類を中心とする草原から次第にリュウキュウマツ林に移行し、近年になって照葉樹が少しずつ入り込みはじめていることがわかる。ここは現在リュウキュウマツのほか、タブ、エゴノキを高木層にフトモモ、フカノキ、ハゼノキ、アカメガシワ等を亜高木層にもつ森林になっているが、リュウキュウチクが点在することから、かつて樹冠におおわれていなかった時期があった（新納義馬、一九七一）ことが推定され、花粉分析の結果を裏づけている。

リュウキュウマツ林に移行しはじめた時期は花粉分析からはわからないが、この湿原辺縁で測定した三〇本のリュウキュウマツの胸高直径の平均値は二一センチで、最大のものでも四〇センチ程度であった。この付近での切株で年輪を読んだ結果と比較して考えるとこのリュウキュウマツ林は三〇〜四〇年の年齢であると推定される。

これらのことから結論として調査時点の一九七五年をさかのぼる三〇から四〇年前、つまり、一九三五年から一九四五年ごろにかけては鹿川村の湿原周辺にはほとんどリュウキュウマツがなく、シダ植物の多い草原であったということができる。

しかし、植物生態学では、ススキ草原が松林に遷移することはあっても、シダ草原が松林になるという例は知られていない。この謎は、鹿川湾の奥の浦浜の洞窟で骨が見つかったウシの存在と組み合わせればうまく解ける。一九四五年ごろまでは湿原の回りにウシが放牧されていたのである。ススキなどの草がなかったのではなく、ウシたちは有毒なシダ植物を食べ残しイネ科の草を優先的に食べたのだ。その結果、イネ科のススキやチガヤが成育していても、ウシによる食圧で花をつけることはできず、花粉分析中には出現しないと考えることができる。

それにしても、もともとウシの飼い主だった鹿川村の人たち、明治時代のたくさんのガラス瓶を残した村人たちは、はたして村を去った一九一一年の三〇年以上あとの敗戦前までたくさんのウシを管理していたのだろうか。

崎山出身の川平永美さんにこの事情をお尋ねしたところ、水田をウシに踏ませて草を踏み込ませる耕作法のため、たくさんのウシを村々では飼っていたということが確かめられた。そして、村を去った鹿川村の人々は、このウシを崎山村の人たちに売ったというのである。牧場の柵を維持したり、仔牛が生まれたら、耳に切れ込みを入れるウシヌパンチキ（牛の判付け）祝いも、湿田のひとつのアイシツァという場所の中州のようになった小山で行っていたという。しかし、崎山の人口も減ってきた戦時中には、鹿川のウシの管理もなかなか手がまわらなくなり、野生化したウシが人間に向かってくるようなこともあったという。そして、敗戦間近になった時期に、西表島に駐留していた帝国陸軍の部隊が、機関銃を持っていってこれらの牛たちを全部撃ち殺してしまったというのだ。食料とするために運び出すつもりだったのかも知れないと川平さんは言うが、同じころ陸軍の中野学校で訓練をうけた残置諜報員が波照間島でやらせたように、上陸が懸念されていた米軍の食料を絶つという、住民を犠牲にした戦術の一環だった可能性も強いと考えられる。

廃村に残された骨や花粉はそのような人間の歴史を直接語ってはくれないが、人間の記憶とみごとに符合する物的証拠を残しているのである。

（三）現存集落の植生との比較

鹿川での植生調査の目的は、離村以前における鹿川の生活圏の植生を復原することにあり、ひいては生業の場としての性格づけることにあった。しかし、現状では鹿川の植生を調査して、例えば調査時点から六五年前の一九一〇年ごろの鹿川村の植生を描くことは、ひとつには亜熱帯地方における遷移の研究の遅れという問題もあって、かなり困難である。遷移の途中で消えてしまったと考えられる栽培植物（例えばイネ）の存在を花粉などの物的証拠から証明するという試みは成功しなかった。

西表島西部に現存する集落では、人口減少や生業の変化等に伴うさまざまの放棄年代の植生が観察され、人為植生の遷移の実体を知ることができた。したがって現存する集落の植生と土地利用を調べ、それを六〇年余自然の遷移に任せて放置したものを想定して、鹿川に人びとが生活していたころの生活圏内の植物景観との対応を考える方が、鹿川の現状だけから植生復腹を試みるよりも有効である。

この比較の対象となる集落は、鹿川と同時代から存在し、同様の伝統的生業形態をもっていたと考えられる集落であることが望ましい。加えて、立地条件、集落規模の差、集落ごとの植物利用の差、近代化による生業の変化と新しい植物の導入などを考慮に入れた、より具体的な環境復原を試みなければならない。

このような目的から、西表島西部の伝統的集落の代表として、干立をとりあげた。村落の古いたたずまいが、祖納、舟浮に比較してよりよく保存されていると考えられたからである。さらに、一九七五年現在家畜の採草地として利用されている祖納上村の集落趾をも調査の対象にした。

(一) 干立の植生とその遷移

干立の集落とその周辺を観察すると、下記のようないくつかの生活の場があることがわかる。

Ａ　集落
　ａ　住居と道路
　ｂ　公共施設（拝所、公民館、小学校など）
Ｂ　海岸林（防風林）
Ｃ　耕地
　ａ　水田

ｂ　畑および荒蕪地

Ｄ　採草地

Ｅ　里山

以上の五類型について、現在の植生の概略とその利用状況を述べ、ついで今から約六〇年間まったく人為が加わらないとすればどのように遷移が進んでいくかということを推定してみたい。以下、各植生について個別的に述べる遷移を、人為停止後の植物種の変動の傾向別にまとめておく。

疎開地を放棄すると、陽生の蔓植物と草本と、イリオモテムラサキ、シマイズセンリョウなどの低木が混交する薮ができるが、放棄と同時に実生から生長を始めた陽樹がやがて高木層を占めるようになる。このときの林内は比較的明るく、蔓植物が多くてジャングル状を呈する。次に極相林の高木層、亜高木層を形成する木本の実生が生長するにつれて、薮が消えて、蔓植物、草本も徐々に日陰を好むものに置き換わってゆく。このようにして疎開地は、照葉樹林に遷移する。その他の場合については各植生の項にゆずる。

Ａ　集落

住生活の場である家屋、屋敷林、庭、屋敷内の畑、道路に分けられ、拝所などの公共の場もこれに含まれる。人口減少のため集落内に増えている住居趾は多くの場合、畑に転用されている。放置されたあとにもこのような人為介入のあり方の差は、長時間にわたって植生の差として残るであろう。

ａ　住居と道路

干立集落は船浦と白浜をつなぐ自動車道からわずかにはずれたところにある。集落は海岸沿いの防風林の背後にあり、道路によって桝目状に区切られている。各戸は防風林によって囲まれているので、集落全体がひとつの森のように見える。道路は砂地で、草本はほとんど生えていない。垣根は一～二メートル間隔に植えられた高さ約一〇メートルの高木と、二メートル内外の潅木に大別できる。垣根の高木はフクギが全体の二分の一近くを占めて多く、テリハボク、センダン、シマグワ、イヌマキがそれにつぎ、リュウキュウコクタン、アカテツも散見される。ガジュマル、アカギ、クス、バンレイシの太いものが数本ずつ見られる。垣根の潅木は、サルカケミカン、マサキ、バンジロウ、ブッソウゲ、クロヨナ、イリオモテムラサキ、昭和になって導入されたクロトン、アカリファなど、これに混ってイヌマキ、テリハボク、フクギ、シマグワ、アカテツ、センダン等の実生と若木を数多く認める。

畑に転用された住居趾の縁には、上記のもののほかに、ヤンバルアカメガシワ、リュウキュウガキ、オオバイヌビワ、アワダン、コミノクロツグの若木が認められた。このほか集落西半部には、ホウライチクを幅三〇センチ内外に密植し、高さ二メートル余りに刈りそろえた垣根がいくつもみられる。

バナナ、パパイヤが各戸の庭や畑で花、実をつけている。そのほか、モモ、ヒラミレモン、バンレイシ等、果樹が多く見られる。サンダンカ、アリアケカズラ（近年移入）、ツツジの仲間、ビワ、カンヒザクラ、外来のヤシ類やクロトンその他が屋敷内に認められる。

網取の例からみて、瓦葺きの家屋が倒潰するのには、特別大きな台風などがある場合を除けば、放棄後一〇年近くかかると考えられる。放棄一〇年後には家屋があった木本の少ない空地を残して、そのまわりには、ヤンバルアカメガシワ、クワノハエノキ、オオバイヌビワ等数種のイヌビワの仲間が、一〇メートル以上の高さに成育しているであろう。イネ科やキク科の草本、クワズイモ等が腰以上の高さに繁茂し、集落に人が住んでいたころにはほとんど見られなかった蔓植物がからみついている。林床は明るいが、道路あとのフクギやテリハボクの並木の間だけは暗く、草本が少ない。リュウキュウガキやモクタチバナの若木が見え、クロツグが増えている。高木の垣根がなかった家では、光の方向に向かってブッソウゲやサンダンカの赤い花が咲いている。ホウライチクの垣根は幅が大きくなり稈が道路趾にせり出している。バナナ、パパイヤ、ヒラミレモン等が実をつけている。

住居趾を畑にしていた所は、始めから疎開地なので、すぐに実生の木本が増えはじめ、ヤンバルアカメガシワ、クワノハエノキ、アカギの林になっている。亜高木と低木には、リュウキュウガキ、モクタチバナ、ハルランイヌビワなどが見られ、イリオモテムラサキ、ショウベンノキが成育して薮状になっている。林床は比較的明るく、アオノクマタケラン、エダウチチヂミザサ、カラムシ、クワズイモなどが成育し、蔓植物も多い。このような段階を経て、約六〇年前の住居趾には、胸高直径三〇センチ以上のヤンバルアカメガシワ、クワノハエノキ、オオバイヌビワなどが林冠を被い、海岸近くには樹高はやや低いが、センダン、ハスノハギリが見られるようになるであろう。保護されていた樹種のうち、ガジュマル、アカギは高さ一五メートルに達し、アカテツ、シマグワ、クスとともに高木層に入り込む。

亜高木層には六〇年前には見られなかったリュウキュウガキ、モクタチバナ、イヌビワの仲間などの太いものが見られ、アワダンやショウベンノキも多い。極相林の林冠を占めるタブやイスノキが細いながらも亜高木層に達している。防風林として垣根に植えられていたフクギ、テリハボク、イヌマキ等は太くなり、高木になっているシマグワ等の下で亜高木層を構成している。ホウライチクは直径二メートル近い株となって並んでいる。パパイヤが実をつけ、探せばヒラミレモンやバナナも所々に見つかる。

集落内には、所により並木のように、太いフクギが立ち並び、道路沿いの石垣もかなり残っている。林床は暗く蔓植物や草本は少ない。

ガジュマルが無数の気根をおろし、枝をひろげている敷地もいくつか見られる。そのような敷地の林床は暗く、草本や蔓植物は少ない。倒木が見かけられるのは、ガジュマルが光を遮ったためであろう。

住居趾を畑にしていたところは、高木層にアカギ、ヤンバルアカメガシワ、クワノハエノキに混って、細いながらも極相林の構成種であるタブが見られる。亜高木層には、タブ、モクタチバナが多く、蔓植物はほとんどない。林床はうす暗く、草本は少ない。

b　公共施設

干立の集落内には拝所と拝所趾が各一か所あり、集落内の他の部分とは異なる景観を呈している。拝所は護岸に面しており、樹高一〇メートルに及ぶモモタマナ、テリハボクの大木が密に成育している。林内は暗く、ハブカズラ、フウトウカズラが樹幹を這っている。亜高木層は少なく、低木層にはテリハボク、ハスノハギリの若木、イボタクサギといった海岸林の構成種が見られる。「イビ」と呼ばれる至聖所には、クワズイモ、ハマオモト、ソクズ等の草本が人の背丈ほども繁茂している。行事の際に利用される拝殿南側は樹木も草本もない裸地になっている。

六〇年後には拝所の奥の男子禁制の至聖地イビのうっそうとした林をかこんで、オオハマボウ、ハスノハギリの海岸林が拝所を埋めているであろう。

公民館や小学校の広い空地は、防風林もなく開けた明るい景観で、住居とはいちじるしい対照を見せている。広い裸地であるため現在周辺にあるチガヤ、ハイキビとギンネムによる土壌形成が行なわれる。やがて、ヤンバルアカメガシワ等の木本は進出してこないと考えられる。六〇年後には畑のあととほぼ同じ景観を呈するであろう。

B　海岸林（防風林）

コンクリートでかためた護岸の内側には、わずかの草地をはさんで高さ一〇メートル内外の海岸林が帯状にひろがっている。集落と浜との間はテリハボクがもっとも多く、実生でふえている。拝所と浜との間はモモタマナが多い。祖納に通じる道沿いにはモクマオウが密植されている。干立のテリハボクは一九四五年ごろから防風のために植えられたものといわれ（黒島英輝氏による）、網取でも、オオハマボウ、ハスノハギリの自然林の内側に樹高三メートル程度のテリハボクの若木が帯状に植えられていた。

放置するとすぐススキ、ツルヨシが繁茂し始める。約二〇年もたてば護岸は崩れて、ハスノハギリ、オオハマボウの海岸林に埋まり、背後にテリハボクやモモタマナが見られるだろう。六〇年後には、これらの防風林の遺残以外には他の自然の浜との差は認められないと考えられる。

C　耕地

a　水田

水田は水深によって浅田と深田に区別されている。深田は大きな川沿いに分布しており、耕起すると腰以上まで体が沈むという。平地の水田は浅田がほとんどである。一九七五年現在、干立の稲の収穫は六月と一〇月～一一月の年二回であるが、二期作をしていない田で植生を観察した。浦内川の上流にある稲葉（イナバ）廃村に向かう道を五分ほど入ったところにある「フカンタ」と呼ばれる深田は、水深約二〇センチで、水面はあぜ道から五〇～六〇センチ下にあった。水面の二〇～三〇％が草本に覆われており、何度か耕起されているらしくイネの刈り株は見られないが、数本のイネが穂をつけている。鹿川の湿原で認められたオオチゴザサ、ハイキビ、シマツユクサ、ミズオオバコ、クログワイがここでも見られるが、鹿川で優勢であった前二者は少ない。イヌビエ、コスズメノヒエ、ヒデリコ等のイネ科とカヤツリグサ科の湿地性のものが目につく。ほぼ水没して、ミズオオバコ、ナンゴクデンジソウ、コナギが花をつけている。シャクジクモも見られる。畔近くには、シソクサ、キダチキンバイ、テツホシダ等の水湿地に成育する植物が見られる。田に接して、ケカンコノキ、アダン、ヤマモモが成育している。

浅田は、集落に近い道路沿いで、リュウキュウマツの成育する丘に接している。水深五センチ以下で、全面が草本に覆われている。水辺にアダン、カキバカンコノキがあり、その外側には、ソテツ、ヤマモモ、ハマイヌビワ、ヒイラギズイナなどが見られる。イネがわずかに穂をつけている。鹿川との共通種であるオオチゴザサ、ケタデ、キダチキンバイが多く見られ、結実している。テツホシダも多い。深田との共通種は、イヌビエ、ヒデリコ、シソクサ等一三種が見られた。水田雑草とされているものでは、ホタルイ、ハリイ、クサネム、タイヌビエなどがあった。

放棄して約六〇年後の浅田を想定すると、そこにはアダン、カキバカンコノキが成育し、周辺の傾斜地からは、エゴノキ、ヒライギズイナ、ホソバムクイヌビワ、オオイヌビワなどが枝を張り出しているだろう。リュウキュウマツも見られるだろう。泥土の上は、キダチキンバイ、ケタデ、オオチゴザサ、ススキなどで埋まり、谷のせばまる所は、アダンと木性シダに覆われると考えられる。

深田は、ところどころに水面が見える湿原となり、中央を横切る道路以外の畔は消えているだろう。イネは放置後数年で消滅し、水田雑草も残らない。鹿川の湿原と同じ構成種のほかに、水面の見える所にはヒメガマ、海に近い所にはヨシやヨシススキの群生が見られるであろう。水の流出口の下までマングローブ地帯になっていると考えられる。

b　畑

畑の面積は田に比べると小さく、現在の干立では集落外にはあまり見られない。自家消費用は、屋敷内の空地と、屋敷跡を畑にするだけで足りている。半分ちかい面積を雑草の生い茂るにまかせてある。作物は、サツマイモ、サトイモ、方言で「アハカッツァム」、「トゥノンム」、「コーサンム」、などと呼ばれる数品種のダイジョ（熱帯系のヤマノイモ）、人頭税終了以後に導入されたキャッサバ、アロールートといった澱粉作物、ヘチマ、ユウガオ（ヒョウタン）、カボチャ等が見られる。葉菜類、ニンニク、ラッキョウなどのネギ類、ショウガ、アズキ等もよく植えられている。畑はしばしば放置されており、チガヤ、ヨモギ、エダウチチヂミザサ等が茂る中に、サトウキビ、バナナ、パパイヤ、モモ、キャッサバ等が見られた。

これらの畑作物は放棄すると数年で消滅するものがほとんどで、六〇年後に見られるものは、バナナとパパイヤぐらいであろう。予想される景観についてはすでに集落の項で述べた。

D　採草地

祖納の西方の祖納上村集落趾台地は、戦後の一時、一面のサツマイモ畑となっていたというが、現在では一部がキャッサバやバナナの畑になっている程度で、大半は放棄されている。台地の中央部は、ところどころフクギ、ホウライチクの垣根の残る間を、草丈約一メートルの一面のチガヤ草原が埋めており、有機質土壌が流失したような場所がよく見られる。チガヤ以外には、メドハギやフジボグサなどのマメ科植物がかろうじて成育している程度の痩せた土地である。数頭のウシがつながれている以外は利用されていないが、ススキ草原が維持されないほどひんぱんに刈り取り等の人為が加わっていると解釈され、ウシ以外にもヤギの餌や屋根葺き等の目的で刈り取りが行なわれている採草地である。

放置するとチガヤについでアカメガシワやヤンバルアカメガシワが増え、やがて近くの山からリュウキュウマツの実生が入り込み、二〇〜三〇年でリュウキュウマツ林に移行すると考えられる。六〇年後には、イタジイやイヌマキを亜高木層にもつ、直径五〇～六〇センチのマツ林になるであろう。台地の最上部の風あたりの強い所は、その後も照葉樹林に移行しないでマツ林のまま残るかもしれない。

Ｅ　里山

干立集落近くの水田をとり囲む丘陵地帯は、綾線にリュウキュウマツ林が連なり、下の方は樹高の低い、よく茂った二次林になっている。モッコク、モチノキ、タブなどの太い照葉樹もあれば、伐採あとに多いヒイラギズイナ、ハマイヌビワ、カキバカンコノキ、ヤンバルアカメガシワ等の広葉樹も混っており、ソテツも見られる。さまざまに利用され、日常生活と深くかかわってきた林である。

六〇年後には萌芽更新したイタジイをふくんだ丈の低い照葉樹林になり、ところどころに太い高木のリュウキュウマツの成育する林になるであろう。

（二）鹿川と干立の植生の差異をもたらす諸条件

かりに干立の放棄六〇年後を想定し、それと鹿川の現状とを比較すれば、遷移による表面的な差は消えて、地形・地質、気候、海の影響等の立地の差、人頭税時代と現代という時代の差、鹿川離村後の有用木の伐り出しによる影響、集落ごとの生業や利用植物の選択の差等が浮かび上ってくるはずである。

Ａ　立地による差

鹿川には、干立に多くみられるヤエヤマヤシ、リュウキュウキョウチクトウは見られなかったであろう。モモタマナも浜にはほとんどなかったと考えられる。一方、急斜面で強い風にさらされる鹿川にはビロウがきわだって多く、干立にはあまり見られない。砂地の干立にはタブは入り込みにくいが、鹿川の集落では普通に見られる植物であっただろう。鹿川にイスノキ、マルヤマカンコノキが多かったと考えられるのも、理由ははっきりしないが、おそらく立地の差が原因であろう。

B　時代による差

干立に現在見られる昭和以後に導入された植物の主なものは、防風林のモクマオウ、庭園木や垣根に用いられるクロトン、アカリファ、アリアケカズラ、そのほかトックリヤシ等のヤシ類、ギンネム等である。作物では台中六五号、トヨニシキといったイネの新品種、キャッサバ、小笠原から導入されたバナナ等である。

昔から鹿川にあって一九七五年の干立にはほとんど認められないものは、自給と貢納布用の繊維作物としてのイトバショウ、カラムシである。

C　鹿川放棄後の有用木の伐り出し

干立の集落内の防風林、庭園木の多くは、放棄の六〇年後までよく残存すると考えられるが、現在の鹿川には稀である。これらの樹種の多くは、有用木として利用されているから、集落の放棄後伐り出されたものであろう。伐り出しによって鹿川からいちじるしく減少したと考えられるものは、シマグワ、センダン、アカテツ、フクギ、デイゴ、イヌマキ、リュウキュウコクタン、海岸近くのホウライチウ、コタイサンチク等である。ビロウもいくらか伐り倒されていると考えられる。集落上方には直径一メートル近いマツの伐り株があったが、聞き取りによれば、戦争中に軍の命令で伐り出したとのことで、集落南西のマツ林の一部も、同じころ伐られているという。

D　鹿川と干立の植物利用の差

干立にクス、バンレイシが多いのは、村ごとの習慣や好みの差を反映していると考えられるが、ビロウが鹿川に多いのもあるいは人びとの選択の差という要因が大きいのかもしれない。

Ⅷ　鹿川の生活復原

これまでの章で述べてきたさまざまなデータを総合して、人頭税時代の鹿川の生活を描き出してみよう。現存集落や崎山、網取での知見もおり込み、文献や聞き取りとの対応から明らかになることにも触れておく。まず、植生調査の結果から復原される人頭税時代の鹿川の生活環境を記述し、ついでその中で行なわれていた生業の形態を明らかにしてゆくことにする。

一　生活環境の復原

植生にもとづく概括的な推定によって、鹿川に集落がいとなまれていたころの生活圏内は、海と干潟を除けば図28に示すおよそ六四〇ヘクタールの区域だったと考えることができる。他集落との交際を除き、人びとの陸上での生業活動は、ほとんどすべてこの生活圏の内側でおこなわれていたと考えられる。この生活圏を鳥瞰的に見渡すと、海に面した斜面に防風林を囲らした家々がたち並ぶ集落があり、水汲み場や拝所が見える。集落の上方にビロウが密生しているのが「ナカムリウガン」とも呼ばれた上の拝所である。この拝所の真下には墓地があり、大小の墓が点在している。

集落内をもう少し詳しく見てゆこう（図29）。住居は斜面を削って段々畑状にした敷地に建っているので、家の前面も背後も石垣でかためられている。段差のある所には随所にこういう石垣が見られ、この住民の優れた石積みの技術がわかる。道から石段を登っ

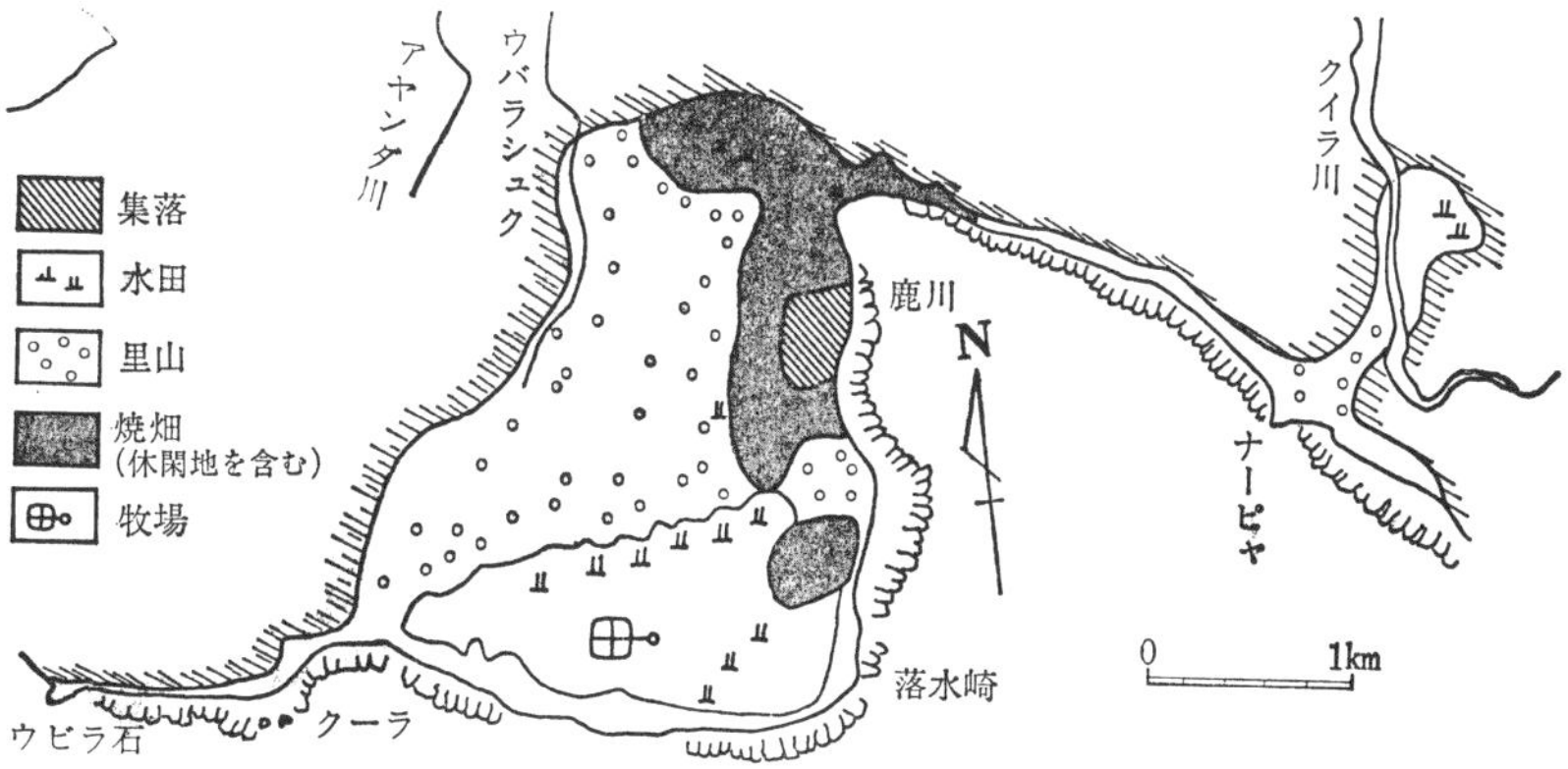

図 28　鹿川村の推定土地利用図

て敷地に入る。およそ一〇〇坪ほどの敷地のまわりは防風のためのフクギやホウライチクの垣根が道に接し、シマグワ、センダン、ガジュマル、イヌマキ、リュウキュウコクタン、アカテツ等が、一〇メートル内外の樹高で屋敷林を構成している。この木々からひときわ高くビロウが頭を出して、一五メートルに達しているものもある。現在の他の村に残る古い屋敷と同じように、敷地の中ほどにはススキまたはチガヤで葺いた母屋（ウフヤ）があり、並んで台所小屋（アーシャ）が建っている。少し離れた所に納屋（トーラ）がある家もあり、作業場として使われている。稲を束ごと積み上げて保存する稲叢（シラ）もある。敷地の角(たいていは西北の隅)にブタが一、二頭ずつ飼われている便所の石組みが見える。一方には敷地の二分の一〜三分の一を占める常畑がひろがっているが多い。住民の敷地上方に隣接する斜面を常畑にしている家が多い。空屋敷の敷地の多くは畑に転用されている。作物の遺物はないが、古くからの在来作物の研究から、葉菜類やネギ類、ショウガ、サツマイモと、カボチャ、食用のユウガオが植えられていたことが推定できる。ツルレイシ（ニガウリ、ゴーヤー）や食用のヘチマの棚のあ

図 29　鹿川村の人家周辺の景観推定復元図（安渓貴子描く）

る家もあっただろう。隅の一角には女性に課せられた人頭税の一部としての布の原料になる苧麻（カラムシ、方言でブー）が植えられている。現在の村と同じように便所の近くにはサトウキビの株が見られ、二、三種のヤマノイモの蔓が木にからんでいただろう。バナナの株や数本のパパイヤが見え、実をたわわにつけている。ヤマモモやバンジロウ、ヒラミレモンの木も数本ずつ見える。このほか敷地内にはチトセラン、ハリツマルサキ、ホソバワダン、ゲットウ、タイワンヤマツツジ等、いくつかの有用植物が移植されている。石垣や垣根にはヒハツモドキがからまり、コショウ属の赤い実をつけている。山側の石垣の上や岩の隙間には食べたあとのヤコウガイ、サラサバテイ等の殻がいくつも置かれている。家の入口に立つと、はるかに波照間島が浮かぶ海が見える。

道は屋敷林に挟まれている所ではやや暗く、石畳になっている所もある。両側をホウライチクの垣根に挟まれた道も多い。石垣が道路に崩れ落ちないようにフクギ、イヌマキ、ガジュマルが石垣に接して植えられている。坂道が多いので道路の大半が石段になっている。石の間にはシマオオタニワタリやシラタマカズラが着生している。集落のほぼ中央に伝説の美女ナサマの大きな墓があり、その傍には「カラパリ」と呼ばれる方位石が据えられていたらしい。

石段を少し下った所に、ガジュマルが木陰をつくる井戸（カー）があり、湧水がたまっている。「ナサマ川」にかかる石橋の上手にもうひとつの水場があり、川の溜め水なので水量は豊かである。傍に「ウミイシ」と呼ばれるサンゴの一種で作った丸い大きな洗い桶（トーニ）が据えられ、サツマイモの泥を落したりするのに使われただろう。

「ナサマ川」の石橋の南東に接して拝所があり、小さな拝殿（バイドゥン）には豊年祭や節祭に使うドラ等の道具が収められている。拝殿とイビの間の「カザリバ」と呼ばれるサンゴを積んだ石垣には代々の神司（チカ）の砂岩や陶器の香炉が置かれている。「ウランタピー」と呼ばれる沖の中瀬（ナズニ）に砕ける波のしぶきが見える。拝所のそばの空地は諸行事の準備をするところである。住民の話によると、この拝所は一時（おそらく大津波の後）、集落はるか上方の「ナカムリ」に移されていたが、不便なためもとに戻したのだという。ナカムリの御獄の跡にいくつかのマガキガイ（方言でユリミナ）の殻が落ちていた。これは、拝所をたたむときに神々への捧げ物をするが、小さな米俵や小さな反物のほかに、マガキガイひとつが牛一頭に相当するものとして捧げるのだという。

集落の下手、高度三五メートルあたりから海岸にかけての斜面には点々とイトバショウが見える。イトバショウの下はカラムシの畑になっている。シマグワやサトイモ、筍や稈を利用するコタイサンチクも植えられている。普段着の繊維を取るためにイトバショウを伐り倒したあとがいくつも見える。

集落上方に連なる絶壁（ナキサリ）の下には太いリュウキュウマツを二列に植えて万一の崖崩れに備えている。崖の上に上る道沿いは、ソテツが植えられている。広いソテツ畑もあって、凶作の年の救荒食とされているという。ソテツの間をたどってやや明るい照葉樹林の中を登ってゆくと、絶壁の上のススキ草原の中に潅木が生えた焼畑休閑地に出る。少し行くと焼畑がある。焼畑はイノシシの害がひどいので柵をして防ぐ必要がある。焼畑の作物としてはアワを播き、その間にはサツマイモを植えるのが普通だという。隣りあってヤンバルアカメガシワの林が見え、リュウキュウマツの林も見える。休閑の長い、あるいは放棄された焼畑であろう。同様のモザイク状の植生は、集落の南北の斜面にも、対岸の南向き斜面にも分布しており、総面積は約九〇ヘクタールを越える。集落直下の前泊の浜を南下する途中、リーフに溝を掘った所がある。島の人の話では、波照間島の人びとが、伐り出したカシの木から貢納用の六反布船を造船する場所で、その時には、小屋を建て泊り込みで取り組むらしい。その傍を通り、下田原《しもたばる》（方言でシムンダ）と総称される水田へ向かう農道の入口がある〈ウブドーの浜〉に着く。沢沿いの道は、石を積んで築いた猪垣のところで扉を開け、墓地のそばを通って続く。この墓地は現在も使っているが、ビロウの群生する高い所には持ち主のわからない古い形式の墓がいくつもある。墓地の上のあたりは、樹高一〇メートル以下の丈の低い照葉樹林で、モッコク、イタジイ、オキナワウラジロガシ等の伐り株や萌芽が目につく。海に近く便利であるが、北向きの斜面で、耕作には不向きなので、用材を伐る里山として利用されている。そのため林内は明るく、薮状になっている。沢沿いに農道をたどり、ホウライチクの垣をもつ細長い水田の横を通って尾根に出る。幅一〜二メートルの農道が若いリュウキュウマツ林を通り、樹間から田を見おろしたり、切り通しをつくったりして続く。道沿いには、イタジイ、モチノキ、リュウキュウマツなどが並んで植えられている。ところどころにビロウやソテツや春早く紅い花をつけるタイワンヤマツツジが植えられている。やがて柵が現われ、その向うは牧場になっている。牛の放牧地であり、山はチガヤの草原になっている。このあたりの尾根はほとんどが牛の放牧場になっており、牧場（マキ）は「クーラ」と呼ばれる沢の上流まで約一四〇ヘクタールのひろがりをもち、崎山の「ユクイ」牧場とは山ひとつを隔てている。

尾根と尾根の間の谷間は、ほとんどすべて水田として利用されている（図30）。田の縁には幅一メートルほどの溝を掘り、その内側にサガリバナやホウライチクを密植し、ところにより、杭を打ち込んで猪垣としている。田の縁はシマグワやフトモモ、ヤマモモ、ヒラミレモン、イトバショウ等が植えられ、緑の帯をつくっている。蓑《みの》をつけ、野良仕事をしている男は腰まで泥に埋まっている。多数沈めた丸太の足場をビダといい、これを踏み外すと首まで沈むところ

図30　鹿川村南側山中にあった水田周辺景観の推定復元図（安渓貴子描く）

もあるという。そういう深い田ではウシも身動きがとれないから、耕作に利用することができない。山の湧水が流れ込む一画には、タイモと呼ばれるサトイモが植えられているはずだ。太い畔にはヒラミレモンやリュウキュウバライチゴが成育し、リュウキュウトロロアオイの花が咲いている。農繁期には簡単な田小屋（シコヤ）で寝泊まりをする（図30参照）。ここでも人口減少に伴って、遠い田は放棄されはじめている。高度約五〇メートル下方の南側の台地には、非常に長い田があり、下田原の水を集めている。この沢は落水（ウティミ）の滝となって海に落下している。大きい水田はこのほかクイラ川の上流にもあり、合計面積は約一六ヘクタールである。

標高二〇〇メートル以上の地域はあまり利用されていないが、建材を伐り出すときなどは、山奥の原生林へも出かけ、イノシシ狩りの猟師は、猟犬を連れて西表島南岸の高峰、南風岸（パイキシ）岳までも出かけている。

漁場としては集落対岸の浦浜とナーピャとの間の岩場、南の落水の滝付近のリーフが好適である。昔、鹿川の村人が、ウビラ石の手前のペブ石の所まで巻き網漁に行って偶然ワニを仕止めたという話が伝えられているから、西方はウビラ石付近までが鹿川の漁場で、それより向こうは崎山村の領域であるらしい。

二　生業形態の復原

生活環境の復原の項でも断片的に触れたが、主として植生調査の結果から決定した環境区分には、それぞれ特有の生業活動が対応している。人頭税時代の鹿川に当然あったと考えられる生業を列挙して、生活圏の中におけるそれぞれの生業活動の場のひろがりを推定しよう。

（一）狩猟

リュウキュウイノシシを対象とする狩猟だけだったと見なして、まず間違いないであろう。笹森儀助（一八九四）が南風見村で観察した、数頭のイヌを使う槍猟が、鹿川でも行なわれていたであろう。そのほか聞き取りによると、落し穴や、餌を用いる圧し罠、急斜面の下の耕地辺縁に鋭い竹槍を幾本も植え今でおく仕掛け槍等、イノシシを対象とした種々の罠猟があったという。現在も西表島で広く使用されているワイヤーを用いた撥ね罠は、台湾出身で白浜在住の楊（橋間）添福氏が、戦後ひろめたものであるという。植生区分の上からいうと、照葉樹二次林と比較的集落に近い原生林が利用されたであろう。聞き取りによれば、イノシシは「ミタヤ」といわれるぬた場でよく獲れたという、鹿川廃村後には、祖納の人が集落趾周辺で火を放ってイノシシを追い出しては銃で射っていたという。

鹿川の遺跡からは、ジュゴンやクジラなどの海生哺乳類の骨は見つからなかったが、八重山のジュゴンを、専門的に行ない、人頭税の一部として納める男がいたと伝えられている。鹿川には、ジュゴン猟を専門的に捕って人頭税として納めていたことは有名だが、他の島にも少数ながら同じような役割を担う住民がいたという伝承である。ジュゴンは一九一四（大正三）年に網取湾で獲れたのが最後（川平永美氏談）というが、崎山湾内には「ザァーヌクモリ」（ジュゴンの池）と名付けられたラグーンがあり、ジュゴンが生息していたことが推察される。

（二）漁撈

鹿川の遺物からは、釣針、網のおもり等、魚類を対象とする漁業の存在を示唆するものは見つかっていない。舟の存在も遺物からは論証できないが、リーフの内外に生息する種々の魚類を対象とするさまざまの漁法が発達していたことはまず間違いない。

現在西表島で行なわれている漁法と鹿川で獲れる魚種とから考えて、テングハギ、キツネブダイ等の中型魚類を対象として集団で行なう巻き網漁、ヒラアジの仲間やサメ、エイ等の大物を対象とする釣り、リュウキュウガキ（実）、イジュやモッコク（樹皮）からとった魚毒を用いる漁等が行なわれていたと考えられる。沢に生息するオオウナギや水田のウナギが獲られていたであろうし、イセエビ類、イカ、タコ、ウニ等も食用にされたであろう。

遺物として大量に発見される貝類の採集も、重要な採集活動のひとつであり、干潮線より上に生息するアマオブネ類、オオベッコウガサ、コオニコブシ、遺物としては発見されないが、ヒザラガイの類、リュウキュウウノアシ等は、集落直下の浜でも季節にかかわりなく採集されていたであろう。集落趾に多くの殻が発見されるヤコウガイ、サラサバテイは主に冬季、夜間の干潮時に、タケやマツで作った大きなたいまつを焚いて行なったという銛漁の際に、リーフの外洋に接する地帯で採集されたと考えられる。川の清流中にはアマオブネ科のカバクチカノコガイ、マングローブ等の泥土中には掌ほどもあるシレナシジミ等、食用になる貝類が生息している。

笹森（一八九四）は、鹿川では移出用に虫下しに使うカイニンソウ（海人草）を採集していたと述べている。

（三）採集

照葉樹二次林を中心にさまざまな有用植物の採集が行なわれていたと考えられる。崎山、網取で食用としたことが明らかになっている野性および被保護植物は、フトモモ、タイワンアキグミ、ヤマモモ、バンジロウ等の果実、ツルアダン（花）、ビロウ（幹部の芯および実）、コミノクロツグ（幹部の芯）、ヒカゲヘゴ（新芽と幹部）、シマオオタニワタリ（新芽）、アダン（実）、イタジイ（実）等非常に多く、とれる時期については生活暦（第三表）の項で述べるが、アダン（葉芯部）、オキナワウラジロガシ（直径三センチに達する大型の堅果）、テッポウユリ（鱗茎）、ソテツ（実及び幹部）は水さらしによってはじめて、食用とすることができたという（赤嶺ナシキ氏ほかによる）。これらの澱粉源のうち、オキナワウラジロガシは粉砕・水さらしの処理を施し、ソテツは醗酵と粉砕を繰り返した後、十分水さらしして仕上げたという。テッポウユリには灰を使用したとも言われている。クワズイモは、澱粉源としては利用していなかったようである。

住居用としては、イヌマキ、モッコク、イジュ、フクギ、イタジイ等が主として原生林から伐り出された。平民（ブザ）はイヌマキやモッコク等を建材として使用することは禁じられていたという（宮城文、一九七二）。床を編むためのホウライチクやリュウキュウチク、トウズルモドキ、屋根を葺くためのススキ、チガヤ等の採集は集落周辺で行なわれていたであろう。田小屋ではマングローブ等を柱として埋め込み、壁はヨシススキ等を編んで作ることが多かったという（主として山田武男氏による）。

（四）農耕

生活環境の復原の項で触れたように、鹿川では水田耕作と焼畑耕作、家庭菜園に近い常畑耕作による食料生産が行なわれていたほか、繊維作物の栽培も大きな比重を占めていたと考えられる。水田には「ザイライマイ」（在来米）と総称される多品種のイネが栽培されていたといい、粳米・糯米・穀粒の赤いもの・白いもの、籾の黒いもの・普通のもの等の組みあわせが見られ、いずれも草丈が高く、三センチ以上の芒をもつのが特徴であったという（星勲氏、赤嶺ナシキ氏による）。昭和の初年から、蓬莱米と総称される多収量の無芒品種（台中六五号、台中糯四六号等）が導入され、二期作が開始される等、在来稲との生態の差を反映して、耕作から製米に至るまでの方法に大きな変化が起こった（安渓他、二〇〇七）。

焼畑は部落総出で山伐り（ヤマナケーリ）―乾燥―火入れ―整地の作業を行ない、各戸でイノシシ垣を囲らしてイモやアワを栽培していたという（東若久和利氏、屋良部亀氏、赤嶺ナシキ氏による）。

崎山直（一九七五）によると、明治二七年度の崎山三村の織物の生産高は、カラムシでつくる苧布が四九反、木綿布は一二七反、イトバショウでつくる芭蕉布は二一二反であったと言い、カラムシやイトバショウのほかにワタを成年男子ひとりあたり二〇尋角（約〇・一ヘクタール）耕作するという笹森（一八九四）の南風見村での報告とも符合する。

（五）家畜飼育

主食作物の生産量については別項で推定を試みることにする。

A　牧畜

鹿川の推定牧場面積は約一四〇ヘクタールであり、笹森（一八九四）の記録で崎山三村で放牧されているウシが一八三頭、ウシ一頭当たりの牧場面積は一・一三ヘクタールであるとされていることからすれば、ウシは少なくとも数十頭は放牧されていたと考えてよい。牛乳は飲用としなかったと言われ、比較的浅い水田を耕起するための役牛として、あるいは肉牛として利用されたのであろう。換金に用いられていた可能性も否定できない。

B　その他

ブタが各戸の便所で飼われていたと考えられる。石組みの内部にサンゴや砂岩製の器またはシャゴウ等の殻を置き、餌を与えていたのであろう。肥育して食用に供していたと思われる。戸数に対応して二〇頭以上はいたと考えることができる。笹森（一八九四）は各戸三〜六頭ものイヌを室内に飼っていると述べているが、イヌの骨らしいものは発見されていない。

㈥　道具の作製

鹿川で使用されていた道具類を生業に用いる生産用具と、調理その他に用いる日常用具に分けると、生産用具を作製することも各生業の重要な一面であり、時間的にもかなりの比重を占めたと考えられる。

聞き取りによれば、生産用具はほとんどが木、竹、藁、チガヤ等の植物性原料で作られ、遺物としては残りにくいものが多い。鹿川遺跡からの生業用具と見なされる遺物は皆無で、ただ太い釘状の鉄片は耕作に用いられた可能性がありうるといった程度である。

鹿川で使用されていたが朽ちてしまったと考えられる道具類を干立、網取での観察と聞き取りとから推察することができる。主な生業のいくつかについて、作製・使用されたと考えられる道具のあらましを方名と代表的な材料をつけ加えて述べよう。

Ａ　稲作

田小屋（シコヤ）にあった可能性の強い道具類。地ならし用は、「フモリ」と呼ばれる田舟（アカギ、タブ）、ウシに引かせるための石をいくつか縛りあわせたもの等があった。雑草をすき込んで耕起するためには、「キーパイ」と呼ばれる木鍬（ヒイランシャリンバイ）が用いられた。稲を刈り取るまでの猪垣の保修には、「ヤンガラシ」と呼ばれ、刃渡り三〇センチを越える山刀が必需品であった。刈り取りには鎌（ガヒャー）が用いられた。刈り取った稲束は、天秤棒（アフ）（イヌマキ、ヒイランシャリンバイ等）にゆわえて集落まで運び丸く積み上げて上をチガヤで葺いた稲叢「シラ」として保存した。

Ｂ　精米

精米は屋敷内で行なわれ、用具は納屋（トーラ）に格納されていた。作業は地面に敷いた「ニーブ」と呼ばれる藁筵の上で行なわれた。「イナチキ」と呼ばれる堅杵（ヒイランシャリンバイ）と、「ウシ」と呼ばれる臼（タイワンオガタマノキ）が芒折りと精白の二工程に使われ、大量の精白には「アイシツァ」と呼ばれる横杵（タイワンオガタマノキ、ヒイランシャリンバイ）が使用された。脱穀は「ピキウシ」と言われる回転式の摺臼（タイワンオガタマノキ、リュウキュウマツ等）を使用した。風選にはヒョウタンを半分に割って作る「ペーラク」が用いられ、ホウライチクとトウズルモドキで作った種々のかご、ざるが使用されていた。

Ｃ　漁撈

網類はアダンの気根を細かく裂いて作った繊維「アダナシ」を用いたであろう。釣糸や「アンチク」と言われる腰につける網かごも同様である。サンゴで足を傷つけないために草鞋も使われていたと考えられる。舟はリュウキュウマツやアカギのくり舟で帆と櫂（ヤフ）を用いたという。

聞き取りにもとづいて作成した、崎山三村における生業の年間サイクルに、気候変化、年中行事等を付け加えた生活暦を掲げておく（表４）。

三　人頭税制度下の生産量

人頭税時代に鹿川でどれほどの農作物が生産され、そのうちどれほどが鹿川で消費され、またどれほどが人頭税として鹿川から持ち出され上納されていたか、その割合はどのくらいであったかを推定してみよう。ここでは主作物であったイネとサツマイモについて、鹿川の推定耕地面積から、生産量と生産に必要な労働量を中心に論ずる。

（一）イネ

鹿川と崎山は他地域より土地が肥えており、反当りのイネの収量も多かったと言われている。収量は品種によっても異なったというが、笹森（一八九四）が石垣島白保村で一八九三年度の平均として反収七斗（一〇アールあたり一一二キロ程度）という数値を得ているので、この数値を基準に算定を行なうことにすると、鹿川の一六ヘクタールの水田が全部耕作されていたころには、米の収量は一一〇石余であったと推定される。『沖縄県八重山嶋統計一覧略表』（崎山直、一九七五、以下『統計略表』と略す）によれば、明治二五（一八九二）年には、崎山三村の水田面積は五〇・六四町歩で、米の収量は三五七石となっており、米による人頭税の総額は所遣（ところづかい）と言われる地方税等を含めて七三・三石であるとされているが、筆者は以下に述べる二つの理由からこの三五七石という数値は実際より過大に見積もられていると考える。その第一は、とれた米の八割近くの二八三・七石が農民の手もとに残ったのなら、崎山三村の全構成員が毎日四合以上食べるのに十分な量であり、笹森（一八九四）の、サツマイモを主食としているという記載と矛盾するように思われること。第二は、『統計略表』から計算してみると、西表島西部、南風見、波照間島での反収が七・〇五斗という数値にきわめてよく一致し、このことは収量の算定にあたって、既知の耕地面積に七・〇五斗を単純に掛けたことを示唆していると考えられることである。

明治二六年（一八九三）の鹿川の人口四八人、男女各二四人という労働力で、実際にどのくらいの広さの水田が耕作できたかを試算することができる。稲作に関して、多くの労働量を一時に必要とするのは、田植えと刈り取りの二つの仕事であるが、稲束の運搬という要因によって、より多くの労働を必要とする収穫期に焦点を合せて考察してみよう。

刈り取られた稲束は、畔（アブシ）に積みあげておき、全部の他の刈り取りが終った時点でユイマールと呼ばれる部落挙げての共同作業で運搬された。一マルシは歴史文書中では丸敷とも書き、稲束三〇束を指す。西表島での伝承では、重量は約一六キロで脱穀すると通常玄米三升を得る。水田の面積の単位ともなり、一一・二一一坪（三六・七平方メートル）に相当したとされる。稲束は藁のついたまま男一人が三～五マルシを天秤棒でかついで集落まで運搬しなければならなかったと言われる。一人が一日で刈り取れる稲束の数は約一〇マルシであって、鹿川の水田全部を刈り取るには約四八〇人・日の労働量を必要とする。一方一日に稲束をかついで往復できる回数は田の集落からの距離によってきまっていて、集落の南方に広がる下田原の場合三回（ウナダ）～七回（モイダ）程度であったという。かりに一人一回平均四マルシ（六四kg）運搬したとすると、鹿川の水田の稲束をすべて運び出すためには約三一五人・日の労働量が必要となり、刈り取りとあわせてイネの収穫に必要な全労働量は、約八〇〇人・日と算定することができる。人頭税のための水田耕作は、主として成年男子（一五～五〇歳）に課された仕事であったことと、イネは初穂を拝所に捧げる「シコマ」と呼ばれる行事を行なった当日からいっせいに刈り始めたと伝えられることから、かりに稲刈りの期間を二〇日間とすると、上記の算定の結果は、最小限四〇人の成年男子がいなければ、稲刈りが完了できないことを意味している。実際は明治二六年の鹿川の男子人口は二四人で、子供が少なかったとは言え、成年男子人口が二〇人以下であったことは間違いないのだから、水田は面積にして少なくとも半分程度が放棄されていたと考えるのが妥当である。

それでは、水田のすべてが耕作されていた鹿川の最盛時の人口はどのくらいであっただろうか。鹿川のように、人口減少に伴う家族構成の変化をきたしていない網取の一家族あたり六・二人という数値を考慮すると、鹿川の水田が全部耕作されていたころの最少成年男子人口が四〇人ということは、全人口が一〇〇人を越えていたことを意味する

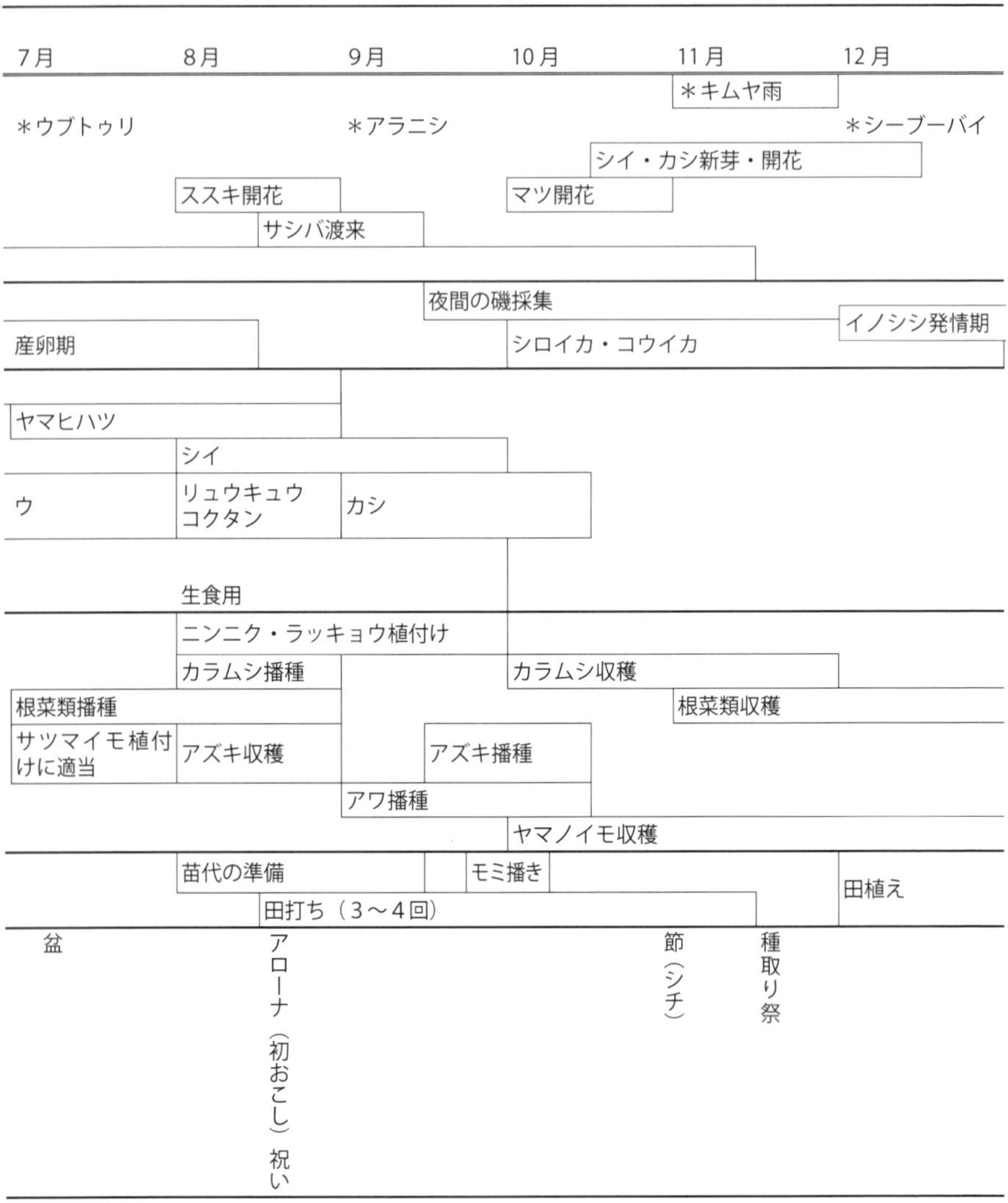

＊ウブトゥリ：おだやかな気候が続く。
＊アラニシ：寒露の頃の突風をいう。沖縄島ではミーニシという。
＊キムヤ雨（アミ）：木の新芽が出るころの雨
＊シーブーバイ：10日余り南風が続きおだやかな気候になる。歳暮南風の意である。

表 4　崎山三村の生活暦

項目	旧暦 1月	2月	3月	4月	5月	6月
自然		＊フチャリ雨		＊ユードゥ雨		
		＊ニンガチカジマヤー		＊ユートゥン		
	ビロウ開花	デイゴ開花	フクギ開花			
	アカショウビン渡来		ハブ多し			
			イエシロアリ羽化			台風来襲
漁・猟	夜間の磯採集		マガキガイ			
			タコ・イカ産卵期			ウミガメ
採集		カイニンソウ				
		ヒトエグサ				
		グミ類	フトモモ・ヤマモモ			
		シマグワ		ツルアダンの花		バンジロ
					ヒラミレモン 酢用	
栽培	ニンニク収穫			ラッキョウ収穫		
	根菜類収穫					
		サツマイモ植付けに適当				
			アワ収穫			
	ヤマノイモ収穫	ヤマノイモ移植				
栽培（水田）	田植え　草取り（1～2回）				稲刈り	
祭	正月　十六日祭		浜下り（3月3日）		シコマ	豊年祭

＊ニンガチカジマヤー：急に突風が吹く。二月風廻りの意。
＊フチャリ雨（アミ）：リュウキュウアカショウビン（方名　ゴッカルー）の渡来する蒸し暑い時期に降る小雨。ゴッカルヌーフチャリアミともいう。
＊ユードゥ雨（アミ）：この雨が十分降れば、山から肥料分が流れてきて、稲の稔りをよくする。
＊ユートゥン：サンゴ礁にべっとりと臭いものがつく。この時期の貝類は中毒するので食べない。

と考えることができる。一方、人頭税額は、集落の人口と性比、年齢構成に応じて年々変化したが、『統計略表』から、上納米の総額を全人口で割った一人当りの上納額を三・九斗と試算し、これをあてはめると、米の最大生産量が一一〇石である鹿川は、税制上三〇〇人以上の人口を支えることができないということがわかる。それゆえ最盛時の鹿川の人口は、一〇〇～三〇〇人の幅の中にあったと推定することができる。

（二）サツマイモ

人頭税時代には、崎山三村ではサツマイモを常食としていたと言われている（聞き取りおよび笹森、一八九四による）。鹿川集落趾周辺のススキと滝木の混交植生をサツマイモを主作物とする焼畑の跡と推定したのも、主としてそのためである。聞き取りによれば、もしサツマイモを得るためには一人当り約〇・一九ヘクタールのイモ畑が必要となるという。一度山を伐り開いて焼畑にすれば、三～四年間はサツマイモと少量のアワをつくり、最長一五年ぐらい休閑させておくというから、鹿川の四八人の住人がサツマイモを常食にして暮すには、九・一ヘクタール、休閑地も含めて最大四五ヘクタールもあれば十分であったと考えられる。

しかし、そもそも、西表島のように雨量の多い土地で人間が利用しなくなって何十年かたった場所が、森林に覆われずススキ草原になっているというのは、生態学的にみてあり得ない。聞き取りによれば、一九八六年ごろ営林署が禁止するまでは、リュウキュウイノシシを銃で撃つ猟師がひんぱんに鹿川で山焼きをしていたという。本来の利用形態を推定することはかなり難しくなっている。しかし、もともと火入れによって容易に燃えるような植生で、せいぜい滝木しかない地帯であったことも確実である。

どのような経緯で成立したにせよ、約九〇ヘクタールのススキと滝木の混交植生のうちの半分以上は、常食用サツマイモ以外の作物がつくられていたか、あるいは放棄されていた可能性が強い。『統計略表』によれば、崎山三村では一人一日六キロに相当するサツマイモが生産されていたといい、余剰は飼料としても重要であったことを推測することができる。

Ⅸ　討論

以上、鹿川廃村の生活復原を目的として、廃村跡で得られた物的所与を取り扱ってきたが、これらが過去をどれほど確実に物語ってくれるか、またそれらが生活のどのような局面の復原に有効であったかを検討しておきたい。同時に、調査方法の問題点をもとりあげ、研究の今後の方向性を論じておく。

一　残されたものと生活復原上の問題

（一）遺構・遺物

鹿川の集落跡を中心に豊富に見出される遺構を測量してみると、斜面に配置されたフロア群と道路の全貌を明らかにすることができた。試掘の結果、生活面のとくに山側がかなり埋まり始めていることがわかったが、現在、地表に露出している遺構は、集落が営まれていた当時の位置からほとんど移動していなかった。集落跡以外にも遺構は散在しているが、よく茂った亜熱帯多雨地帯の二次林に阻まれて、旧道を少人数で伐り開くという調査法では、見逃した遺構、遺物もあると考えられる。ことにアダン密生地やススキ草原内の歩行は困難をきわめ、見落しも多かったであろう。少人数で歩きまわるという調査法の能率はけっして高くはなかったが、つねに調査者ひとりひとりが集落の全体像といったものを描きながら調査を進めることができるという利点があり、遺物調査、植物調査の際にも、データのもつ意味を集落全体とのかかわりあいの中で捉えてゆくことができた。生活復原という見地からすれば、すべての遺構や遺物を実測することはそれほど重要だとはいえないかもしれないが、時間的な制約もあって、墓や便所等のいくつかの重要な遺構の実測は今後に残されている。

遺物は表面採集によって記録したため、原位置から多少ともずれているものがほとんどであったと考えられる。試掘の結果、遺物は表土層中にはあまり見られず、下方に転落する形で集落跡から失われてゆくケースが多いと結論された。鹿川の住民が使用していた道具類で、現在集落跡に遺物として残っているものはそのごく一部にすぎないと考えられ、それらの消失は、集落移転時の持ち出し、植物製品の腐朽、離村ののちに墓の副葬品を中心に何度か行なわれた遺物の盗難、流失、浜への転落後の風化等の原因によると考えられ、完全な形で集落内に残っていたものがほとんど墁だけだったという事実は、この持ち出しに関係があるのかもしれない。聞き取りによると、建材まで運び出した家があったといい、それが礎石が直線状をなしていないことの原因のひとつであったのであろう。

復原に際しては、現在遺構内に遺残していなくとも、当時どのような道具が使用されていたかが問われなければならない。擂鉢に対するすりこぎのように、当然対になって使用されたと考えることのできるもの、近隣の集落で昔から使っている道具類で鹿川周辺にその材料が見つかるものについては、やはり鹿川でもそれらの道具類が作られ、使われていたであろうことが推定できる。しかし、鹿川の人工遺物の大半を占める土器・陶磁器片について、その個々の用途の推定を行なうことはかなり困難であった。土器は新城島から、素焼きの壷類は主として石垣島から、その他は沖縄島や九州や中国で作られ移入されたものであった。これらの供給が恒常的に行なわれないかぎり、当然転用、代用が起こっているはずであり、製造地での用途を調べても鹿川での用途に直接結びつかないということが考えられる。墓の副葬品の多くは日用品であり、これも転用の最たる例だということができるであろう（この論文を書いた時点では、死後の世界でも祖先が畑を耕し、自ら料理をして食べるのだという南の島の精神世界に無知であったので、転用と書いているが、いまはこのままとしておく）。

遺構表面の遺物分布状態から何らかの結論を引き出すことは、遺物の移動を考慮に入れなければならないこともあって、かなり困難であったが、流失のみで流入の起こらないと考えられる最上部のフロア表面にも若干の遺物が見られることから、フロア外に流出しなかった遺物もあるとして一応の分析を行なった。その結果、多くの遺物が発見されるフロアと、地籍図に記されている住民との間にある程度の一致が見られたが、住居趾の指標とするには便所の遺構の存在の方が適切であると考えられた。例外として、昭和一七年ごろまでたったひとりで鹿川に残っていた小山志加という老人の住居趾を多量の新しいタイプの壜によって決定することができた。

遺物の同定については、完形品に近いもののカラー写真を撮り、典型的な破片を持ち帰ることによって、ほとんどのものの、産地と大ざっぱな年代について、専門家から御教示いただくことができた。

表面採集された貝類は、鹿川での食生活の一端を推定するためのよりどころとして重要であるが、現存集落趾に見られる貝殻は、住民がわざわざ持ち帰ったからこそ残ったものなのであるから、住民が消費した貝類を量的に推定することはできない。貝殻等が集中的に捨てられている場所も一か所しか発見できなかった。

（二）植物

当初、植物の調査は、この復原作業の中でそれほど大きな比重をかけるつもりではなかったのであるが、調査が進むにつれて、これが生活圏のひろがりや、その中での土地利用についての類型的な違いを推定するための、きわめて有力な手がかりを与えてくれることがわかってきた。同様の手法によって他の集落およびその周辺の植生の比較調査を進めるにつれ、それは次第にこの調査の中で重要さを増していった。崎山と網取において植生調査ができなかったため、対照を干立にとり、干立集落が現時点で放棄されたと仮定し、その六〇年後を想定して、逆に鹿川の六〇年前を推定する手がかりとする方法をとった。典型的なスタンドをいくつかとって、高木層、亜高木層、低木層、蔓植物、草本の各層に出現する種を記録するという方法で植生を記載していった。植生と利用状況の推定復原の際、もっとも困難であったのは、焼畑と牧場との区別であった。焼畑とその休閑地の織りなすモザイク状植生は、離村後ひんぱんに行なわれた猟師による火入れによって一様なススキ草原に変えられていたと考えられ、植生調査の結果からだけでは、集落趾上方に広がるススキと潅木の混交植生が牧場趾でないと断定することはできなかった。離村後に有用材が伐り出されたということも集落景観の推定の精度に悪影響を与える原因となったであろう。

(三) 聞き取りと物的所与との対応

当初、鹿川での物的所与による復原の作業と鹿川に関する聞き取りとを対比しながら、復原の際生じやすいゆがみについて相互に補正することが可能であろうと考えたが、廃村後六〇年以上経った一九七五年のフィールドワークの時点で、鹿川について聞き取れることは、地名、断片的な史実、伝説等が中心で、生業についての情報を得ることはほとんどできなかった。ここでは話者によって語られる、自分たちが昔崎山や網取で行なっていた生業のありさまを、鹿川の生業が崎山や網取のそれとほとんど違わなかったという証言に従って、一応鹿川でのこととして述べている。このような、崎山、網取および干立の昔の生業の聞き取りによって、鹿川の物的所与からの、たとえば「ここは集落(田、畑等)であっただろう」といった結論を、立体的に肉付けしてみることができた。

二　近世の考古学について

鹿川という近世の遺跡を考古学的に取り扱うという、この試験的な試みの結果は本文中に詳細に述べたところであるが、鹿川廃村に関して明らかにすることができなかったのはどのような部分であっただろうか。限られた時間と人員で、可能な限り種々の調査を行なったので、埋蔵種子分析や木炭分析等を残して、そのほかの物的データは、この当時の調査法の限界の中ではあっても一応すべて手がけてきたと考えている。これらの各データについて調査の網の目をさらに細かくしてゆくこと(一フロアの全面発掘や各サイトでの花粉分析等)によってさらに新しい事実を見いだしてゆくことができるであろうが、現在の研究の規模では実行不可能な面が少なくない。鹿川の文化層はおそらく一層だけからなると考えられ、表面観察だけでほぼ全貌をつかむことができるという利点がありはするが、また同時に遺物が生活面から流失しやすく、貝殻や獣骨等の自然遺物の出現頻度や遺構内の分布から、採集・捕獲量を推定したりすることは困難である。人工遺物に関しては、多量に遺残している土器・陶磁器を自給していなかったため、つねに用途の変更を考慮する必要があり、その機能を推定することができても、それをただちに用途に結びつけることにはかなりの危険がともなうと考えられた。

実際に考古学的な作業を進めながら、一方で聞き取り資料を生かしうるという点が古い考古学遺跡といちじるしく異なる点であり、聞き取りを主とする民族学的方法につねに物的証拠をもって補正を行なってゆくことができるというのが、この鹿川のような新しい遺跡がもつ特性である。本報はまさに、このような条件をもっていたのであるが、存命中の鹿川出身者はわずか二人だけであり、しかも二人とも幼少時に離村しているため、生活の実体はほとんど記憶されておらず、上記の条件が必ずしも十分に生かされたとはいえない。したがって、復原の肉づけの資料を得るために現存集落の観察に重点をおく結果になったわけであるが、考古学的物的所与、聞き取り、対照の観察の三者を組み合わせてゆく方法、それは生態人類学におけるひとつの有力な方法であると思うのだが、今後さらにこの問題について思考を深めてゆきたいと考えている。

X　鹿川村の論文執筆から四〇年を経て

八重山の数多い廃村について、人々が注目する時代が私の鹿川廃村研究の修士論文が刊行された一九七七年から一〇年以上たってから始まったと思う。そのきっかけは、財団法人温故学会が所蔵する明治二〇年代の八重山の村々の古地図であった（石垣市総務部市史編集室、一九八九）。そこには、鹿川村を含めて、廃村となってしまった村々の一軒一軒の家や拝所や鍛冶屋や井戸が詳細に記録され、ジャングルに埋もれたり、開発で失われたりした多くの廃村を含め、八重山の村々の全体像が示されていた。

鹿川廃村での考古学的発掘や実測図づくりを指導してくださった篠原徹さんが、八重山の廃村研究のプロジェクトを開始されたのが一九八九年であった。黒島を皮切りに八重山全体に広げることになるその研究の中で廃村の記録映画も作成するということで、西表島の石垣金星さんとともに、私も、鹿川、崎山、網取、祖納上村、高那などの村のあとをともに回ったのであった。

やがて、この研究は驚くべき発見につながってくる（国立歴史民俗博物館編、一九九九）。われわれが現在見ている八重山の村落の居住の形態は、仲松弥秀先生が奄美沖縄の約八〇〇とも言われる村落を実地に歩いてまとめられた『神と村』などに示されるような、後ろには腰当て（クサティ）の杜があり、それに守られるようにして碁盤状の道路と屋敷が多くは海に面して広がるというものである。しかし、それに先だって、外敵からの襲撃に備えることを第一の条件とした中世の村落が存在し、八重山が首里王府の支配下に入ることで、明治期の温故学会の古地図にあるような村落形態が成立したのだ。

宮古と首里の連合軍が八重山を攻めて政治的支配を確立したのは一五〇〇年の、いわゆるオヤケ・アカハチの戦いであると言われている。それより前の時代の遺跡が石垣島のフルスト原遺跡であり、それは数メートルに及ぶ厚い石垣が連続し、一つ一つの区画が城郭のように連なった区画群からなるものであり、ほぼ同じ形態の遺跡が竹富島にもあるという。西表島西部の干立村でも、もともと背後の山地の中の、イミシク・タキバルと呼ばれるところに居住した人々が、今の河口の干潟のような低地に降りてきて住んだという伝承があり、集落跡らしい場所もある。もちろん、一七七七年のいわゆる明和の大津波前後の村落の消滅や移住といった歴史も反映していよう。

私と安渓貴子とが「話者が筆をとる」試みとして、網取村の山田武男さん（一九八六）と山田雪子さん（一九九二）の本をまとめ、崎山村の川平永美さん（一九九〇）の伝承をまとめて出版するお手伝いをした。その一冊を読んだことから、一九九八年の網取村を皮切りに日本中の廃村を回っている浅原明生氏は、過疎と廃村の風景のルポをブログで連載中である（http://www.din.or.jp/~heyaneko/profile.htm）。ほとんど地理学者だけが興味を寄せていた一九六〇～七〇年代に比べれば、廃村の風景もにぎやかになったというべきかもしれない。

その後二〇〇二年度から、東海大学の北條芳隆氏を中心として、網取村の考古学的発掘がおこなわれ、知られざる過去の姿が報告された（http://www.hum. u-tokai.ac.jp/arch/hojo/）。また、城西大学の石井龍太氏も、網取村、崎山村、石垣島安良村、宮古島狩俣村、沖縄島底川村などで、活発に集落跡の考古学的な研究を展開しておられる（http://www.josai.ac.jp/~ishiir/index.html）。

さらに、現在から三五〇〇年以上さかのぼる時代、考古学層序として捉えうる八重山の最古の時代とされてきた下田式土器を下層とし、いわゆる無土器時代の層が上下に複合する遺跡が二〇〇八年に発見された。九月の現地調査には私も同行したが、それは鹿川村の集落跡の南部、水田地帯への入り口に当たるウブドー川の河口で台風によって崩れた崖に発見された。鹿川の廃村調査中も私は直接見ることができなかったが、この付近の海岸からは石斧が数多く見つかり、石器の工房がここにあった可能性を示唆する丹野正氏や大浜永亘氏の意見も聞いていた。以下にその報告の概要を示すが、西表島で唯一南に開けた湾をもつ鹿川は、先史時代から連続的に利用された場所だったのである。

鹿川ウブドー遺跡の発見

竹富町の西表島南西部の鹿川（かのかわ）で、下田原期（約四〇〇〇—三五〇〇年前）と無土器期（約二〇〇〇年前—一二世紀前半）の二つの文化層が重なった鹿川ウブドー遺跡が発見された。竹富町教育委員会は（二〇〇八年一〇月）三日午前、記者会見し「二つの遺跡で二時期の堆積状況が確認されるのは極めて貴重」と発表。専門家も「明確に下田原期が古く、無土器期が新しいことが証明された。非常に重要な遺跡」と強調した。

下田原期から無土器期への移行を示す遺跡としては石垣島の大田原遺跡と神田貝塚や波照間島の下田原貝塚、大泊浜貝塚があるが、鹿川ウブドー遺跡は一か所に下田原期と無土器期が明確に重なっている複合遺跡。八〇センチから一メートルほどの無土器期の層の下に約八〇センチの無遺物層を挟み下田原期の層が約三〇センチほどあった。

無土器層の黒色土の中に食べかすとみられる貝殻と共にイノシシの骨が見つかった。イノシシがもともといない波照間島の下田原貝塚からも骨が出土しており、立地から考えても鹿川ウブドー遺跡が西表島における下田原貝塚への物流拠点だった可能性も考えられるという。

ウブドー川が流れ込む海岸では、一九八二年に大浜永亘氏によって石斧《せきふ》工房跡とみられる遺跡が発見されていた。その後、周囲に生活跡の残る遺跡を探して試掘調査したが、発見には至らなかった。

今年六月一九日に海岸漂流物を調査していた深石隆司氏が下田原式土器のかけらを発見。七月と九月に竹富町教育委員会が研究者らと共に調査を実施した。

八重山の考古学研究や発掘調査にも数多く携わっている金武正紀貿易陶磁調査研究所所長は「下田原期の層の上に無土器期の層が堆積していると確認されたことは大きな成果。明確に下田原期が古く、無土器期が新しいことが証明された。非常に重要な遺跡であることが確認され、早急な本調査が必要」と話している。……

（『琉球新報』二〇〇八年一〇月八日付の、深沢友紀記者の記事から）

第二章　廃村の住民の語り――記憶と物的証拠をつきあわせるために

廃村は単なる人口減少の結果ではない。自らの故郷というアイデンティティの喪失でもある。中でも村で祀っていた神々への祈りが途絶えたことへの強い自責の念をもつ住民がいることを、廃村関係者に次々に会ううちに気づかされた。その気持ちに少しでも寄り添おうとする中で、廃村の記録を残す編集のお手伝いをするという「話者が筆をとる」という新しい取り組みが芽生えた。

誰も振り向かないようなテーマで、忘れられたような場所でのフィールドワーク。その結果は、学会発表しても論文を書いてもまったく注目されないという結果につながった。それでも西表島に通い続け、地域の人たちとの関わりを続けた。

単に生活や文化や言語を記述するだけではなく、生活を支えた技術や知識の体系についてもその全体像を知りたい。とくに、生活を飛躍的に変えるきっかけになった技術革新については、その前後に何が起こったのかを詳しく調べたい。そんな思いから、廃村調査の次に取り組んだのは、大正末から昭和の初めてにかけて八重山在来稲作に起こった農業革命だった。在来稲とその栽培法、台湾からの新品種群「蓬莱米」の導入の過程について、残された品種の解析を含めて詳しく調べた。その結果、農業技術としては、八重山は台湾やさらに南の島々との結びつきが強いことが明かになったのだった。

そのあと、古代的稲作の研究から、西表島の無農薬米の産直という住民運動にのめり込み、伊谷先生から「学問はアグレッシブであることが必要やが、この人はアグレッシブすぎるな」と評されるようにもなった。

その後のアフリカ地域研究も含めて、五感をフルに働かせて現場で集めた物的な証拠に、現地住民からの聞き取りと、歴史的な文書を照らし合わせるという手法を取るようになっていったのは、スタートの廃村研究の影響が大きい。そして、あらゆることに素人だった廃村調査こそが、ひとつの学問分野にこだわらずあらゆる越境を繰り返しながら総合的に地域とその課題を捕らえていくという学問への基本姿勢の出発点となったのだった。

いまも石垣島に多く暮らしておられる網取村出身者の人脈をたどって、鹿川村で生まれた人に会うことができた。村人が鹿川を離れた一九一一（明治四四）年に一三歳だった女性と九歳だった男性である。以下はその聞き取りの一部である。

昔、大津波までは、鹿川村は海辺にあった。老人の智恵で村にいた人たちは全員無事高台に逃れたというが、村の家々は一番上にあった一軒を残してすべて洗い流され、その上の斜面にあらたに敷地を切り開いて新しい村を作ったという。この重要な伝承については、より詳しく後に紹介する。

米もあり、魚も豊富、牧場に牛がいるし、虫下しの薬になる海人草も採っていた。鹿川村は自給自足の時代には豊かな良いところだったという。

廃村のきっかけは、船浮村から毎月巡回にやってくる警察官の苦情だった。当時、崎山村を中心として、網取村と鹿川村の三つの村があったが、警察官は、鹿川と崎山が船浮から近い網取村に合併するように命じたという。鹿川村だけがこれに従って、明治四四年、網取村の隣の浜のウチトゥールという場所に一〇戸ほどが移転した。ところが移転してすぐに数人の戸主が病気で死ぬというできごとがあり、一九一三（大正二）年には、人々はその地を離れてちりぢりとなった。体が不自由な妹とともに鹿川村に留まった男性は、海辺に住み、妹が死ぬと、たったひとりの鹿川村の住民として、その後一九四二年まで鹿川に暮らし、網取村に引き取られて一九四四年まで生きた。鹿川村の南の牧場にいた牛たちは、鹿川村の廃村のあとは崎山村の人たちが引き受けて飼っていた。ところが、西表島に駐留した日本軍が、食料確保のためとして機関銃ですべての牛を殺してしまったのだった。この事件で財産を失った崎山村の人たちが村を離れたのが一九四八年。この半島最後の拠点となった網取村が廃村になったのが、復帰の前年の一九七一年のことだった。

考古学と植物生態学の方法で推定された廃村の時期（明治末から大正始め）、廃村のずっと後まで海岸近くに住んだ人がいたこと、村の南側に敗戦ごろまで牛だけが残っていたことなどが、証言によって裏付けられたのだった。以下は、鹿川・崎山・網取廃村を旧住民に語っていただいたお話を、なるべくもとの語りの雰囲気を残して編集したものである。まずは、崎山生まれの川《か》平《びら》永《えい》美《び》氏の聞き書きから始めよう。

Ⅰ　崎山村の川平永美さんの伝承

明治四三年の戌年台風

明治四三年庚戌（カノエイン）の年に、網取・崎山両部落に大台風が吹いて、村に大被害を残して吹き去りました。網取の家は、みんな大きな被害を受けました。その時の避難所は、山田満慶伯父の家で、老人や子供は全部、部落民も全部避難にきて台風のおさまるまで避難しておりました。崎山部落も同じ状況でした。また、網取の東南のメーブシという所にある松林は全部折れ、倒されてしまいました。崎山の前のウラナーという所の松林も全部、大小にかかわらず折れ、くだけてしまいました。

ウラナーは個人有地で、入伊泊祖良さんと山田満慶伯父二人の私有地でした。そして、ただ枯らしてしまうより、丸木舟でもつくって乗ったらどうでしょう、といわれたので、みんなは喜んで、各自が思い思いの舟をつくりました。当時の丸木舟は、長さが六メートルぐらいで、田んぼへいって農業をするにも、山に入って薪をとるにも、またや日用品の買物に白浜へ行ったり、病人がでたら祖納の医院へと出かけたりしなくてはならないものでした。

ふかに助けられた不思議な男の話

昔、黒島の多良間真牛が、ふか（方言ではサバといいます）に助けられたという昔話は有名ですが、波照間島から西表島の崎山村の裏海岸まで、ふかに乗って渡った不思議な男がおりました。それは大正一〇年の夏のことでありました。当時、わたしは崎山村に住んでいました。二〇歳でした。お盆の後とてゆっくり体を休めているとき、舟浮村の山田石戸伯父さんが来て、西表炭坑の宿舎の屋根の葺き替えをする茅を刈ってくれないか、との相談がありました。当時はあまりよい金もうけの仕事もないのですぐに承知し、舟浮、網取、崎山の三村から希望者を集めました。茅刈りの現場は崎山村から南方約二キロメートルの、崎山節にうたわれているユクイ頂（チジ）の下の方で、舟浮の人たちは崎山村の総代・宮良松さん方に合宿しておりました。崎山村から現場までは一時間ほどで、毎日午前八時に出発し午後五時半ごろ帰っていました。旧の七月二四日、いつものように出かけるとウイカブッタというところの田のあぜに男が裸で寝ているのを発見しました。皆は炭坑のピンギムヌ（逃亡者）に違いないと話しました。当時は炭坑の苦役に耐えきれず逃げ出す者がたびたびいたからです。その田の持ち主の蓋盛石戸さんが、この男は死んでいるのではないかと近寄ってみると、男は急に起き上がったのでみんなはびっくりしました。

蓋盛さんやわたしがいくら話しかけても一言の返事もしません。これは不思議だとよく見てみると腰にアンチク（漁に出るときつかうかごのようなもの）を縛りつけてあり、その中には水中めがねが入っていたので、炭坑の逃亡者ではないと初めてわかりました。食事のことを尋ねたが、それにも返事をしません。しかしだいぶ腹をすかしているように見受けられたので崎山村にもどって宮良松総代にことの次第を報告しました。総代は早速役員に通知して救護にかけつけました。ご飯やお茶、それと着物も用意して行きました。今度は何か話すだろうと思っていると、今度も話しません。ただ目をキョロキョロしているだけで一言も声を出しません。仕方がないので持参したご飯やお茶を与えたところ、見る間に全部平らげてしまいました。村に連れて帰ることにして着物を着けさせて歩かせようとしますがどうしても立ちません。一同困ってしまい、また、不審に思って病気でもあるのかと調べてみると、両股の内側が真赤にただれていました。なるほどこのため歩けないのかと合点して、木を切って急ごしらえの担架をつくり、これにのせてイドゥマリの浜まで運びました。残りの人は崎山村にもどり、舟をイドゥマリの浜に回させ、そこから内離島の南風坂にある巡査駐在所に行き、事の次第を話して巡査にその男を引渡しました。そこで今度は巡査が調べましたがやはり何も話しません。巡査も困ってしまいました。夕暮になったのでわたしたちは男を残して南風坂から崎山村に帰りました。駐在巡査は大急ぎで文書を作り石垣島に照会したところ、相当の日数がたってから、波照間島に行方不明者が一人いるとの申し出があり、関係者がやってきて連れて帰ったといいます。その話によると、このものを言わない不思議な男は垣本松という人で、口が不自由でありました。なるほど、ものを言わないわけであります。彼はお盆に魚取りに出たまま行方不明になっており、波照間では死んだものとあきらめ、捜索を打ちきり、その家では四九日の焼香も済ましていたそうです。ところが、この行方不明となっていた人間が西表島で救助されていました。台風後の二二キロメートルの荒海をどうやって渡ったのか誰もその事情はわからず、ただ不思議な話であると言っていたそうです。

波照間島出身の仲本信幸さんが琉球政府八重山地方庁長だったころにこの話をしてみたことがあります。仲本さんも不思議に思い、あるとき彼に会い、よくよく尋ねてみたところ、なかなか言わなかったが最後に「自分はサバに乗っていました」と話したといいます。わたしは垣本松の内股のただれていることを見ているので、それは本当のことであろうと思いました。この事件があった当時、波照間島では昔、崎山村の村建てのときに道切りの法で泣く泣く崎山に連れていかれた人々との関係が、いろいろと取りざたされていたということです。この話は六〇年以上も前のことです。

［編注。新城祐吉さんが、雑誌『えとのす』の二号に発表された「沖縄通信　波照間島」という記事を見ますと、波照間島の外（フカ）部落に、垣本という家があります。屋号はカツァムテーというそうです。崎山ユンタという歌を即興でうたったのは、垣本ナベマという女だったと伝えられていますが、その子孫であるらしい垣本松の不思議な崎山漂着は、とうてい偶然とは思われないというわけです。喜舎場永珣先生が沖縄タイムスから出された『八重山民謡誌』の三九三ページに、この歌は加勢本家のばあさんが歌い出したと記録しておられるのは、垣本の誤りのようです。最近ではこんな漂流記があります。一九七一年ころ、波照間島から直接海外に雄飛することを夢見た中学生二人が食糧を積んでひそかに小舟を漕ぎ出しましたが、波にかいを取られて漂流し、舟は黒潮に乗って崎山村のすぐ南の鹿川湾に着いたそうです。］

鳩間島沖の海底火山の噴火

大正一三年一〇月三一日の朝、鳩間島の北東方一二海里の海底で大噴火が起きました。そして莫大な量の軽石が噴出しました。そのころの沖縄～宮古～石垣～西表～台湾航路には湖南丸と湖北丸という、二千トンぐらいの船が二隻ありました。ちょうど台湾から西表に入港した湖南丸が西表の白浜港を出てウナリ崎と鳩間島との間にさしかかったところ、海面がびっしりと軽石でふさがり、通りぬけることができませんでした。それでいったん白浜港までもどりあらためて出港したことがありました。これは、ちょうど公用で石垣に出るために湖南丸に乗っておられた入伊泊清光先生からうかがった話です。

昭和元年の大台風

昭和元年丙寅（ひのえとら）年の旧暦八月のこと、網取では入伊泊マナシばあさんの古稀（七三歳）のお祝いをするため、祖納・舟浮など各村、各方面に案内を出して、大勢のお客を迎えて盛大にお祝いをしました。祖納校の教職員の方々多数と、鳩間島出身の通事先生もおいででした。他村から舟でいらっしゃったお客さんたちは、お祝いが終ったら夜にでも帰るつもりでした。ところが、おりから吹いていた風は次第に強くなり、帰ることができません。台風の知らせが届きましたので、泊ることにしましたが、風は夜半には大変強くなりました。夜が明けるころから風はしだいにおさまりました。風がおさまったから大丈夫といって、みんなが二日目のお祝いをしようと集まってきます。ところが、お祝いの準備の手配をしているうちに風が急に吹き荒れてきました。道具を片付けているうちに村の後ろの方の家がかたっぱしからひどく揺れます。そのうち、嘉弥真真弥さんの家がつぶれ、村仲家もつぶれ、つぶれなかった家も柱がみな敷石から吹き落とされてしまいました。瓦葺きの家の瓦は吹き飛ばされます。新しくたったばかりの長浜山戸さんの家を避難所として老人・子供・病人をみな家の中に入れて、若者は外から角材で家を支え、風の凪ぐのを待ちました。ようやく風がおさまって、家々を見回りましたが、みんな被害を受けて半分倒れている家もあり、カヤを吹飛ばされている家も多く、それはもう大変な被害でした。そして、村では、この被害から立ち直るまでに毎日毎日、働かなければなりませんでした。

鹿川村跡に一人暮した小山志加さんの思い出

崎山村の南の方に鹿川村という村がありました。この村は、明治四四年に廃村になりましたが、その後も一人暮しのおじいさんが住んでいました。この人の名前は小山志加といい、鹿川村出身でしたが、島の人々にはカノウジーつまり鹿川じいさんというあだなで親しまれていました。

始めのうちは、前底イチャーという体の不自由なおばあさんと一緒に住んでいたのですが、このおばあさんが亡くなったあとは一人ぼっちになりました。さわがしいのが大嫌いで、犬だけが家族という生活をしていました。犬は七匹いて、アカ、シロ、ダブー、アイシツァ、トゥカツァーなどと名前をつけて、家のなかに布きれを置いてその上に寝かせて、バナナを二本ずつやっていました。犬が海でくわえてきた魚を燻製にして、村へもってくることもありました。鹿川じいさんは声がよく、歌が上手でした。月夜の晩など好物の酒があれば、一人浜辺へおりてウハラクイチ節などの鹿川の歌をうたったりしていました。鹿川の人の体つきの特徴なのですが、鹿川じいさんは、すねが長く、背の高さも六尺近くありました。岩場を跳んで歩く生活になれているせいか、歩くのが早く、とくに天秤棒で荷物をはこばせたら、かなうものはありませんでした。

このおじいさんには面白い話がいろいろ伝わっています。

鹿川じいさんが船員にマチを見せた話

北風の強い冬になると、西表島でただひとつ南に向いた鹿川湾は池のように波が静かです。それで大きな船がよく避難に入ってきたものです。ある船が風を避けて鹿川湾に何日か停泊していました。食糧が乏しくなってきたので補給をしようと考えて、鹿川村の跡にひとり暮している鹿川じいさんに案内を頼みました。「おじいさん、この近くに町はありませんか」とたずねると、鹿川じいさんは「マチなら大きいのがありますよ」と答えました。喜んだ船員たちをひきつれて、鹿川じいさんは鹿川の前の浜の南の端のウブドーの浜から山の中へ入っていきます。二時間も歩いてシムンダの水田地帯をすぎ、やがてみごとな松林のところまで連れていきます。船員が「おじいさん、ずいぶん山奥にいくんですね。本当に町があるんですか」と聞きますと、鹿川じいさんは、とりわけ太い松に抱きついて「クリクリ、クリドゥマチ（これこれ、これこそマチですよ）」といいました。船員たちは笑いをこらえて「松じゃなくて町ですよ」と説明するのですが、今度は「ああ、たばこを吸うのかね」とマッチを出してみたりします。店屋があって物が買える場所だとようやく納得して、また山から降りてこんどは舟浮村まで案内したことがあったよ、と鹿川じいさんはわたしに語ってくれました。

鹿川村の殺人事件

もとは鹿川村の人で、南風見に移り住んでいる佐久本方一（もとの名前は奈利武宜志）という人がいました。弟は奈利亀といい、二人兄弟でした。この二人が殺されるという大事件がありました。わたしが二三才頃のことと思います。兄弟は、先祖伝来のお墓が鹿川にあるので、鹿川と南風見と行き来していました。旧正月一六日は祖先の正月ともいい、二、三日前に墓の掃除をする習わしですので二人は南風見から鹿川に墓の掃除に来ました。その帰りのこと、夜の潮のひいた時に魚を捕って、帰って一六日祭の御馳走を作ろうと思いウブヌの浜の岩屋に泊りました。ところが夜中に突然人が忍び込み、眠っている二人を刺し殺し、クチ（和名トウツルモドキ）という山かずらで首を縛り、海に引きずり出しました。ちょうど干潮であったので瀬のバリ（割れ目）の石の穴にかずらをくくりつけ、持っていたお金は全部取上げて、死体はそのまま捨てておきました。満潮になってかずらが切れて死体は新城島に流れ着きました。

それから警察の手にかかり、村々に手配して探しましたが犯人は見つかりませんでした。巡査が三人来られ、嘉弥真次良さんを班長として嘉弥真義佐（のちの大山長孝）さんとわたし、川平永美の三人の村人に、崎山の山中を捜しに行ってこいとのことで、一日じゅうニシドーからウツムリにかけて山中を走り回りましたが何のてがかりもありませんでした。あとで聞いたところ、犯人は石垣島に渡っており、石垣島で捕まえたとのことです。

鹿川じいさん　那覇の辻でみやげを貰う

鹿川村での殺人事件があったあと、裁判所は、鹿川村でひとりで暮している鹿川じいさんこと小山志加さんを証人として網取部落に手配しました。ところで、鹿川じいさんが裁判の証人として那覇に行ったときの話は、笑い話のようです。以下の話は鹿川じいさんがわたしに話してくれたものです。

鹿川じいさんは、裁判所は初めて、また、那覇に行くのも初めてでした。当時の遊廓である辻にも行きました。まず裁判所の話です。裁判所では所長から色々な注意があり、裁判長が「シャクシのようなもの（木槌）」をたたいて裁判が始まりました。鹿川じいさんはただありのままに話しました。島の方言でいうと、そばに通訳する人がいて、鹿川じいさんが言ったことは逐一裁判長に通訳してくれました。ときには話が違うと言って裁判長が木槌で机をたたきました。鹿川じいさんは驚きましたけれども、何も悪いことはしていないのだから、と思ってじーっとしておりましたら、しばらく話し合っておられたそうです。二、三回も木槌で机を叩いたでしょう。そのあと二、三回質問されて、それではよいと言われて用件は済みました。用事をすませた鹿川じいさんは安心して裁判所を出ました。それから辻で接待をうけました。ちゃんとアングワーとも遊んできました。八重山に帰ると言うと、そのアングワーはカタミ（みやげ）といってその女が身に着けていた着物と帯をくれました。喜んで持って帰り、着てみたら村の人に笑われたので、そのままこしまってある、と鹿川じいさんは話していました。

鹿川村の軍艦イシタじいさん

鹿川村に前底石戸という人がいて、軍艦イシタというあだ名がついていました。前底家は、鹿川村の有力者で、お役人が来られたらこの家に泊めたものだそうです。酒を飲むときまって「自分は浜でお金がつまった箱をひろったから、軍艦を一隻買うつもりだ」というのが癖でした。当時は、蒸気船のことをグンカンといったのでしょう。前底一家が石垣島に移転した時には、三人で抱えるような大きな松をくりぬいた丸木舟を作って、家財道具をみんな積んで出帆したのですが、急に北風が吹いて南に流され、波照間島に流れついてあやうく命拾いしたそうです。

［編注。これは、安渓遊地が、前底石戸さんの実の娘の前底マナビさんから聞きました。］

崎山半島の地名

崎山は、方言ではサキヤマではなく、《サキャぁ》と鼻に抜ける発音をします。村の内外には、たくさんの地名があります。まずは、村の外の主な所をご案内しましょう（図31）。

村の前に広がる入り江を方言では《サキャぁヌトゥマリ》(崎山の泊)といいます。湾の内には北西の沖あい約二キロメートルまでサンゴ礁が伸びています。湾の奥の入江には川の砂が積もった砂地が広がって潟（カタバル）になっています。村の東の方からご案内しましょう。村のすぐ南東に流れこむ小川はパインタカーラです。パインタとは南側という意味で、村の南の方にあるためにこう呼んだのでしょう。それからすこし海岸線にそって歩くと崎山湾の東の隅に流れ込むマングローブのある川に出ます。ここはウボミナトゥ（湊）といい、上流の方はウボカーラといって名前が変ります。ウボカーラに沿って鹿川村へ出るウサラ道という古い道があります。

ウボミナトゥをすぎた一帯はウラナーという緩い傾斜地です。ここから北には、海の中に岩がいくつかあり、名前がついています。始めの大きな石は、二つならんでいて、アカイシとよんでいます。崎山口説に「赤石盆山二つ見え」と歌われているのがそれです。そのつぎがバリイシで、これは割れ石という意味です。名前のとおり縦に割れ目が入っ

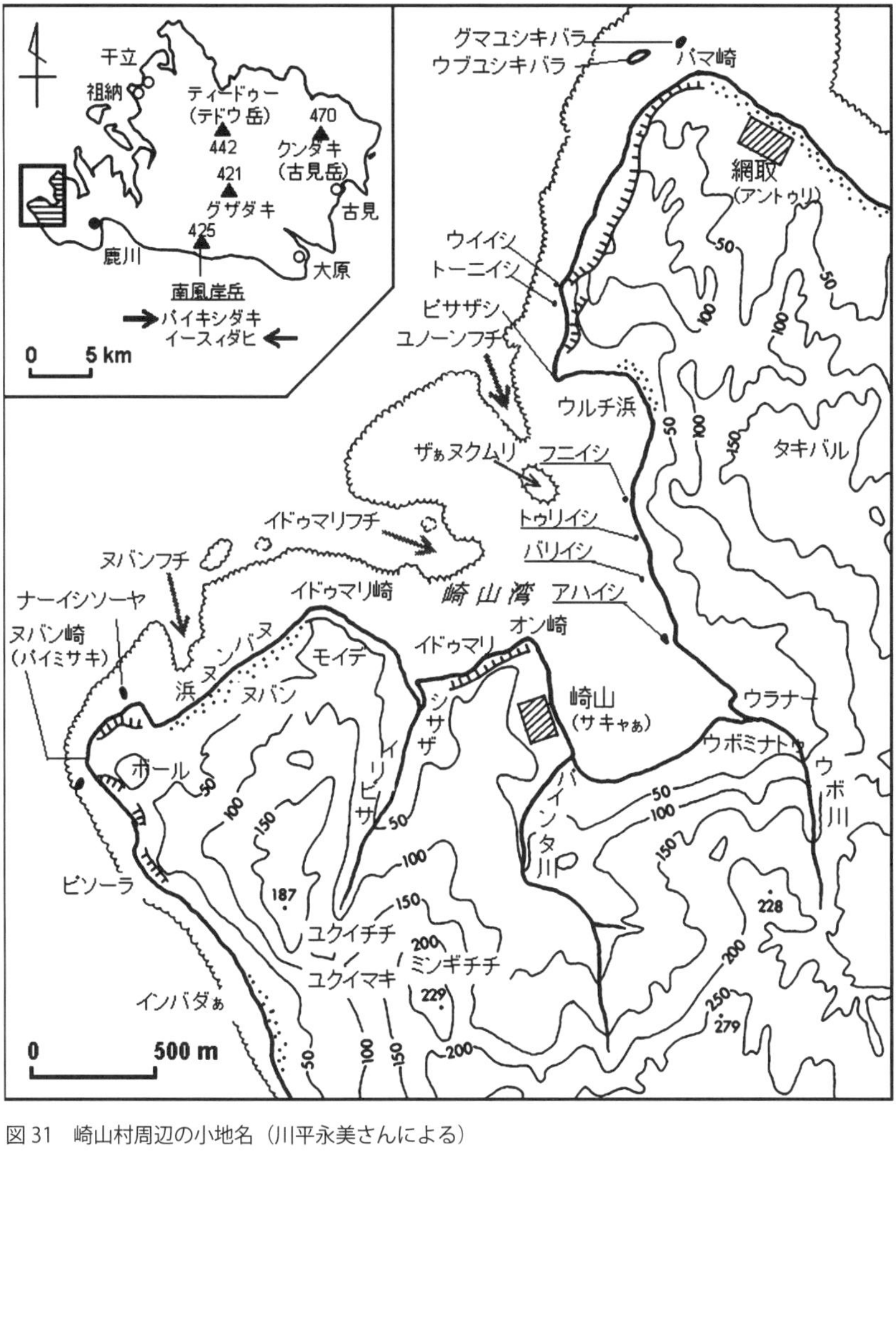

図 31　崎山村周辺の小地名（川平永美さんによる）

ています。それから、トゥリ石、フニ石とつづいて、タツァぁの浜を通るとウルチ浜に着きます。ここからひと山こえればもう網取村です。わたしが小学校へいくために通ったのがこの道でした。

村の西の小さな岬をアントゥリザシと呼んでいます。網取崎という意味ですが、なぜ網取崎が網取村になくて崎山村にあるのかはわかりません。

網取崎をこえると、すぐ浜があります。ここを伊泊（イドゥマリ）と呼び、その北側のサンゴ礁の切れ込みはイドゥマリフチ（伊泊津口）です。イドゥマリフチの西にはヌバンフチというもうひとつの津口があり、与那国島に向かっているのでユノーンフチ（与那国津口）とも言っています。

崎山湾の中央にサンゴ礁の大きな池あり《ザアぁヌクムリ》（ジュゴンの池）とよんでいます。これはこの池にジュゴンがよくいたから付けられた名前だそうです。

崎山村の西には野浜崎（ヌバンザシ）という岬があります。崎山では一〇〇メートルほど向こうのもうひとつの岬をパイミサキと呼んでいます。

ヌバン崎の上の小山のことをボールとも呼びましたが、これは「望楼」のなまりです。日露戦争のおりに日本海へ向かって北上していくバルチック艦隊を発見した海軍の望楼があったのです。

ヌバン崎をこえ、崎山村からおよそ三キロメートルの海岸にピサイシ（平石）という、大きな岩があります。上が平たいので平たい石という意味でピサイシと呼んだのでしょう。ここはビラドー村のゆかりの地です。このあたりの海岸は、岩がごろごろして、高さ二〇〇メートルぐらいある急な斜面が続いています。

ピサ石から一キロぐらい行くとウビラ石につきます。ウビラ石は海岸線から海中に突出した七〇メートル四方ほどの平たい一枚岩です。上の面は平たくなっていて、山の側から海の側にだんだん高くなり、最後は切り立った崖になって海に落込んでいます。ウビラ石の上面にはいちめんに魚の鱗のような模様が刻まれています。この模様が方言でウビライユという大きな魚（ベラ科のメガネモチノウオ）の鱗とよく似ているのでこの名前がついたそうです。

しばらく海岸の岩の上を跳んで歩いて行くと、ペーブという場所にきます。ここにはペーブ石という、海岸から斜めにつきだした巨大な岩があります。海側は高くなっていて、上の面は平たくなっています。糸満の漁師たちはこの岩をパティルマクェーズつまり波照間喰石と呼んでいるようです。岩が波照間島めがけて喰いつこうとしているような異様な形をしているからです。

やがて鹿川湾へまわる落水崎（ウティイミ）にさしかかります。ウティイミというのは「落ちる水」の意味があります。岬の近くの海に面した崖に水の豊かな滝がかかっています。これが落水滝です。この滝は鹿川村の水田地帯の下田原（シムンダ）の水を集めて落ちていて、滝の上には広大な水田跡の湿地が広がっています。このあたりのサンゴ礁は、魚がとても豊富です。

鹿川湾が見えてきました。鹿川村の跡が急傾斜の茂みの中にあります。鹿川湾の奥はサンゴ礁がなく、砂が厚く堆積した浜になっています。この浜をウラブぁとよび、ここにある大きな洞窟はウラブぁイリャーという名前です。鹿川にいのしし猟や魚捕りに来る地元の人々が泊るために利用してきました。鹿川村がまだあったころ、旧暦四月中に子供が生れる場合は、村で産むと稲の成長に悪い影響があるというので、この洞窟の中で産みました。この時期には大工仕事がたてる音もよくないそうで、建具を作ったりするのもこの洞窟の中でした。

［編注。図31には、海岸近くの地名と山の中の地名をできるだけ詳しくのせました。いのししの害を防ぐための石垣や、昔のお役人が通われた道なども示してあります。網取村の近くについては、山田武男さんの『わが故郷アントゥリ』の八六、八七ページに詳しくのっていますから簡単な扱いにしておきました。］

ピラドー村の跡

ピサ石の附近の原野は、ビラドーという地名で、ここに昔ビラドー村があったそうです。ピサ石の上の方は急傾斜地で、ピサイシカーラという小川が流れています。この川を登りつめると、ウツムリという崎山村の水田跡にでますが、このウツムリの水田の南側にビラドー村の跡があります。この村は「ピサイシ村」と呼んだという言い伝えもありますが、歴史の記録のうえにもまったくその名は出ておらず、いつごろできて、いつ廃村となったかも明らかでありません。しかし、わたしは二六歳のころ、妻の父親の新盛伊賀真じいさんにつれられてビラドー村の屋敷の跡を見たことがあります。村の跡は、高くなった場所で、草木が昼なお暗いまでに生い茂っていました。とても村のあった場所だとは思えませんでした。川をはさんで反対側の平坦地に御嶽のあとがあると説明されました。ウツムリの田の山側の崖の下にはお墓も点々とあります。赤嶺ナシキさんがお若い時みたら、ススキを焼き払ってある場所に茶碗のかけらや鉄鍋の破片がたくさんちらばっていたそうです。今は御嶽の所を牧場にしたためにあとかたもなくなりました。

漂流してきた仲之御神島

これは、ビラドー村につたわる昔話です。ある日、大雨が降って田畑の仕事にも行けないので、村の人たちは、海岸近くのある家に集って、よもやまの世間話に花を咲かせておりました。そのうちの一人が用便で外に出てみると、あら不思議、見たこともない大きな島が沖から、フワリ、フワリと浮いて流れて来るのです。驚いて「おーい、島が流れて来るぞお」と大声でさけびました。しかし人々は「そんな馬鹿なことがあるか、冗談言うな」と相手にしませんでしたが、もう一人が出てきて見てなるほどと確認し、家の中に向かって「本当だぞお」と叫びましたそれでみんなドヤドヤと出てきて見て「あー本当だ」と驚きました。島はしばらく流れていましたが、まもなくピッタリと動かなくなってしまいました。みんなは「もう少しだまっておればもっと西表島近くまで寄って来たのに」と、くやしがりました。ビラドー村の人々は、南の海から神様が流れて来られたのだと信じて、この島にナーリウガンつまり「流れ神」と名付けました。これがのちにナリワン、さらに変化してナニバンなどと発音されるようになったということです。波照間島がちぎれて流れてきたのだという人もありましたが、波照間島に行って見学した時にも島がちぎれたような跡形はありませんでした。この島は今ではナカヌウガンジマ（仲之御神島）とよばれています。

ふくろうに滅ぼされたビラドー村

西表島では、チコフーというふくろう（リュウキュウコノハズクという鳥で、石垣島ではチィクグルといいます）が猫のような不気味な鳴き声で鳴くと、「チチナビヌカキシナミンタぁチクンドー（土鍋のかけらで目玉をくりぬくぞ）」という意味の呪文をとなえる習慣があります。するとふくろうは驚いて飛んで逃げて行くと言われています。これにはビラドー村でつぎのようなことがあったという伝説に基づいています。

むかし西表祖納村の大竹祖納堂儀佐が与那国島を征伐し、てむかう悪者どもをうち殺しました。この時殺された与那国島の人々の霊がチコフーと化して大群をなして海を渡って祖納村を襲い、怨念をはらそうとやってきたのです。しかし大竹祖納堂儀佐はなかなかの物知りで占いをたてて早くもこのことを察知し、チコフーの大群に向かって呪文をとなえながらクバ（ビロウ）の葉の大うちわであおいで風を起こしましたすると、うちわの風はすごい大風となって、ついにその大群を遠く南の方へ吹き飛ばしてしまいました。そのためにチコフーたちは祖納村に入ることができずに南の崎山半島南岸のビラドー村を襲い、人々を食い殺しました。しかしおばあさんがただ一人土鍋をかぶって隠れ、近寄るチコフーに土鍋のかけらをたたきつけて殺し、助かりました。ビラドー村は、この時に人がいなくなり廃村になったということです。

このようなことがあってから、西表島ではチコフーがなくと「チチナビヌカキンナ　ミンダチクンドー（土鍋のかけらで目玉をくりぬくぞ）」と呪文をとなえ、チコフーはこれをきくと驚いて逃げるようになったということです。この話はわたしが若いころ崎山村でおじいさん、おばあさんから聞いて覚えている話です。

マイヌトー村

マイヌトーは、パインタ川の上流の約八〇〇メートルのところにあり、昔、いつのことかわかりませんが、ここに村がありました。そして、今でも井戸の跡が二か所あるというので見に行ってきました。村には人が何人くらい住んでいたかも定かではないのですが、一つ、二つ祖父から聞いたことをあげてみましょう。

あるとき、村の用達らしい人が来て「今日はウヤマリピトゥ（今で言えば役所の出張員）が、村の事情を調べるためにいらっしゃいます」と、伝えました。そうすると、村人たちは「ウヤマリピトゥは、目も鼻も口もある人か」と言ったので用達が驚いていると、「あんな人が来たら、お湯を沸してゆでて帰せ」と言って相手にしないので、用達は「人間らしい心がある人とも思われない。無情なことをいう人だ」と思って黙って帰ったそうです。これは祖父からもまた、赤嶺ナシキさんからも聞いたお話です。崎山では、珍しい人が来たらみんな集まってきますが、それを「マイヌトームラヌピトゥニシ　ピトゥヌキャピトゥミル」つまり、珍しいマイヌトー村からの人を見物するように外来者をじろじろ見る、という言い方がありました。

［編注。祖納にも同じようないいまわしがありますが、なぜか「サキャぁピトゥニシ　ピトゥヌキャピトゥミル」つまり「崎山の人を見るように来る人をじろじろ見る」というのです。］

マイヌトー村の千人墓

この話は祖父と崎山村の赤嶺ナシキさんから聞いたものです。マイヌトー村に突然、悪性の流行病がはやり、村中の人が次々に病いにかかりました。みな病床についているので看護することもできず、ついに死者が出ました。しかし葬式をする人もいません。しかたなく死人の髪の毛を切り、それにタマシ（魂）を込めて葬式としました。墓に切ってきた髪の毛を葬ったそうです。このようにして葬ったのが千人に及んだので、これを千人墓（シンニンパカ）とよぶようになったそうです。千人墓は簡単な作りで、二坪ぐらいの敷地に石を四角くおいて、その上に四尺角ぐらいの海石（方言でカサライシという）が二枚載せてあります。わたしは営林署の職員の人を案内した時に、だれかが中を開けてあったのでのぞいてみたのですが、この墓の中には白い頭蓋骨が二、三個と壷のかけらぐらいしかないようでした。

鹿川村の人びと

鹿川村の創立は不明ですが崎山村創立時にはすでにありました。明治四四年に廃村になり、鹿川を引き揚げて、網取の東の内田原（ウチトゥール）の原野に移転しました。この時、御嶽も共に移転しました。当時の戸主は次の通り一一戸でした。わかる範囲でそれぞれの屋号を添えておきます。

村仲伊志戸、ムランケヤー。南風野真名、パイネーヤー。大久山戸、ダイグーヤー。真地加那、小山志加、クエヤー。白水真那、サインチヤー。辻野石戸、ティチネーヤー。奈利亀、奈利武宜志、ナーレーヤー。波照間加那、パトゥレー。真山亀、モイデー。真地加那、マージーヤー。右の通り、内田原にて村建てをして住みました。

このほかに鹿川には次の家がありましたが、廃村になる前に移転したり、廃家になったりして、内田原には来なかったひとたちです。まず屋良部亀、ヤラブイヤーは、崎山を経て網取に移転しました。大浜長章は祖納に移転し、子孫は今でもカノヤー（鹿川屋）と呼ばれています。前底石戸、マイスケヤーは、石垣島に出ました。玉代勢秀次、タンダイセヤーという人もありましたが、崎山に移転していたのはこの人かこの人の子供のようです。川底ナヒ、カースクヤー。登野城イカヒ、トンスクヤー。慶田城マイツの三人の女の戸主がありました。

大正三年頃には、真地加那は崎山に移転し、奈利亀と奈利武宜志は南風見に移転し、辻野石戸、波照間加那、真山亀の三人は病死しました。一人、小山志加は鹿川に戻りました。村仲伊志戸、南風野真名、大久山戸、白水真那は、網取に移転しました。その二、三年後に、白水真那は病死しました。

鹿川湾のナズニ（中瀬）

西表島の西南端に鹿川湾がありその湾奥には鹿川村がありました。この鹿川村は明治の末に廃村になりました。鹿川湾の中央附近には、ナズニと呼ばれている、サンゴ礁の浅瀬があります。このナズニの潮鳴りで、台風や、大雨の近づいていることがわかるので、鹿川、崎山、網取村に住む人々にはなじみ深い地名でありました。鹿川のナズニにはウランタピーという別名があります。ウランタというのは人喰いの国を指す方言、ピーは瀬のことです。こんな名前がついたのは、このナズニに次のような言い伝えがあるからです。

昔、鹿川村では稲の刈り取りがすむころになると、どこからともなく「ピトゥファイシマヌフニ（人食い島の船）」と呼ばれている、外国の大きな海賊船がやって来て村に上陸し、村中を荒しまわり、米やその他の食糧を奪い、人間がいたら殺して食べるというのです。村人は非常に恐れて、この船が姿を見せると、いっせいに一人も残らず山の中に逃げてかくれ、船が出ていくのを見届けてから村に返ってくるというありさまでした。村では毎月、一日と一五日は村の守り神である鹿川御嶽参拝の日で、南風野屋（パイネーヤ）の神司が御参りをしていました。その御嶽参拝のある日に、神司は子供を家のヨイサ（ブランコのようなゆりかご）の上にねかせて御嶽にでかけたところ、急に人食い島の船がやって来ました。村人は一散に逃げて、山の中にかくれましたが、神司は家に帰ることもできず、子供を残して山に逃げるわけにもいかず困ってしまい、今はただ神の御力にすがるほかはないと思い「神様どうぞわたしを護って下さい」と一心に祈り、御嶽の中門の石の傍らに身を寄せふるえておりました。すると海賊たちはきょろきょろ御嶽の境内を歩きまわり「ピトゥヌカザドゥス（人間の臭いがするぞ）」と言って鼻をぴくぴくしながら探しましたが不思議に神司の姿をみつけることはできませんでした。神司はやっとの思いで虎口を逃れて急いで家に帰ってみると、自分の子供はすでにさらわれてそこにはいません。狂気のようになった神司は急いで浜に行ってみると無残にも子供は殺されて頭だけが砂浜に打捨てられています。そしてその鼻の穴にはどういうわけか小さな花がさしてありました。海賊たちの船はすでに岸をはなれて沖へ沖へと進んでいました。神司は急ぎ再び御嶽にもどり神前にぬかずいて「神様。どうかこんなむごい無法なことをする海賊船を海の底に沈めて下さい」と一心に祈り、そのまま気を失ってしまいました。このとき不思議なことが海の上で起こりました。海賊船は、風も波もないのに急に傾きはじめ、悪いことをした海賊もろともに転覆して海の底に沈んでいきました。この海賊船の沈んだところが、その後砂が積って浅瀬となり、ナズニと呼ばれるようになったということです。これはわたしが若いころ鹿川村の老人からきいた話です。

さて、不思議なことに外洋からこのナズニに打ち寄せる波の音で台風や大雨のことがよくわかり、村の人はまるで測候所のようだと話していました。その音は崎山・網取村にもきこえるほどでした。わたしは去る昭和五二年七月、営林署に頼まれて国有地と個人有地の境界確定の仕事で崎山を案内しました。七月三〇日のこと、網取から崎山への道の降り口にあたるタツァぁの浜にある岩屋の下にキャンプをしていると、夜になって鹿川のナズニの波が鳴る音がし始めました。わたしはこれを聞いて一刻も早く舟浮に避難するように注意しました。営林署の方はみんな「明日の朝にしよう」という意見でしたが、わたしが強硬に主張したので夜発って帰り、午前一時三〇分頃無事に舟浮につきました。果たして翌朝は激しい台風となりました。やはりナズニの予報は間違いありませんでした。わたしは戦前なが く崎山村に生活していたのでそのききわけがあったのです。

［編注。これは、一九七七年七月三一日の午前中に西表島を通過した風速六〇メートルを越える猛烈な台風五号です。ちょうど私は西表島にいましたが、倒壊する家も多く、大きな被害を受けました。もしも、一行が出発を翌朝に延期していたら、どんなことになったかわかりません。西表島の東部に住んでいる沖縄島からの移住者たちは、この瀬をドンミカサーなどと名付けています。ものすごい音をたてるものという意味のようです。］

網取村の海賊船のはなし

網取村では、毎年稲刈りが終ると、どこからともなく海賊船が現れて上陸し、村に入り込んで米などの食糧その他何でも手当りしだいに盗み、人でもみつければさらって行きました。だから、村人は海賊船を見つけたら直ちに村じゅうに伝え、山中へ避難しました。

ある年、海賊船が見えたというので、皆われさきに避難しましたが、おばあさんがひとり逃げ遅れて海賊に見つけられてしまいました。おばあさんは「わたしの命はこれまで」とあきらめて、むしろ落着いてすわっていました。賊はおばあさんのところへやってきて何か話しかけましたが、おばあさんには賊の言葉がさっぱりわかりません。おばあさんも賊にものを言いましたが、賊も意味がわからない。お互いに言葉が通じないので黙りました。突然賊がおばあさんの手を掴んだので、おばあさんも賊の手を掴んで、その指を口にいれて噛み切り、ちぎれた指をはきだして賊の顔に投げつけました。賊は驚いて、何かわめきながら逃げていきました。おばあさんの話によると、手まねで「自分らが人食いをすると思ったら、ここにも人食いをする者がいるぞ」と言って逃げたそうです。このようにしておばあさんは命拾いしました。

それから村人たちがもどってくると、こんど海賊が来たらどうするかを話しあいました。その結果、海賊は、来ると必ず村の東にあるシタタラカーラに水を汲みに行くから、川の上に石垣を高く積んでおいて、海賊がやって来たら、石垣を頭の上から崩し落としてやっつけようと決りました。すぐに石積み工事にとりかかり完成しました。さてその何年か後、「また海賊船が見えた」というので村人はすぐ山に避難し、男たちは積んだ石垣の所で待ち受けました。「来たら一度にいっせいに落とそう」と話していると、海賊たちが水汲みにやってきました。小舟を横着けにして水をとり始めた時、今だとばかりにいっせいに石垣を崩し落として賊を殺しました。水落の高さは四丈くらいです。水採りに来た賊は皆殺されました。生残りは船長の他に何人いたかわかりませんが、あわてて船を出し、網取の向いのアハヤという岸にいき、自分たちが乗ってきた船の形を石に彫り刻んで去りました。その後、網取には海賊の姿は見えなくなったということです。

［編注。同じ話が山田武男さんの『わが故郷アントゥリ』にのっていますが、海賊に噛みついたおばあさんの話ははじめてです。］

鹿川湾にいたワニの話

鹿川湾の一番奥まった入り江は、砂が厚く積ったきれいな浜です。島の人はここをウラブぁ（浦浜）と呼んでいます。あるとき、この浜のアダンの茂みの下に、大きな動物が寝たようなあとが五、六か所もあるのを鹿川の村人が見つけました。砂に残ったあとからは、うろこがある動物のようです。村人は不思議なこともあるものだと思いました。

そんなある日のこと、大潮の時期がやってきました。鹿川村の男たちは、誘いあわせて魚をとりにゆくことにしました。浜づたいにサンゴ礁を踏んでウティミ崎をすぎ、セーリ、クーラという場所を通って、ペーブという所までやってきました。

さて、鹿川村の男たちはペーブ石のそばで、巻網を使って魚をとろうとしていました。そのとき、岩の上で魚を見て合図する役目の人が「この岩のそばのサンゴ礁にできた池（クモリ）に変な動物がおる」と叫びました。形はヤモリに似て人間ほどもある大きさの見たこともない怪物がいるではありませんか。さあ、鹿川の男たちはあわてて、網もそのまま放り出して鹿川まで走って帰り、いのしし（カマイ）を突く槍（フク）を取ってきました。へたに手を出しては危ないということになり、干潮になるのを待ちました。まさかリーフの上を歩くことはできないだろう、と考えたのです。そして、念のため魚を酔わせる毒であるイジョーキ（和名モッコク）の木を採って、その樹皮をはいで、つぶしてから池にいれました。しばらくして、もういいころだろうというので、槍で突いてみますと、驚いたことに、この怪物は、イジョーキの毒に酔った風もなく、リーフの上に四足であがってきてものすごいあばれようです。槍で突いても刃がパチンと折れて皮を突きとおすことができません。その恐ろしいようすに男たちはわれがちにペーブ石の上に逃れました。ところが、この怪物は、ペーブ石の上にまでどんどんはい登ってくるのです。男たちはじりじりと高い岩の端においつめられていきます。もう後は海です。落ちれば命はありません。「今日はもう、部落全滅だ」と男たちは覚悟したそうです。そのとき、体が大きくて元気もあるヤマトという男が、魚を酔わせる樹皮をとったあとの丸太で、したたかこの怪物を後からなぐりつけました。ひるむすきに足元の平たくはげる岩をとってかわるがわる投げつけ、槍を打ち込んでとうとう怪物を倒しました。

怪物の重い死骸をひきずって村までもって帰り、腹を裂いてみたら、おなかの中には卵がいっぱい詰っていました。「これが全部かえっていたら、大変なことだったね」と村人たちは顔をみあわせました。みんなは「これはピトゥファイムヌ（人喰い者）だから卵は食べられん」といいましたが、ある老人が「自分はもう長く生きたのだから、こんな珍しいものを食べて中毒して死んでも本望だ」といって食べてみたそうです。そうしたら、とてもおいしかったそうです。皮と肉は、お役人様にさしだしたということです。

[編注。鹿川村でワニらしい動物がとれたというこのお話は、川平永美さんのお話に鹿川生れの屋良部亀さんにうかがったものを加えて安渓がまとめました。モッコクの樹皮のサポニンで影響を受けなかったのは、この動物がエラ呼吸でなく、肺呼吸をしていたことをしめしています。西表島西部の浦内川のタカピシという水田地帯の近くにもワニがいたという伝承があり、人間が泳いで渡る前にまず犬を泳がせたと伝えられています。平凡社から出ている『南島雑話』にも幕末の奄美大島でワニがとれたことが絵入りで載っています。ワニは、海水中でも生きられる動物です。ひょっとしたら、揚子江の河口あたりから黒潮に乗って流れてきたものでしょうか。]

鹿川村の娘にふんどしを取られた話

昔、鹿川村には、波照間島の船をつくる造船所があったそうです。波照間島には大きな木がないため、上納の米を積むための大型の船をつくることができません。波照間島の船のための材木は、ウティミの滝の奥を東に入った山が割り当てられていました。上納船は、玄米三斗入りの俵が三〇〇も積める大型船です。こんな大きな船をつくるには、鹿川の部落の下に小屋がけして六か月ぐらい泊りがけで働かなければなりませんでした。鹿川の部落の下のリーフを沖に向う割れ目が走っているのは、つくった船をまっすぐに進水させるためにつくった水路なのだそうです。

新しい船ができると、古い船は波照間島でばらばらにします。そしてクワの木でできたへさきの木だけをとりはずして、マドゥマリ御嶽に奉納します。ですから、昔は、マドゥマリ御嶽の中には古い船のへさきがたくさんありました。

廃村になる以前は、鹿川にも若い乙女たちが七、八人もおりました。いつも岩場を跳んで歩きますので、その身の軽さは、よその島の人間にかなうようなものではありませんでした。ある日のこと、船大工として働いていた波照間島の男が、一日の仕事を終わって、汗を洗い流していました。水あびを終わって見ると、はずして岩の上に置いたふんどしが見当りません。なんと、岩の陰にいたずら好きの鹿川の乙女が隠れていて、大事な布を取ってしまったのです。ここまでおいで、とばかりに白いものをひらひらさせて、岩の上を跳んで逃げる娘。男は、追いかけようとしますが、とてもそんなにすばやく岩を跳ぶことができません。大切なものは、へとへとに疲れるまで返してもらえなかったということです。

［編注。これは、波照間島の御出身で、竹富町長だった仲本信幸さんに安渓遊地がうかがった話です。実は、ふんどしを取られた男というのは、仲本さんのお父さんで「いやあ、今度はひどい目にあった」と話しておられたということです。］

崎山村の創立

宝暦五（一七五五）年に波照間島などからの強制移民によって西表島の西南部に崎山村が創立されました。崎山村を創立する条件として、次の四つの条件が挙げられていました。第一に、西表島の西北部に村落がなく、異国船の監視と難破船救助のために村落創立の必要があったこと、第二にはそこに良港があること、第三に、肥沃な土地と良田地帯があり、それを開拓すること、第四には、波照間島の人口の調節のためだったといいます。

波照間島から男八〇人、女二〇〇人の合計二八〇人、網取村から六三人、鹿川村から九三人、祖納村から一〇人、その他の村から一三人の、計四五九人を移民させて崎山村を創立するという陳情申請を、在番頭や西表の役人がなしました。宝暦五（一七五五）年、認可指令が下り、さっそく与人《ゆんちゅ》一人、目差《めざし》一人、筆者《ひっしゃ》二人などの役人を配置して、村の統治にあたりました。初代与人には、崎山寛紹、同目差に玉代勢秀継が宝暦五年九月二四日付けで任命されました。

［編注。この記事は、古文書によったものです。「慶来慶田城由来記」には「伊泊津口之故……崎山村建置候事」と記されています。その他の村から一三人というのが気になります。崎山村ができる以前からこのあたりにあったマイヌトーとかビラドーとかいう村から人を移したことをこのように書いてあるのでしょうか。それとも、マイヌトーなどという小さな村は、伝説どおり大竹祖納堂のころつまり一四、五世紀に滅んだのでしょうか。］

崎山村の命名

崎山寛昭が、琉球国王より与人を任命されて、波照間島から西表島の崎山村に来られて、その当時、無名の村であったので、与人の崎山氏が自分の姓をとって崎山村と命名して以来、崎山村と呼ばれるようになったともいいます。これはわたしが崎山寛紹の子孫にあたる、故崎山寛貴さんにお願いして祖先の家系図を見せていただいたものです。

ヌバンに建てられた新村

波照間島から、崎山半島に着いたときは、ヌバンフチ（野浜口）から舟を入れてヌバン（野浜）のカニクジ（兼久地、砂地のこと）に上陸して、まず、村建てをしたということです。はじめに御嶽の位置を定めて村のかまえをつくりました。ヌバンには今でも御嶽の跡が残っています。ヌバンは崎山村の共有地になっていました。有名な崎山節の歌も、ここで新村の建設の作業をしている時に、垣本ナベマというばあさんが波照間を思う一心で歌い出されたものがもとになっているとのことです。その歌を聞いて作業していたみんなが泣きくずれ、作業どころではなくなったのを見た役人たちは、このばあさんだけを生れ島へ送り返すことにしました。このばあさんに限って特別のはからいをしたわけは、こんな歌を次々に歌い出されたのでは大変だ、と思ったからだと聞いています。

ユクイ頂（チチ）

崎山村の南側の丘陵地を方言ではユクイチチといいます。崎山のユクイ牧（マキ）を見下ろす丘の上にあってみはらしがききます。晴れた日には波間はるかに波照間島が見えます。昔の方位石（カラパリ）がすえられています。西表の方言でユクイというのは「憩い」の意味で、チチは頂上を指すことばです。崎山節には、若者達がここに集って遊んだ「遊び端」（アシビパナ）として歌われています。

現在の場所へ移転

はじめに村を建てたヌバンという所は、大きい船の出入りには良い港であっても、冬季や台風季になれば、風は強いし波はひどいし、交通がとてもむずかしい場所でした。また、舟を引き入れておく場所もありませんでした。そこで、別の場所を捜すことになりました。まず候補になったのは、現在の崎山村跡の北東のウラナーという場所です。ここは傾斜もそれほど急ではないので村はつくりやすいと思われたのですが、東側が山にさえぎられていて、昇る太陽を拝むことができない場所で、フンシ（風水）が悪いという判断になり、やむをえず傾斜のきつい現在の崎山村の位置にヌバンから移ったということです。

崎山の旗頭

崎山には二つの旗頭がありました。東部落の旗頭はなぎなたの形、西部落のものは刺股のような形をしていました。これはわたしが作った模型で、八重山博物館に寄贈してあります。

［編注。崎山の旗頭は、二つとも登野城村のものとよく似ているようです。］

猪垣の建設

ヌバンから移って何年か後、猪の害が激しいというので石垣を積んで猪垣を作ることになりました。これには祖納・干立・舟浮三村の人を動員して作ったということです。琉球国王に陳情して許可されたものでありました。この時、平良仁屋という人が米俵何十俵かを長い猪垣を建設する費用として琉球国王に寄付したとして、国王より筑登之（チクドゥン）の位を授けられたということです。この猪垣の跡は現在も残っています。猪垣は、崎山部落の南側のパイタ川から山中を貫いてピサイシ（平石）まで四キロメートルあまりにわたってつくられました。その猪垣のあとは、現在ものこっています。

崎山の御嶽

崎山の御嶽の神の名前は「ヌスクバラ　パイチタリ」の神ともうしあげるそうです。ヌスクバラというのはヌスク森という意味だそうです。網取の御嶽の名前もパイチタリですが、これは、崎山が網取のウヤムラ（親村）であるためです。また、崎山の御嶽には額がかけてありましたが、それには「嵜山」と縦書きで書かれていたことをおぼえています。

［編注。ヌスク森という地名は、豊年祭の歌にも出てきます。網取の御嶽の名前は「フチコハラ　パイチタリ」で祖納の半島のフチコという地名とつながっています。］

火番盛のこと

昔は、人頭税やみつぎ物を首里王府に献上するための御用船が、年に一度島々、村々にまわってきたと伝えられています。島ではこの船をマーラン（馬艦）と呼んでいました。御用船が入港すると、それを島民に知らせるために船から空砲をうちあげました。この空砲の音を島びとはピャーとよんでおりました。この音が聞えるといち早く港の近くの火番盛にのろしをあげます。このろしというのは、焚火をしてその上に生の木の葉をくべて一段と煙をたかめとるのです。村々の高い山の上には火番盛がもうけてあって、それを守るための当番の役目がきめられていたというこです。網取のウルチ岳の火番盛にのろしがあがると、それを受けて崎山村のユクイ岳の火番盛にのろしをあげます。崎山村の次は鹿川村ですが、鹿川からは崎山ののろしが見えません。それではるか南の波照間島で崎山村ののろしを見て、あらためて波照間島の火番盛でのろしをあげて、鹿川村に伝達されるしくみになっていたといいます。

今でも崎山節やウルチ岳節をうたうとき、当時の火番盛のことや、波照間島とのつながりのことなどがおもかげとなって次々に浮んできてしかたがないのです。

［編注。これは、川平永美さんの伯父さんの山田満慶さんのおはなしを山田武男さんが書きとめておられたものによりました。川平

さんは、崎山の火番盛はユクイ頂の遊び場所の近くだった、と伝承されています。川平さんによれば、石垣島からの連絡は鳩間島―上原―外離島―崎山―波照間島とのろしの連絡をつないだそうです。空砲をピャーというのは「火矢」ということでしょうか。」

南風岸岳の洞窟の盗賊

クイラ川から南風岸岳（パイキシダキ）に至る道筋は、いのしし猟をするために歩いた地帯で、日が暮れればは山頂近くの洞窟パイキシイリャーに泊まることもできた。この洞窟には人頭税をのがれて盗賊になった人が住んでいたそうです。崎山村や網取村に下りてきては籾や牛を盗んで食べたいたようです。この盗賊はパイキシヌシトゥリ（南風岸岳の盗人）と呼ばれています。いまでもパイキシイリャーの前には彼らがクイラ川のマングローブ地帯で掘って食べた、大きな二枚貝シレナシジミ（方言キゾー）の殻がたくさん落ちているそうです。これは、山田満慶伯父とよくいのしし猟をした山田武男さんが話していました。

崎山村のその後の人口変化

創立の七年後、宝歴一一年には人口は三八二人と七九人も減っています。その後も減り続けたらしく、明治六年には六四人、昭和一七年には三八人になり、昭和二〇年に二五人となって、昭和二三年四月にとうとう廃村となりました。最後まで崎山に踏みとどまっていたのは、蓋盛、新盛、兼盛の三軒の家でした。

崎山にあった家のうち､次の家をおぼえていますので､名前と屋号を申上げておきましょう｡赤嶺ホナヒト、アガネーヤー。粟盛カマド、アームリヤー。大嵩津呂、ウタケヤー。兼盛次良、兼盛石戸、チカイセヤー。崎山志加、サキメーヤー。新盛伊加真、新盛志加、新盛善相、新盛鶴、シンムリヤー。平良加和利、タイレーヤー。田盛石戸、タームリヤー。蓋盛山戸、フタムリヤー。本名加那、プンネーヤー。前盛加那、前盛亀、マイムリヤー。宮良松さんは、イシケーヤー（士族の子供で、母親は石川という姓でした）。盛山久和利、モーレーヤー。山城保久利、ヤングシクヤー。

下底、シムシクヤー（古い廃家です）。このほかに、鹿川村が明治四四年に廃村になったあと、真地加那、マージーヤーと、玉代勢家が移転してきました。

村のあだ名

珍しいことに、西表の各部落には、祖納はスネカマイといってカマイ（いのしし）のような気性だとか、舟浮はフネーカミヌクーで海亀の甲らだとかいったように、それぞれあだ名がついています。崎山は、サキャぁミンピカといわれていました。ミンピカというのは、「耳に穴があいている」という意味ですが、赤嶺ナシキさんは「耳が良くてひそひそしゃべってもちゃんと聞いている」意味だとおっしゃっていました。網取は「アントゥリパイチマ」といいました。パイチマというのは、パイヌシマつまり「南の島」という意味のようです。西表の一番南にあたるという意味でしょうか、それとも御嶽の名前が「パイチタリウガン」だからでしょうか。鹿川は「カノーヤマミ」です。ヤマミというのは、セマルハコガメという山亀です。

［編注。波照間島のあだ名も崎山と同じミンピカです。これは、ミンピカという人柄のよい夫婦がおられたので、誉めてつけたといいます。ですから、崎山も波照間島からのわかれ村らしく、このあだ名に値する人々だった、ということだと思われます。祖納では、アントゥリピードゥともいっています。ピードゥというのはイルカのことです。それぞれのあだ名がもともとどういう意味あいでつけられたのかが今では忘れられているのが残念です。］

村の中に残るもの

村人が少なくなるにつれて、村の上の方からだんだん下の方へ家を移していきました。オイサー（村番所）のあとには、前盛さんが住んでいました。昔のお役人が石に刻んだ「泉水」の文字も残っています。オイサーの東側にも、昔はたくさんの人が住んでいたそうですが、早くに滅びてわたしが物心ついたころには、畑になっていました。御嶽の上の方にも段々に屋敷のあとがありました。オイサーの下には、ひとかかえほどの岩が二つ並んでいます。ここには、漢字でなにか刻んでありましたが、廃村のあとでだれかが別の文字を刻んでしまったため、今では読めなくなってしまいました。部落のすぐ下にある松は、野村松といわれています。これは、明治三一年に当時の野村道安八重山島司が崎山に見えたとき、この松の下で歓迎をしたからつけられた名前です。

Ⅱ　網取村の山田武男さんの伝承

以下は網取出身の山田武男さんの原稿を編集したものです。

西表島の西南部にあったわたしたちの村（シマ）網取が余儀なく廃村となったのは昭和四六年の夏のことでした。戦後、一時は二〇〇人もの住人がいた網取村も、昭和三二、三年頃から若者がどんどん町へ出て行き続けて村の人口が減り、昭和四〇年頃には学校の生徒数も学校運営が危ぶまれるほど減ってしまいました。昭和四五年には戸数が七戸になり、入学児童もいないので廃校になりました。それと時を同じくして三六人の村人は移住を決め、昭和四六年（一九七一年）七月一四日をもって村立て以後少なくとも三百数十年を数える網取村の灯は消え去りました。

網取村の村建ての時期は分かりませんが、正保年間（一六四四～四七年頃）に作られた記録には村の名前が見え、寛文四（一六五一）年の記録には網取村・舟浮村の人口が合わせて三八名と記されています。しかし、その後も村落民の信仰や生活等についてはまったく記録がありません。また網取村についての文献などもほとんど見つからず、各家にも系図などが伝わっていないので村落の歴史や昔の生活の内容を知るすべがないのが残念でなりません。

網取村は西表島の一角にすぎないのです。その背後には崎山村（昭和二三年廃村）があり、西表島の南西のはずれに位置して世の人々から陸の孤島と言われてきました。年中他村の人の顔も見ずしてこつこつと生活してきたその根性が集落を支えて数百年の歴史をつくりあげてきたと思われます。また、いまひとつ忘れてならない村があります。

鹿川（明治四四年廃村）であります。険しい山地を隔てて崎山・網取の反対側に位置する鹿川では、夏には東の風が絶えず吹きつけて海は魔物のように荒れ狂うのです。波の音にすべての物音がかき消される有様で海が穏やかな崎山・網取とは対照的な村であります。なぜに昔はこのような辺鄙な所に生活しなければならなかったのでしょうか。

網取を離れて石垣島へ

この先網取村がどうなるか、ふと村の将来を思い浮かべながらも、私は石垣島に移住する事を考えていた。子供たちの高校進学を考えると、石垣島に住んで子供を高校に通わせ、共に生活するのがよくはないか。亡くなった母の三か年の法事も済ませたある日、私は思い切って父に打ち明けてみた。ところが、父は思いのほか簡単に承諾してくれた。当時兄鐵之助は教職にある身で石垣島の野底の学校に勤めていた。それと、石垣島に住む父の弟である武三叔父さんが、二・三年前から石垣に移住してはと勧めておられる事を父は打ち明けてくれた。家族の話がまとまって、昭和四二年の八月に離島して石垣島に移住となった。

［編注。廃村当時の瀬戸弘町長と竹富町当局は、網取の宅地のほとんどを八千ドルで買い取ることを決定し、東海大学に無償供与した。一九七六年に東海大学海洋研究所西表分室が開所。一九八一年に東海大学沖縄地域研究センターの一部門となった。］

網取村とマラリア

「大正五年に悪性の感冒が網取村に大流行した。今思い出してもぞっとする」と言いながら、川平永美さんと山田雪子さんは語ってくれた。

感冒流行の時、永美さんは一四歳だった。「一四歳にしてよくも病人を看護し面倒を見られたものだ」と自負される一番初めに感冒にかかったのは伊泊イシガというおばあさんで家族に次々と感染し、あっという間に村全体に蔓延した。交通の便も悪く、陸の孤島として孤立していた村なので医者に診てもらいたくても医療設備すらなく、人々はただ神に祈るほかすべがなかった。当時の村の戸数は二三戸、人口一二〇人余だったが、その二三戸一〇〇人以上の人々がたちまちの間に病床に伏してしまった。元気に動けるのは永美さんと、山田満慶、嘉弥真鶴千代（のちの入伊泊清光網取小中学校校長）の三人。三人は恐怖の余りろくろく眠ることができなかった。

なんとかしてこの難関を乗り越えねばと毎日かわり番に病床を見舞った。幸い軽症の患者は、やっと這いながらでも自分の家族の面倒を見た。お互いにはげましあいながら頑張らねばならなかった。七日目にとうとう死者がでた。最初に病床についた伊泊イシガばあさんだった。次々と伊泊家から三人の死者が出た。新城・嘉弥真・村仲と病床に就いた順に死んでいく。ほんとうに怖かった。一日に三人もの人が亡くなった時には身の毛がよだつ思いがした。今でもその時のことが脳裏にこびりついている。夜になると淋しくて遠くで梟が鳴く。明日もまたどうなることかと考えたものだった。四、五日は毎日のように葬式があり、元気なのは三人だけなので棺桶を作る暇がなかった。致しかたなく毛布にくるんで埋葬された方もあった。ああ、なんたる残酷なことだろう。いつ自分達も……と考えるとぞっとした。

二週間が過ぎ、悪性感冒も次第におさまってきた様子で、永美さんら三人はどうやら感染から免れたようだった。悪性感冒で亡くなった人は八名、伊泊家では一時に三人も亡くなり、それは大変なことだった。一か月過ぎてやっとお互いの、また村全体の安否を知り、亡くなった方の冥福を祈った。ようやく暗黒の世界から這いあがり、村に光明の兆しが訪れ救われた感じがほとばしり、皆で手と手を取り合って泣いた。熱病がおさまり、村が元の姿を取り戻す事ができたのは、無医村にしてみれば、神の御加護と思われた（川平永美さんと山田雪子さんのお話）。

熱病マラリアとの戦い

西表島は全島にわたり、明治の中頃以前からひどい熱病があった。病名がはっきりしないまま、慢性になると血の小便をして、あとは死んで行く世にも恐ろしい病気である。特に子供達がこの病気に多くかかった。熱が出る前には、激しくふるえて、ふるえが止まると高熱を出し、熱が下がるともとの元気にもどりけろっとしている珍しい熱病だった。島の人々はこの熱病にある程度免疫になっていても、外来の方は激しい症状が出るのが普通で、このため西表島は「ヤキー（熱病）の島」と恐れられ、敬遠された。島に住む者にとっては、それは淋しいものであった。そして、西表島のなかでも網取の交通は舟だけが足であると言っても過言ではなかった。立地条件が悪いために政治的にも忘れられており、外来者の大半が白浜で泊まり網取まで足を伸ばす人はほとんどなかった。まさに陸の孤島と言ってよく、村で急病人が出ると、医者を迎えに漕ぎ舟で祖納までいったのだった。

炭坑の坑夫たちにも蔓延しているのを、坑夫の上司は仮病であるとして無理に坑内に入れ、栄養失調と高熱とで多くの人が死んだという。そのうち上司にも罹り、これが一種の熱病だと知り、本土から医者が呼ばれた。

検査の結果、熱帯地方にあるマラリアという熱病だとわかった。マラリア病は、三日熱・熱帯熱・悪性と三段階に分けられるが、とくに悪性マラリアとなると色々な病気を誘発し、後には全身が黄色になり血の小便が出て助からないことがある。さっそく県庁に報告され、県庁では一日たりとも猶予できないと緊急会議が持たれ、数名の医師が西表島に派遣された。検査の結果、島民の大半が感染している事がわかった。

さっそく八重山の支庁内にマラリア防遏《ぼうあつ》班がつくられ、治療が始まった。派遣の医師たちは炭坑に駐在し患者を一人ひとり診察したところ、皆脾臓が腫れ一刻も猶予できないことがわかり、治療にキニーネの投薬が始まった。この積極的に施策のお蔭で住民は大いに助かった。しばらくしてマラリア防遏班の名が変わり、西表マラリア防遏所となった。それと同時に沖縄島から治療に来ておられる医師の仲里朝貞先生が村医に配属になり、防疫医として活躍される事になり、今まで無医地区であった住民は救われたのであった。

更に防遏所の内部に投薬班が設けられた。最初に網取村に投薬係として来られたのは、石垣市字石垣在の糸数用康氏、その後は順に、金城全保氏、安村憲扶氏、仲野全宏氏、黒島直規氏の計五名の方々だった。そのお蔭で児童達の学校の早引きが解消され、授業も円滑におこなわれるようになったという。

当時、南風坂炭坑に学校があって、炭坑関係の私立学校として建てられた学校で、網取出身の嘉弥真慶佐先生が教鞭をとっておられた。この方が学校をやめて郷里に帰って来られたので、嘉弥真真弥さんの後を引き継いで区長職にあった父は、区長を慶佐さんに譲った。慶佐さんは公文書の取り扱いもでき、村では大助かりだった。当時の区長は、網取・崎山・鹿川・舟浮の四か村を竹富村第八区という一つの区として世話したのであった。さしものマラリア病も、投薬係の役人と村人の懸命な努力によってしだいに下火になって来て、熱病が村から日一日と遠ざかっている時に突然区長の慶佐さんが亡くなってしまった。原因は、悪性マラリアに他の病気が加わったものであった。村人はマラリアの恐ろしさを改めて見た思いがしたという。

慶佐さんが亡くなられ、父は再び区長の任についた。マラリア撲滅作業は一段と強化され、伐採や水溜りの清掃、繁茂した木の下伐り等の作業の充実に務めた。区長宅の玄関先にキニーネ丸とコップにいれた水が置いてあり、児童たちは学校に行く前に立ち寄ってキニーネ丸を飲むことが習慣づけられた。そのお蔭で脾臓が腫れた患者は年々減り、ようやく村に明るいきざしが感じられるようになった。このような官民一体となったマラリア撲滅作戦は功を奏し、しだいに明るい農村へと変わっていった。その喜びも束の間、やがて大東亜戦争が始まった。

何年間もの戦争苦。勝目のない戦い。次第に住民は空襲を受けない地帯への疎開を余儀なくされた。山の奥に小屋を建てて村の人々は避難した。この疎開や山の奥への避難を八重山全島の住民が体験したのであった。終戦後、山から下りてきた住民は皆が栄養失調で顔は青ざめ、山中で蚊に刺されたためマラリアにかかっていた。戦時中は、マラリアの特効薬アテブリンを兵隊は服用していた。それでも数人の兵隊がマラリアで死んだという。このアテブリンは住民の間にも出回り、多くの人々の命を救った。

しかし、戦後マラリアはかえって蔓延していった。治安が落ち着くにつれ、軍政下にある琉球政府は特に保健衛生に力を注ぎ、保健所が建てられた。八重山保健所が誕生してマラリア防遏所は保健所内に包含された。そして戦後初のマラリア撲滅作戦が展開された。

その時すでに父は区長を辞任しており、後任の東若久和利氏が区長職にあった。マラリア撲滅要員に東若源三氏と嵩原徹氏が選任され、部落の保健衛生に気を配り、マラリア撲滅作業に専念した。家屋は戸締りをして撒布し、水溜りや湿地帯にもくまなく薬剤を撒布した。マラリア撲滅作戦はまず蚊を殺す事を目標に進められ、西表島周辺の村々では薬剤撒布を徹底しておこなったのである。年月をかけたこの仕事は島の村落住民を蘇らせてくれた。区長はその後河田清氏に変わり、大山長孝氏、嵩原徹氏が引き継いだ。嵩原徹氏は網取村が廃村になるまでマラリアの業務も兼任した。その後日本復帰になり、西表島のマラリアが完全に撲滅できたことが世界中に発表されたのである。この事業に参加された多くの方々の努力を讃えるとともに、永年このマラリア撲滅のために専念してこられた、今は亡き仲里朝貞先生に感謝をささげたいと思う。

ウファラクイチミチ（御原越路道）の伝説

崎山村と鹿川村を結ぶ道をクイチミチ（越路道）とよぶ。クイチミチに沿って流れる川をウファラシュクカーラ（御原宿川）といい、鹿川から崎山への帰り道をユサザ道と呼んでいる。この道は役人が鹿川村を見廻るために作った道で、道造りの時には西表島のあらゆる村から人夫が呼び集められた。村々の強者が道造りにはせ参じ力勝負をしたとも伝えられている。ウファラとは当時道造りのために来た役人の名でウファラウフシュ（大原大主）とかウファラザーヌメー（大原座ヌ前）とかいった。泊って仕事を進めたので役人が宿にした場所をウファラシュクと呼んだ。また、川の両岸にサンシキ（桟敷）を作り役人自ら指揮をとったので川の名をウファラシュク川と名づけた。鹿川から崎山への道は坂道で役人を運ぶ駕篭かきは、無言ではとても登れないので、ユイサー・オッサーという掛け声で担いだ。登りついた峠は見晴らしがよく休憩所が作ってあり、役人もひと休みし駕篭も休む。ユイサー・オッサーの掛け声で登り詰めた所で座って休むので、ユイサザー（座ることをザーという）と名付け、これがのちにユサザーまたはユサザと発音されるようになったという。（父の話）

鹿川村のナズニ（中磯）の伝説

大昔のこと、鹿川湾に南蛮船（海賊船）が突然あらわれ沖あいに錨を入れて停泊しました。見知らぬ船なので村人たちは船を遠くから眺めていると、南蛮船から一隻の小舟が降ろされ、数名の人が乗りうつりこちらに向いこぎながら近づいて来るのです。村の衆と共に大石の上で眺めていた一人の司（神女）は突然大声で叫びました。「みなの衆、裏の山に逃げてかくれなさい。この舟はただの舟ではない。彼等は私達の村を襲うかもしれない。急ぎなさい」と声をはりあげて村人へ叫びながら自分もいち早くお嶽に入り神を祀ってある神棚に上り香炉のそばに座りました。

その時すでに小舟は海岸に着き舟から降り立った人々は手に手に武器を持ち、大声でがやがや聞き慣れぬ言葉をしゃべり、部落内になだれこみました。しばらくして一人の大男がお嶽に入って来ました。男はあちらこちら見ていましたが、目が神棚に坐っている司の目とぱったり合いました。ふしぎそうに司に見入る大男の目。それに負けじと男を睨む司の目。その目と目の戦いです。そのうちどう感じ取ったか大男は床の上に上がり司が座っている前に行き、大声でさけび男の人差し指を司の口につっこみさらに目をついてきましたが、司は泰然として身じろぎもしません。さらに大男は司のわきの下に手を入れてくすぐったりしますが司はびくっともしませんので大男はその場に呆然と立ちすくみ司を眺めているそのすきに司は香炉の灰を手でつかみ大男の目に思い切り投げ入れました。不覚をつかれ目をつぶされた大男はあわてふためいて小舟のある海の方へ逃げました。その他の者も家々から盗み取った物をたずさえ小舟に帰り、乗り込むと小舟を出して大船に向かって逃げるのでした。

ほっと胸をなでおろした司は香炉に線香をともし神に祈りました。「鹿川村御嶽の神様よ、おかげで村人は助かりました。ありがとうございます。この村に来て盗みを働くやからどもを罰してください。彼等はやがて舟を出して逃げます。どうか大嵐が吹き海も大荒れてこの舟を沈めて下さい」と声高らかに祈り始めました。一方大船に逃げ帰ったやからどもは頭領の目を洗う者、ある者どもは帆をあげ錨をあげてまもなくすべり出しました。陸では山に逃げ隠れていた人々が村に戻り、司とともにお祈りを続けています。そのうち一天にわかにかき曇り今まで静かだった海が急に荒れ風・雨・海ともに大荒れして、風が反対向きに吹いてくるのでみるみる海賊船は岸へ岸へと押し戻されて来るのです。陸ではなお村人達が司とともに祈りを続けています。「どうかこの船を沈めて下さい」村人達の祈りが神に通じたのでしょうか、海はますます荒れ狂います。とうとう海の強者たちも天罰を受け船もろとも海のも屑と消えました。

鹿川湾の沖あいにちょっとした磯があります。それはこの沈んだ海賊の船が磯となりナズニ（中磯）と名付けられたと伝えられています。夏の台風のシーズンにこのナズニが海鳴りすると網取までも聞こえますが「きっと台風になる」と言われています。（父の話）

ナサマーと満慶の悲恋

鹿川生まれのナサマーはシサンチヤー（白水家）という屋号の家の娘で、背は高く髪の長さは九尺もあり、まれに見る美貌の持主で、機織がうまく西表島の周辺の村の若者のあこがれの的でありました。古くから伝わる鹿川村のウファラクイチ節の中に「ナサマヌヌパイウカバ」とあるのは機織上手の故でありましょう。一方、古見生まれの仲間満慶なる者は船造り大工としては島随一の腕の持主でした。

ある日満慶はナサマーに求婚しました。すると、ナサマーは条件をつけました。「私は畑からバショウの木を倒し持帰り、織り糸になる皮をはぎ、鍋で煮て糸を引き、紡いで織り糸を作り反物にしあげます。あなたも山から樫の木を伐り出し、板にして船を造ってください。落ち合う期日は三日後にしましょう」、二人は約束をして別れました。

さて約束の日がきました。ナサマーは丹念に織った反物を持って、満慶を待ちました。しかし約束の時がきても満慶は来ません。一方、満慶は船造りもあとは帆柱を立てるサシカ（くさび）一つ残すのみとなった時タバコをつけて一休みしました。それからくさびをきちんとはめ約束の場所へと急ぎました。約束の時が過ぎていることは満慶も承知で、そこはなんとか言い訳が立つと考えておりました。来て見るとどうでしょう、ナサマーはすでに来ているではありませんか。勝ち誇ったナサマーは、「約束の時が過ぎていますね。私の勝ですのであなたの嫁になることはできません。ではこれにて」と言うと、今来た道を鹿川へと引き返しました。「ちょっと待ってください。ナサマーさん、実のところ私はあなたが私に勝ちっこないと考え、私はちょっとの間タバコを吸ってひと休みしてから来たのです。タバコを飲まないで来ていたら、きっとあなたと同じ時刻に着いていたと思います。どうか気をとり直して私の嫁になって下さい」と満慶は話しかけながらナサマーの後を追いました。

追いつ追われつして二人は歩きました。ナサマーも満慶のたくましさに心ひかれていますが、今さらあなたの嫁になりますとは言い出せず、がまんをしてすたすたあるきます。道筋の中程にさしかかった時、満慶はふと道端に竹が生えているのに気づき、山刀で竹を一本切りとり、竹を割って、歩きながら篭を作り始めました。もう少しで鹿川が見えるユサザ峠という所にたどり着いた時にやっと篭が出来上がりました。満慶はナサマーに声をかけました。「ナサマーさん、二人の恋は実りませんでしたが今作り上げた篭をあなたに差し上げます。どうかこれだけでも受け取って下さい」と今作り上げたばかりの篭をナサマーにあげました。「ありがとう。あなたのなさけをもらって帰ります」と、篭を頭に載せてナサマーは鹿川に向かってまた歩き始めました。

家に帰り着いたナサマーは、もらった篭をさっそく水に入れてみました。ナサマーはびっくり仰天、なんと歩きながら作った篭から一滴の水も漏らないではありませんか。繰り返し水を汲みながらナサマーは断ったことを嘆き悲しみましたがあとのまつり、致し方ありません。一方ナサマーを見えなくなるまで見送った満慶は、そこの道の端にこれまで杖にしていた竹を立てて二人の悲恋の証としたと言います。今日もユサザ頂の崎山よりの所にƒ繁っている竹はその時の名残だと言われています。（父の話）

［編注。この伝説は、これまでに何度か活字になっているが、細部で微妙に異なっている。とくに、ユサザ頂の近くに繁る方言でイガダイと呼ぶホウライチクについての言い伝えは、ここに始めて明らかにされるものである。ナサマーは、ナサマとも表記されるが、西表西部の方言では、ナサぁと鼻音で発音される。集落の北側の崖の道は「ナサぁ道」と呼ばれる。］

Ⅲ 「あんとぅりの碑」の物語——電子書籍版『わが故郷アントゥリ』によせて

この本は、私たちが京都大学の伊谷純一郎先生の指導で初めて西表島を訪れた一九七四年以来の地域とのおつきあいの中で初めて世に出した単行本として、愛着の深いものです。屋久島の詩人・山尾三省さんや、たたかう環境学者・宇井純さんも愛読してくださっていたことを懐かしく思い出します。

後書きにある通り、著者の山田武男さんは、出版の直前に亡くなられました。しかし、この本がひとつの呼び水となって、この本の舞台である、網取村のさらに奥座敷である、崎山村（一九四八年廃村）の記録『崎山節のふるさと』や、山田武男さんのお姉さんである山田雪子さんによる、文字通りの「姉妹編」としての女性の生活誌『西表島に生きる』の二冊を、おきなわ文庫に加えさせていただくことができました。私たちのこうした試みは、屋久島で発行されていた『季刊生命の島』での連載「島からのことづて」を経て、山形市で発行されていた『季刊東北学』の同名の連載に引き継がれました。この連載からの抜粋を『島からのことづて——琉球弧聞き書きの旅』として二〇〇〇年に葦書房（福岡市）から刊行しました。さらに、八重山から屋久島・種子島にいたる島々に舞台をひろげて、研究仲間とともにおこなった聞き書きによってまとめたブックレット「島の生活誌シリーズ」も、二〇一一年までに七冊を、ボーダーインク（那覇市）から刊行することができました。また、この本と続刊の『崎山節のふるさと』の内容を学術的に位置づける形で、安渓遊地・安渓貴子・山田武男・川平永美著、『西表島の農耕文化——海上の道の発見』を二〇〇七年に、法政大学出版局から出版させていただくことができました。

一九九六年の秋、網取の港からほど近い場所に、山田武男さんの念願であった、りっぱな「あんとぅりの碑」が建立されました。以下は、山田武男さんが生前に書いておられた文章を刻んだ、その碑文です。「うるち会」というのは、旧網取、崎山集落出身者の親睦の会で、年に一度はふるさと訪問をしたりしておられます。

山田武男さんと苦楽をともにされてきた奥さんのシズさんは、二〇一一年の四月六日に八九歳で亡くなられました。

お元気なころにうかがった、山田シズさんのお話を、二〇一一年五月に発行された『季刊東北学』第二七号（柏書房）に、「西表島の女性の暮らし――網取村の思い出」として掲載させていただきました。自然豊かで人情のあつい村であった網取村での暮らしぶりがしのばれてなりません。

網取村跡に立つ碑「あんとぅり」の碑文

網取村は西表島の最南端に三百有余年の歩みを残した。耕地や交通の不便と人頭税の重圧に耐えて村人は父祖の築いた繁栄を守ってきた。しかし、政治の貧困による経済の行きづまりと医療、教育の不備を始めとする孤島苦がつのり、ついに昭和四六年七月一四日に全員離村を余儀なくされた。ここに私たちは祖先の霊を祀り、四散した村人のよりどころとするためこの碑を建てる。

平成八年九月

うるち会建立

図32　網取村の記念碑「あんとぅり」をかこんで

第三章　田代安定筆「西表島鹿川村巡検統計誌」（明治一九年）

Ⅰ　田代安定の八重山調査

この研究を始めた一九七四年の七月、当時の文部省資料館で私は「復命第一書類　八重山島管内西表嶋　仲間村巡検統計誌」という文書を見つけた。「第廿八冊」とあり、ほかに「第二冊　石垣島大川村」や「第三十五冊　鳩間嶋」があった。一九八五（明治一八）年から翌年にかけて、田代安定という探検家が八重山の村々をまわった詳しい調査結果である。田代安定は、一八五七年に鹿児島で生まれた博物学者で日本の民族植物学の先駆者でもある。一〇代でフランス語を教え、二〇代で八重山の島々を踏査し、後半生は台湾で過ごし、一九二八年に死去した（名護、二〇一七）。田代文庫の奄美関連の史料については、別に報告したことがある（安渓・安渓・弓削・今村、二〇一四）。彼は、八重山を訪ねた時に当然鹿川村も訪ねていると思われるが、一九七五年当時、報告は見つからなかった。遺跡でのフィールドワークと聞き取りを組み合わせた私なりの復原結果を、実際に当時の現場を見た記録と対照できる日を心待ちにして史料を探し続けた。

日本ではほとんど忘れられた人であった田代安定の「鹿川村巡検統計誌」の実物とついに対面できたのは、それから三七年後の二〇一一年、台湾大学の図書館五階の特蔵組においてだった。復命第一書類第三十冊とされたそれは、一九枚の用紙をとじ合わせた報告書だった。

台湾大学図書館田代文庫のＪ二〇六の史料によれば、それは、以下のような膨大な報告書の一部をなすものだったのである。

田代安定復命書

明治一九年五月二六日
勧業課員鹿務課兼務
六等属　田代安定　印（田代）

巡回顛末概況
目録
第一　八重山島巡検統計誌　　第六、第一八欠本（鉛筆書き）
　内訳
　石垣島之ノ部　二〇冊（鉛筆書）
　西表島之ノ部　一二冊
　竹富島之ノ部　一冊
　小濱島之ノ部　一冊
　鳩間島之ノ部　一冊
　新城島之部　二冊
　黒島之部　一冊
　波照間島之部　一冊
第一番外　与那国島統計資料
第二　八重山各島統計総括表
　附仝各島細別表
第三　八重山各島物産繁殖ノ目途
第四　仝各品将来産額予算編八類

内訳
第一項：農産植物
其一：甘蔗
其二：煙草
其三：草綿
第二項：農産植物の二
其四：珈琲
其五：米国盧薈（サイザル）
其六：蓽抜（ヒハツモドキ）
其七：幾那樹（キナノキ）
其八：米
第二：山林植物ノ一
第三：常用物産ノ一
第五　八重山各島植民の目途
第六　八重山開拓ノ目途
第七　諸取調一覧表類
第七　其一：各島周廻并戸数人口表
第七　其二：西表島及石垣島周廻里程明細表
第七　其三：石垣島諸原野実測及別表
第七　其四：同牧場実測反別表
第七　其五：西表島諸原野実測及別表

第七　其六：石炭現出場所実検一覧表并図
第七　其七：石垣島及西表島著名山岳高度実測表
第七　其八：明治一八年分寒暖計昇降表
第八　農耕上諸事改良ノ卑見　一綴
第九　鉱物現出所実換景況　一綴
第十　各島諸反別区分表并図　一綴
第十一　各島実測図　八品
第十一　其一：石垣島　一折
第十一　其二：西表島及石垣島周廻里程明細表　一折
第十一　其三：竹富島　一折
第十一　其四：小濱島　一折
第十一　其五：鳩間島　一折
第十一　其六：新城島　一折
第十一　其七：黒島　一折
第十一　其八：波照間島　一折
第十二　各島港実測図　一類
第十三　諸原野沼沢実測図　一類
第十四　諸神社家屋并風俗見取図　一綴
第十四　諸村落并山野其外諸見取図　一綴

Ⅱ　田代安定が作成した西表島地図

次のページに示すのは、おそらく右の第十一に関連する史料である。色絵の具を使った彩色の西表島全図で、六葉の和紙に分けて描かれている。ここに示したのはその一葉で、鹿川（K）、崎山（S）、網取（A）、ホナウキ（F，舟浮）、成屋（N）が描かれている。航路となるべき所の深さを示し、道路は赤、水田は青と塗り分けられ、海岸の地名も詳しい。内離島の石炭鉱脈四か所を「炭」としている。舟浮村の北の台地に、人家の印はないが、桃原村と書かれている。以前は人が住んだという伝承を示したものであろう。台湾大学図書館の田代文庫には、手書きの八重山の地図としては和紙一葉の西表島の地図と、カラーの小浜島西部の地図があるのみである。

さて、鹿川村については、以下に翻刻したように、彼が訪ねた明治一八年当時、鹿川村には一九戸の家があり、そのうち三戸は士族であった。住民は五九人で、そのうち女が三一人だった。一五歳以下の子どもが三〇人（半分の一五人が五歳以下）で、人口の約半分である。

米の生産高は、五三石（八・五トンほど）とかなり大きく、半分ほどは人頭税として上納するが、残りは自給と物品購入にあてられた。サツマイモは主食でひとり一日二キロほどとして、四万六〇〇〇斤（二八トン）と田代は積算している。ウシは二三頭、ブタは、鹿川村でみた多くの「豚便所」の遺構にもかかわらず、意外なことに五頭しかいなくてすべての豚便所にブタが飼われていたわけではないことがわかる。ヤギはおらず、猟犬が一七頭いた。

購入額の大きなものは、一五俵の塩（同量の米と交換）、鍋、かんざしなどであり、布や紙、煙草や酒は自給していた。照明用の石炭油一斗は、ガラス瓶に入ってきた可能性があるが、ランプそのものの購入はない。

別の史料だが、明治三〇年に崎山村の役人だった崎原当貴の日記（蛯原・安渓、二〇一一）によると、鹿川村には、全日本水産博覧会のために、ヤコウガイの殻を出品することが命ぜられていた。

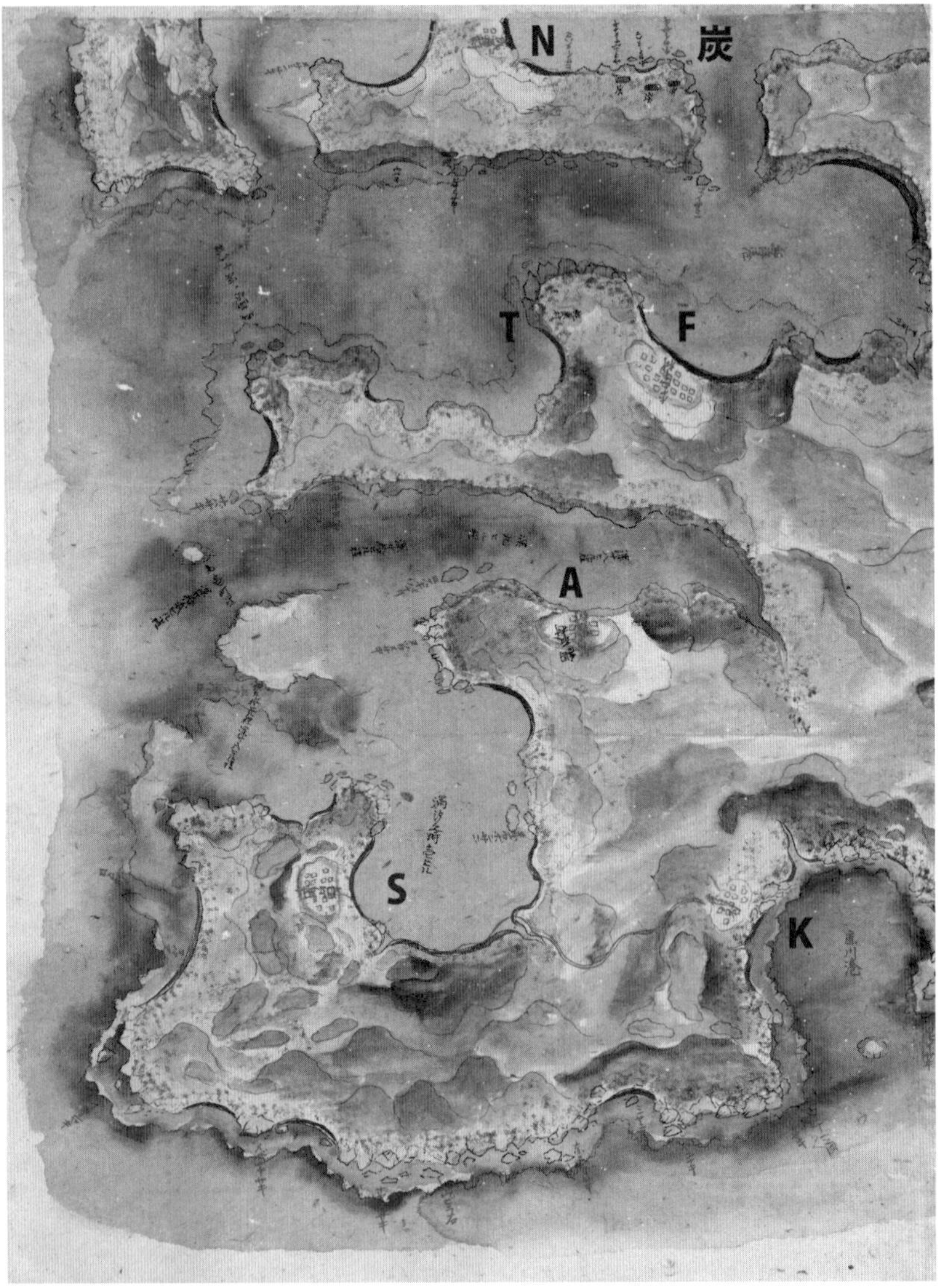

図 33　田代安定が作成した西表島地図（国立台湾大学図書館蔵）
集落に略号を付す。鹿川（K）、崎山（S）、網取（A）、ホナウキ（F，舟浮）、成屋（N）

歴史文書を見ると、鹿川村が隔絶した環境で自給自足で生きていたというイメージはみごとに覆り、西表島の中でも外部の人々との交流がもっとも頻繁な村のひとつだったという事実が現れてくる。

Ⅲ　八重山島管内　西表島鹿川村巡検統計誌（田代安定、明治一九年作成）

民事部

戸数

科目	士族	平民	合計
本籍	三戸	拾六戸	
寄留	（なし）		

惣計拾九戸

人口

科目	士族	平民	合計
本籍	男六人女四人	男弐拾弐人女弐拾七人	五拾九人

職別

科目	男	女	合計
村役	三人（筑一人・田ブサ一人・佐事一人）		
大工	壱人		
神職			

農業	惣人民中	同上
商業	ナシ	
女頭		壱人

戸主姓名表

番地	族籍	姓名	男女	家族		氏唐名	
三拾番地	平民	大久真祢	男	三人	主妻両人妹壱人		
三拾壱番地	同	白木真那	同	三人	主妻両人女児壱人		（注、「白水」の誤記か）
三拾三番地	同	真地加那	同	三人	主妻両人母壱人		
三拾四番地	士族	大濱長方	同	七人	主妻両人子五人	山陽氏	
同番地	同	仲地マイツ	女	主壱人	小児一人		
三拾五番地	平民	小山満慶	男	五人	主妻両人子三人		
三拾六番地	同	奈利ヲモツ	同	五人	主壱人子四人		（注、「女」の誤り）
三拾七番地	同	登野城ヲナリ	同				（注、女　主壱人か）
三拾八番地	同	慶田城石ター	男	三人	主妻両人妹壱人		
三拾九番地	同	河底真勢	同	弐人	主壱人母一人		
四拾番地	士族	玉代勢秀次	同	独身		葛孫氏	
四拾一番地	平民	前底石戸	同	三人	母壱人主妻両人		
四拾二番地	平民	鹿川久和利	同	弐人	母壱人養子一人十四才		
四拾四番地	平民	屋良部樽	同	弐人	主壱人妻死男子一人		
四拾五番地	平民	村仲石戸	同	四人	主妻両人子一人母一人		

四拾六番地　平民　波照間加那　同　独身
四拾七番地　同　辻野鶴　同
四拾八番地　南風野美屋久　同
四拾九番地　大山マイツ　女
惣計　戸主拾九人　男主拾五人女主四人

村民年齢表

年齢	男	女	合計
壱才ヨリ五才マテ	拾壱人	四人	拾五人
六才ヨリ十才マテ	六人	四人	拾人
十一才ヨリ拾五才マテ	壱人	四人	五人
拾六才ヨリ二十才マテ	壱人	弐人	三人
二十一才ヨリ二十五才マテ	五人	弐人	七人
弐拾六才ヨリ三十才マテ		三人	三人
三十壱才ヨリ廿才マテ		四人	四人
三拾六才ヨリ四拾才マテ	三人	四人	七人
四拾一才ヨリ四拾五才マテ	壱人	弐人	三人
四拾六才ヨリ五十才マテ	壱人	壱人	弐人
五十一才ヨリ五拾五才マテ	弐人		弐人
五拾六才ヨリ六拾才マテ		壱人	壱人
六拾壱才ヨリ六拾五才マテ		壱人	壱人

六拾六才ヨリ七拾才マテ　弐人　弐人
七拾壱才ヨリ七拾五才マテ
七拾六才ヨリ八拾才マテ

六拾歳己上長寿人数

番地	族籍	年齢	男女	姓名
四十五番地	平民	七拾一壱才	女	村仲ブナリ
四十七番地	同	六拾八才	男	辻野鶴
三十九番地	同	六拾八才	女	鹿底マイチャー

惣計三人

五人己上多子者表

番地	族籍	男子	女子	合計	戸主姓名
三拾四番地				五人	大浜長方

独身者表

番地	族籍	年齢	男女	姓名
四拾壱番地	士族	廿弐才	男	玉代勢秀次
四拾六番地	平民	拾九才	女	大山ブナリ
	同	四拾弐才	男	波照間加那

惣計二人

上納人割前表

等別	人数	族籍	壱人前貢納米	同所遣米	同貯蓄米	合計
上男	五人					
中男	四人					
下男	一人					
下々男	四人					

同女子割前表

同前	同	一人前貢米割	同貢布割
上女	八人		
下女	壱人		
下々女	四人		

免税人表

族籍	職別	年齢	男女	姓名

舟船表

船形	艘数	積石量	番地	所有	主姓名
ナシ					
ナシ					

本村別ニ舟ヲ有スル者ナシ入用ノ節ハ崎山村ヨリ廻シテ用ヲ辨スト云然　今姑ク条ヲ掲ク

家畜部

牛

年齢	頭数	価格	使用	種類	産地
壱才己上	牡四頭		耕田用	壱品	八重山島
壱才己下	同弐頭				
壱才己上	同拾五頭				
同己下	同弐頭				

惣計貳拾三頭

豚

同前	同	同	同	同	同
壱才己上	五頭		食用	壱品	八重山
惣計					

犬

同前	同	同	同	同	同
壱才己上	拾七頭		猟用	壱品	八重山
惣計	拾七疋				

鶏

惣数	買価	使用	種類	産地

五拾羽　　　　　　　　　　　　　壱品　　八重山

地理部
諸反別表
一　田地惣反別弐拾八カヤタ敷許
内　上納田地
民用田地
一　畑地惣反別拾コーヂ敷許
本村上納畑地ナシ此内八コーヂ敷ヲ蕃藷圃ト為シ残リ弐「コーヂ」ヲ雑作地ト見倣スベシ
一　芭蕉栽付地凡そ弐反許
但し芭蕉凡そ二千本余
一　鉄蕉栽付敷地凡そ三反許
但し鉄蕉凡そ一千五百本ほど
一　宅地反別壱町四反歩
右緒反別惣計
牧場表
一　ウラヒサ牧
川溝表
オホトウ川

ウヤンタ川
浦濱川
山林表
ウヤンタ山
ヲホトウ山
惣計三か所　　　　　　　　　　（注、二か所しか書かれていない）
物産部
普通物産表
品目　産額　　　　　　　　　　価格　一反または一コーシ収穫高　播栽反別　種類
米　五拾三石
内　上納用弐拾四名程役俸用三石
七斗五升程村人飯米並物品買入用弐拾五石弐斗五升
粟　三斗程
白大豆　三斗程
胡麻　五升
蕃藷　四万六千二百斤　　　　　　　拾四コーヂ
特有物産表
一煙草　五拾斤　未詳　反別未詳　耕作者五名
一草棉　拾五斤　同　同　耕作者三名

一苧麻　拾三斤許　同　弐拾　ヒロ角
一山藍　弐百斤程　同
一蓼藍　拾斤程　同
ビンロウ縄　六七拾ケタ
シュロ縄　五六ケタ
芭蕉布　三七反程
海人草　弐百斤余
海参　拾個許
紅露根　弐拾斤許
紙　五束程

菜品表
一　菜菔　（注、ダイコンを指す莱菔の誤記か）
一　花芥
一　紫芥
一　牛蒡
一　茄子
一　蕃椒
一　冬瓜　（注、爪と表記）
一　南瓜
一　糸瓜

一 瓢瓜
一 冬葱
一 蒜
一 紫蘇
一 水センジ菜
一 生薑
一 茴香
一 田芋
一 薯蕷一種 ヤマイム
一 同一種 ボウウン
一 同一種 ナリイモ

菓実類表

品目	方言	註解
一 回青橙	コウフ子ブ	
一 柑一種	コガ子フ子ブ	
一 同一種	トカザフ子ブ	
一 同一種	ツビマッカー	
一 唐芭蕉		
一 蒲桃		
一 番石榴		

一　楊梅
一　柯実

貢租部

明治十八年度

一　年貢米　拾弐石弐斗壱升八合七勺九才
一　所遣米　九石八斗八升三合六勺三才
一　　同九斗五升七合三勺弐才　（注、貯蓄米）
上男五人　上女八人
中男四人　下女壱人
下男壱人　下々女四人
下々男四人
合計拾四人　合計拾三人

同十七年度

一　年貢米　拾三石四斗六升九合九勺
一　所遣米　七石七斗八升六勺八才
一　貯蓄米　壱石六升六合八勺
上男八人　上女九人
中男三人　中女弐人
下男弐人　下女壱人

下々男四人　下々女四人
合計拾七人　合計拾六人

同十六年度
一　年貢米拾三石六斗五升三合九勺九才
一　所遣米四石七斗九升六合九勺四才
一　貯蓄米壱石五升九合壱勺
上男七人　上女七人
中男三人　下女壱人
下男弐人　下々女三人
下々男三人
合計拾五人　合計拾壱人

輸出入物品部

科目	数	量	価格
一　米			
一　海人草	弐百斤程		
一　海参	拾五個許	七升五合	
一　桄榔縄			
一　棕櫚縄			

表５　田代安定の「八重山島巡検統計誌」に見るソテツの本数

村名	戸数	人口	一戸あたり人口	「鉄蕉本数」	「鉄蕉栽付敷地反別」（畝＝アール）	一反（10a）あたり本数	一人あたり本数	一戸あたり本数	整理番号※
（石垣島）									
石垣村	235	1458	6.2	—	—	—	—	—	J025
大川村	243	1264	5.2	2300	31	742	2	9	J012
登野城村	227	1413	6.2	—	—	—	—	—	J188
新川村（平民のみ）	49	282	5.8	8000	39	2051	28	163	J023
新川村	211	1130	5.4	—	—	—	—	—	J188
真栄里村	40	185	4.6	50000	120	4167	270	1250	J031
平得村	105	588	5.6	100000	310	3226	170	952	J013
大浜村	108	688	6.4	56000	310	1806	81	519	J030
宮良村	87	424	4.9	—	270	—	—	—	J018
白保村	83	446	5.4	15000	270	556	34	181	J016
盛山村	15	50	3.3	1500	26	577	30	100	J020
桃里村	11	33	3.0	200	8	260	6	18	J019
伊原間村	14	44	3.1	6000	94	638	136	429	J017
平久保村	15	61	4.1	5000	63	794	82	333	J015
野底村	12	25	2.1	9500	73	1301	380	792	J006
桴海村	16	66	4.1	1000	47	213	15	63	J014
川平村	67	288	4.3	15000	207	725	52	224	J205
崎枝村	12	32	2.7	5000	94	532	156	417	J021
名蔵村	7	17	2.4	3000	63	476	176	429	J167
（西表島）									
干立村	38	151	4.0	—	30	—	—	—	J033
浦内村	22	42	1.9	2000	34	588	48	91	J038
成屋村	5	17	3.4	—	—	—	—	—	J041
舟浮村	14	58	4.1	2000	32	625	34	143	J041
上原村	24	73	3.0	5000	60	833	68	208	J032
祖納村	67	290	4.3	3000	35	857	10	45	J035
高那村	23	41	1.8	1500	31	484	37	65	J042
古見村	37	137	3.7	2800	67	420	20	76	J037
仲間村	4	11	2.8	2000	63	316	182	500	J059
南風見村	10	26	2.6	6000	94	637	231	600	J036
鹿川村	19	59	3.1	1500	30	500	25	79	J040
崎山村	16	63	3.9	1000	40	250	16	63	J039
網取村	12	66	5.5	1500	30	500	23	125	J196
竹富島	129	862	6.7	35000	400	875	41	271	J026
小浜島	91	412	4.5	35000	100	3500	85	385	J199
鳩間島	32	156	4.9	—	—	—	—	—	J045
新城島上地村	20	115	5.8	10000	103	972	87	500	J029
新城島下地村	18	72	4.0	30000	169	1780	417	1667	J046
黒島	116	546	4.7	—	311	—	—	—	J046
波照間島	126	638	5.1	—	—	—	—	—	J043
与那国島	334	1773	5.3	—	—	—	—	—	J094
合計／平均	2276	11559	5.1	415800	3653	1255	36	183	

※国立台湾大学図書館田代文庫の整理番号

輸入物品表

	品目	数量	価格	
一		三十斤	米三斗	（注、品名記載漏れ）
一	小麦	壱俵	米壱俵	
一	食塩	拾五俵	米拾五俵	
一	素麺	拾斤	弐斗	
一	黒糖	五斤	米壱斗	
一	三枚入鍋	弐個	弐俵	
一		弐拾五斤	八俵壱斗	（注、品名記載漏れ）
一	八枚入鍋	三個	三斗九升	
一	西洋ガセ	五斤	五斗	
一	小鍋	五枚	弐斗	
一	簪	拾本程	壱俵	
一	押差簪	弐拾本程	壱斗	
一	石炭油	壱斗程	弐斗	

田代の鹿川村巡検統計誌から、記載のあるところを抜き書きしてみた。素っ気ないものではあるが、重複をいとわず村々について物産の量を調べ上げたのは、比類のない貴重さである。特定のテーマに絞っても、じつに色々のことを教えてくれる第一級の史料なのである。

Ⅳ　明治中期に田代安定が見た八重山のソテツ

一九七五年夏、私と妻は西表島の南岸の入江に面した鹿川村の急斜面をさまよっていた（第一章参照）。明治四四（一九一一）年に村人たちが立ち去った廃村の遺跡のフィールドワークをしていたのだ。ある日のこと私たちは、村の下側の海に面した急斜面の一画がソテツの純林のようになっている所に迷い込んだ。その後、八重山の各島を回ってみたが、あれほどの密度で多くのソテツが密生している場所に行き当たったことはない。

私たちは、廃村に残された植生から人が住んでいたころの生活を復原するという研究手法を開発中だったが鹿川村のソテツ群落が、人間が植えたものだとは考えなかった。それから四〇年近い歳月がたった、二〇一一年夏に台北市内にある国立台湾大学図書館で資料を閲覧していた私たちは、博物学者であり探検家でもあった田代安定が一八八五（明治一八）年七月七日から翌年四月二七日まで一〇か月をかけて八重山の島々をめぐって作り上げた詳細な復命書「巡検統計誌」と出会った。これらは、与那国島を除く全集落について作られ、惜しいことに登野城村だけが現存しないが、三八冊におよぶ第一級の一次資料であり、現在はその多くがインターネットで公開されている（閲覧の方法などについては、安渓・安渓・弓削・今村、二〇一四を参照）。

試みに鹿川村の部を見ると、そこに次のような記述があることに気付く「一　鉄蕉栽付敷地凡ソ三反許　但シ鉄蕉凡ソ一千五百本程」つまり、ソテツを植え付ける敷地が三反（三〇アール）ほどあり、そこにソテツが一五〇〇本ほど植えられているというのだ。私たちが迷い込んだソテツ林は、人間が植えたものだったのだ。

豊見山和行（二〇一四、一一―一二頁）は、首里王府のソテツ政策のあらましを紹介している。救荒食として重宝なものであるとして毎年植えることを命じていた。一八七八（光緒四）年の文書によると、その数は沖縄島だけで七五万五一五一本にのぼる膨大なものであった。また、八重山では沖縄島で一人三〇本の苗を植えることが義務づけられていたのに対して、一八五七年の「翁長親方八重山島規模帳」には、一人一〇本のソテツを毎年植えることが定められていた。さらに、一八七四年の「富川親方八重山島農務帳」には、一世帯につき二〇本を植えるように義務づけられていた。

豊見山（二〇一四）が示した沖縄島のソテツ数の表は、特定の年の植付苗数である。一方、田代安定の史料は、明治一八年から一九年の踏査で田代が推算した現存の本数と考えられ、「凡ソ〇〇本」と表記されている。食用にされたり枯死したりする本数については、史料がないので何とも言えないのだが、田代が見て記録したソテツの本数を合計すると、記載のない村を除く三〇か村についておよそ四一万五八〇〇本となっている。それぞれの村の人口と戸数も田代は調査して記録しているから、少数の寄留民を除いた数を表には合わせて示した。

その結果、一人当たりのソテツ本数は、新城島下地村の四一七本から、桃里村の六本、最下位が大川村の二本で、平均値は六五本となる。戸数割で計算しても上位と下位の順位はあまり変わらず、一戸あたり新城島下地村の一六六七本がトップで、下位は桃里村の一八本、さらに大川村のわずか九本までと幅が広くなっている。平均値は三一九本である。

ソテツを食べる人数に応じて苗を植えるのは合理的ではあるが、明治時代の八重山の場合、一戸あたりの人数が多いのは子どもが多いか高齢者がいる場合であって、一戸あたりの人数が多いからといって、植えさせる本数を機械的に増やせば、結局働き盛りの戸主とその妻の負担が重くなってしまう。また、明治三五（一九〇二）年まで続いた人頭税制度のもとで、熱帯熱マラリアのある「有病地」からの移住の自由を与えられていなかった西表島や石垣島北部の村々では、一戸あたりの平均人数が二人未満という疲弊した村もあった。このような場合は、人数の頭割りで毎年植えるべきソテツ苗を決めれば、一人暮らしの場合は一戸で一〇本しか植えなくてよいことになる。これでは疲弊した村が飢饉に対してますます脆弱になることも危惧される。ソテツ苗を植え付ける本数を首里王府が一人一〇本から一戸に二〇本に変えたのは、こうした村ごとの一戸あたりの人数の格差の拡大という現象になんらかの形で対応しようとしたものではなかっただろうか。

八重山の島ごとの上納品の違い（新城島のジュゴン、黒島の粟、その他島々の米）や、一七七一年の大津波とそれ以後の人口の減少の程度によって、ソテツの消費と王府からの植付け命令の遵守にどのような差異があったかなどの詳細な分析などは、今後の課題である（以上は安渓、二〇一五ｂが初出である）。

Ｖ　崎山三村のスケッチとフィールドノート（口絵の説明）

本書のカラー口絵は、田代安定が明治一八年から一九年にかけての八重山のフィールドワークで記録した村々でのスケッチと、フィールドノートそのものを抜粋したものである。一三〇年の時を経てよみがえった、村のたたずまいを紹介するために、特に台湾大学図書館特蔵組の許可を受けて掲載が可能になった。以下は、補足の説明である。

①は、昭和二年、死の前年の田代安定の肖像写真である。

②は、安渓遊地が、宮本常一先生にお会いしたとき、あまり希望はもてないけれど時間をかけて探すように励まされていた、鹿川村巡検統計誌の表紙である。「復命第一書類　第三十冊」と記されている。

③屋敷のスケッチの上に「鹿川村鳩間ヤ」と朱で書かれている。母屋は敷石の上に建つ貫屋で、南側に掘っ立て式の炊事小屋、屋敷の後には稲叢《シラ》が見える。泉水もあり、三軒あったと記録されている士族の家のうち、家族が多い大濱長方という戸主の家かと考えられるが、伝承では、大濱家の屋号は記憶されておらず、「鳩間ヤ」がそれにあたるかどうかは分からない。祖納村には、鹿川から移住したので、「カノヤー」すなわち鹿川屋と呼ばれる家がある。

④「崎山人家ノ圖　平良ヤ」と書かれている。敷石をもつ母屋の構造は、鹿川村と共通である。正面にヒンプン（島ことばで《マイグシク》）がある。田代安定は、崎山村でももっとも財産家だった平良家に泊まったものであろう。

⑤「網取御獄神名パイ」の下は虫損で読めないが、伝承によれば神名は「パイチタリ」である。拝殿の手前に鳥居が建っている。

⑥「アメトレ村人家の圖　カヤマヤ」と書かれている。平地に立つ網取村の母屋も掘っ立て式であり、マイグシクは生垣になっている。

⑦田代安定の八重山でのフィールドノート全九巻のうち、鹿川村を含む部分。惜しいことに波照間島から西表仲間村の第三巻が現存しない。

⑧は、フィールドノートのページの例。成屋村のソラーという人物が村を離れて一人暮らしをしているようす。ホラガイで湯を沸かし、水はヒョウタンに貯める暮らしぶりが、田代安定の興味をそそったらしい。

第四章　戦争の爪痕と廃村

Ⅰ　安東丸事件と鹿川の洞窟

崎山の語り部の川平永美さんからは、島の歴史やふるさとの歌だけでなく、目には見えないものたちとのつきあい方といったことまで教えられた。例えば、鹿川の洞窟に泊まる時は、黙って泊まることは許されないのだという。以下は、川平さんの言葉である。

木にはシー（精）がいますが、石にいるのはヌシ（主）と呼んでいます。イリャー（洞窟）にもヌシがいます。洞窟に泊る時には、こういう言葉を方言で唱えてお願いするものです。

「私どもは、ここに今、どうしても避けられない仕事があります。天からの命令、お上からの命令がおりましたので、こうしてここにやってきて泊ろうとしています。ですからこの洞窟の主（イリャーヌヌシ）も私たちをお守りくださり、りっぱにこの命令された仕事をさせてくださって、体を健康にお守りください。」

仕事が無事完了したら、今度は、お礼の言葉を述べて洞窟を出ます。その言葉は、こんなものです。

「フコーラ（ありがとうございます）。よくお守りくださったので、私の思った事も通り、神様のおっしゃる通り、お上のいう通りりっぱになしとげることができました。神様もお上もありがたいと思っておられます。私どもをお守りくださってありがとうございました。」

鹿川湾の奥には大きな洞窟があります。あそこに泊るときには決ってこんなふうにいいました。

あの鹿川湾の洞窟にはね、こんなことがあるんですよ。こんどの戦争中に内離島の成屋（なりや）村跡の浜で難破した朝鮮の船がありました。アントン丸といったか。その乗組員たちは、西表島にいた兵隊たちからひどくこき使われて、食べるものもろくにもらえないので半死半生になっておりました。私らが弁当を食べていると「ごはんチョーチョー」といって来ました。兵隊に見つからんように弁当を分けてあげる島の人もいましたが、たいがいは、あげなかったですね。ところが、終戦になったから、こんどはあの人たちを誰もいない鹿川湾の洞窟の前の田んぼあとに放り出したんです。食べる物もないし、雨ざらしでしょう、みんな死んでしまったんですよ。小野大尉が兵隊を連れて行って死骸を埋めたということです。そんなことがあってから、あの洞窟に寝るのが怖くてねえ……。

Ⅱ　カシの木に救われる――西表島祖納・新盛浪さん

西表島では、五〇〇〇年以上も昔から人びとは亜熱帯の森とサンゴ礁のほとりでイリオモテヤマネコなどの気高くもたけだけしい自然と共存しながら暮らしてきました。

この共存関係が破れる時、自然の力は人間の営みを一瞬で吹き飛ばしてしまいます。そうした例が一九四四年一一月一一日の明け方に西表島の浦内川でおこった未曾有の洪水被害でした。

元来、この川の上流部は、神域として人間がみだりに手をつけてはならないとされていた場所でした。例えば、「八重山嶋諸記帳」という古文書は、イナバ（稲葉と当て字される）と呼ばれるこの一体には、水鯖《みずさば》という怪物がいて、酉の日と寅の日にはけっして近づいてはならないと諌めています。禁を破ると、いきなり大風が吹いてあたりの大木をなぎ倒し、水鯖が水面に浮き出て巡り狂うというのです。浦内川・仲良川の二つの川については、川ぞいの田に稲が生育する時期には、弁当をもって入ること、火を焚くこと、手拭いなどを頭にまくことを禁じる、などのさまざまなタブーがありました。

ところが、戦争が始まると営林署主動でここに製材所を造り、奥山の木を軍需用材としてどんどん伐り出すということが起こりました。当時、営林署の職員で、製材所の近くに住んでいた、一九〇五年に祖納（租納とも書く）集落でお生まれになった新盛浪《しんもりなみ》さんは、家族もろとも洪水に家を流され、九死に一生を得ました。一九八四年九月一二日にうかがった新盛さんのお話に耳を傾けてみましょう。

浦内川の奥の製材所で大水に遭う

うちの家の戸板には、今でも機銃弾が打ち抜いたあとが残ってますけど、戦争がひどくなって、昭和一九年には、西表島にも米軍機の空襲があるようになったんですよ。それで、台湾に疎開する準備はしてたんですけれど、それはやめて、お父さん（夫の新盛行雄さん）が仕事をしていた浦内川の上流の川のそばのイナバという所にできていた村に引っ越しました、製材所のすぐ下流にあるメバラ川という支流のそばの四軒長屋に入りました。仕事は、台湾の人たち七〇人を使っての木の伐り出しと製材です。

あの大水が出たのは、お父さんが四四歳の時、申の年の一一月でした。三歳の三男と五歳の三女と四人でイナバにいました。その日は台風でもないのに夜の九時ころから息もできないぐらいの土砂降りになってよ、飼っていた仔犬の鳴き声で気づいたら玄関で犬が水に浮いていたわけ。一一時頃でした。さあ、川の水が上がってきて、外にも出られんし、もう山にも避難できないでしょう。

畳をみんな食卓の上に乗せて、親子で押入れの上の段にあがりました。それでも水はどんどん増えてくるので、こんどは天井裏にあがりました。そこにも水が来るので、お父さんが茅を引き抜いて屋根に穴をあけて私たちを上に押上げてくれました。長屋の隣のじいさんも上がってきましたけど、この人は水にタップンと落ちて、そのまま流されて行ってしまいました。

子供たちを穴から屋根の上に引き出して座らせて、もっていた毛布をまきつけたんですが、家はもう獅子舞いの獅子のように、動いておるんです。もし、この屋根が本川（浦内川の本流）に流されて出て行ってしまったら、命はないです。お父さんは、死体であがった時にいっしょに見つかるようにと、わたしが子供をおんぶしておる帯で親子四人のお腹をくくろうとするんだけれど、帯が短くてくくられません。

カシの木に救われる

ところが、流れていった屋根が、川の縁に立っていたカシの木（オキナワウラジロガシ）の大木にぶつかって止ったんです。枝もない真っ直ぐな幹の木でねえ、お父さんにお尻を押し上げてもらって太さ五寸ぐらいの枝にようやくしがみついて、命かぎりでこの枝に上がりました。ここで死にはできんと思うと涙も出ませんでした。気がついたら、男の子は背中に背負っていましたけど、こんどは娘を片手で引き上げて枝の上に立たせたんです。お父さんは男だから、あんなまっすぐな幹にしがみついて自力で上がってきたわけ。枝の上でようやく毛布にくるまったら、もう明け方で、戸板の二、三枚やアヒルや豚なんかが流されてくるのが見えてきました。そのうちほかの家が本川に流されていくのなんかも見えました。

わたしたちのいるカシの木の向かいにガチパナキ（ガジュマル）があって、その枝に近所の一人暮らしのおじいさんがいました。すっぱだかで、水がゴトンゴトンとして流れていくのに合せて上がったり下がったりしているんです。やせて目だけ光ってまるでマヤチコー（オオコノハズク）のように見えました。水が引いた後、この人はかわいそうに、手でちんちんを隠して四里の道を歩いて避難して来られましたよ。

そのうち、製材所の書類がたくさん流されてきて二、三枚が屋根にひっついて流れないので、水が引いてきたことに気がついたんです。しばらくして屋根の穴から下に降りたわけ。「命が助かったね」と思っていると、祖納村の人たちが心配して見にきてくれていました。祖納のニシドゥンの浜まで豚の死骸やら生きたアヒルやらが流されてきていたので、もう死んでいるかもしれないと思って、かけつけてくれたんです。三男をおんぶしてくださった方もあったし、干立（ほしたて。星立とも書いた）村の婦人たちがズーシー（混ぜ御飯）を炊き出して、握って出して下さったんです。あれを今まで忘れられんです。ようやくの思いで祖納の家までたどりついたら、心配していたみんながもう、喜んで、泣いたり話したりしました。あんなにして、死なんで来たよう。

時計や昔からの写真や上等の着物なんかはみんな流れてしまいましたけど、祖先の位牌だけはひっくりかえった油鍋の中に、ちゃんと守られていました。

この時、石垣島の白保《しらほ》村から徴用人夫としてきていた人たち一〇人ぐらいが、浦内川の河口のアトゥク島のへんで、家も人もむちゃくちゃになって死んだそうです。そのうちたった一人だけ、岸に這い上がって助かりました。台湾の人たちは、山の縁に家があったので、山に逃げて全員助かったようでした。

それから五年間は、うちの家族は、毎年このイナバの洪水の日に、命を助けていただいたこのカシの木の下に集って、木を拝んで「お蔭様で元気にしております」というてお礼をしていたんですよ。


新盛さんからは、もっといろいろの話をうかがったが、イナバの洪水のお話になると「アンケイさん、あんなにしてが死なんできたよー。」と繰り返し話して涙をこぼされたのを、昨日のことのように思い出す。それは、命を助けて貰った樹木に感謝する新しい祭祀がどのようにして始まったのかもわかる貴重な内容だった。

しかし、島の人たちにも経験がない浦内川の大洪水はどのようにして起こり、戦争遂行に必要な木材の伐採のための基地であった、製材所のあるイナバ村を壊滅させるに至ったのか、それはひとりの女性の体験談だけではよくつかめないものがある。偶然干立の民家の屋根裏から見つかった資料を、西表を掘りおこす会の石垣金星会長とともに解読した結果を以下に紹介しよう。新盛さんの語りではカシの木であったが、次の資料では、シイの木になっている。

天災ではなく人災だった浦内川の大洪水

この資料は、一九八五年一二月暮、西表・干立（当時は星立と書いていた）の黒島英輝氏宅の屋根裏から発見された印刷物の一部である。表紙もないガリ版刷りで、ザラ紙を折ってホッチキスで止めたA５版二二ページの資料である。屋根裏にあったため、雨に濡れて読めないところがあり、全体に非常に薄くなっているが、辛うじて拡大鏡を用いて判読できたのは幸いであった。一九八六年一月二二日に書き写した。その内容は、浦内川をめぐる人と自然の関わりを記録したもので、実際に経験した人でなければわからないような事情が記されていて、貴重である。目次は、次の通り。

一、カンビリのこと、二、軍艦石のこと、三、稲葉の製材所、四、雨乞石と星立の雨乞い、五、浦内川の洪水

いつ誰が書いたのかその名前も判らない。黒島英輝氏も、どうしてこの資料が屋根裏にあるのか記憶しておられない。しかし、冒頭に「ここにキャンプ村を建てる」という節があることから、昭和一〇年代に浦内川中流域の稲葉に最大規模の製材機を設置して軍需用材を切出す製材所を建てて入植した人たちの内のだれかが筆をとったものと推定される。

この事業は、昭和一九（一九四四）年一一月一一日に、未曾有の鉄砲水によって稲葉集落が壊滅し、多くの犠牲者が出るという悲惨な結果を招いて終結した。天罰とも言うべき人災がひきおこされた経緯を明らかにした資料として、西表島での人と自然のありかたを考える上でたいへん重い内容のものである。

ここでは、保存がよく資料価値も高い五章を紹介する。□□□の部分は全く消えてしまっていたところで、文章・字体も原文そのままである。できれば現在消えてしまった全文を読みたいと思う。

五、浦内川の洪水

昭和一九年といえば、大東亜戦争（第二次世界大戦）が熾烈を極めた国家を興亡の岐路に立つといわれた頃である。

当時、稲葉部落には生活の根拠をこの地におろした定住部落民の他に、営林署経営の製材所関係労務員、軍人および軍関係徴用の者が集ってきてその戸数、人口は現在ではっきりつかめないが、たいへんなにぎわいを呈していたという。

この年も暮れる十一月十一日の朝のできごとであった。先日から降りだした雨はまるで川の水が流れるように三日二晩ひっきりなしに降り続いて止まなかった。そのためかあちらこちらの山々がものすごい地響きをたてて轟音とともに崩れ落ちた。ところで部落民のこれまでの経験からして、どんなに豪雨といっても家屋への浸水はせいぜい床のあたりまでであった。そのために避難する考えはしなかった。このように簡単な経験や憶測だけで判断したことが悲惨な結果を見る一つの因ともなったのだが、高を括っていたといえるわけだ。降り出して二晩目をむかえた午後十時頃になっても雨は止もうとしない。水は床を越し、とうとう座れなくなった。そこで床の上に机や箱やらを置いてそれに立っていたがそれでもしのげなくなり、ついに天井に上がった。もう天井まで上がったのだからここらで引いてくれないかと、いちるの望みに安堵しながらも水は全く引く気配がない。水音のひびきは高くなっていく。天井も水浸しである。このような状況で一睡もせず恐怖につつまれて桁などにつかまって恐怖の数時間を過した。こうなっては手おくれで避難する途をうしなった。たまらなくなって棟桁近くから屋根を突き破って屋外に出た。急に明るくなった。暗い所から出た明るさにしらじら夜明け前の明るさが加わったのだ。けれども雨のため見透しが全く利かない。まわりをうず巻いて流れる洪水の形相は地獄を思わせ濁流の海と化してその恐ろしさに声も出ない。村人の不安は高まった。ああどうしたらいいんだ動揺しはじめた。しかしどうすることもできない。ただしっかと屋根にしがみついている他は生きる道はない。

ところが。こうして一秒一秒を死の恐怖の中ですごすうちにも、明るさが増して視界がかなり開けてきた。雨が衰えたのだ。雨がやみそうだ。急に空が明るくなった。村人はよろこんだ。もうこれで助かる。遠く山の陵線や裾がさだかではないがようやく確認できる。十一月十一日という日の朝が明け放たれるとともに村人はほっとした。ところが突然一段と高いうねりが押し寄せたと思うとたん、乗っていた屋根が何の抵抗もなしにぐっと持上げられて筏のように浮いて流れ始めたと同時にあちこちから老若男女の血の叫び声があがった。だが入乱れて叫ぶこの救いの声も両壁の山に届かぬ中に蕩々たる魔の流れに吸込まれていくようで何の甲斐もなかった。屋根はついに浮きつ沈みつ河口へ流れていく。屈強で泳げる人は意を決して水中に身を躍らせようやく岸にたどりついたけれども、その他の人々は不帰の客となった。発見された遺体六柱、それはねんごろに葬られた。海へ流されまたは河口までの間に死んでしまった人々でも遺体の発見されないままになった人もいてその数未詳であるといわれている。一瞬にして一代の大洪水であった。ところが奇跡的だといってもよいほどに流れている間に大木につきあたりその枝をつかむことが出来て助かった家々もあった。これはシイの大木で今もなお健在なものである。この木に助けられた人々は毎年十一月十一日になるとこの木の根元に集ってこの木を見上げながら感謝の祭を催している。

このような大洪水は原因なしには起こらなかったはずである。例年にない豪雨だけではない。山の伐採量が多いために調節弁を失ったことも考えられる。だが致命的な原因はむしろ他にあった。大きな大きなワナがしかけられていたのだ。

営林署や軍関係者が伐採した木材の枝葉はそのまま山にあった。伐採して搬出しない木材も残っていた。これらものと更に前からおこっている山崩れの土塊、岩石などが所々水門を閉じ狭い谷間をふさいで水の流れをせき止めていたのであった。これがさしもの豪雨に一挙に押し流されて切れたのだ。こういう自然のいたずらが上流に仕掛けられているということを部落民は誰一人知っていなかった。これこそ大洪水の直接的な一大原因であった。四囲山に遮断され他部落から隔絶されたこの稲葉の人々は近隣部落との連絡も応援もないままにこの悲劇に見まわれたのだ。

「災難は忘れた頃にやってくる」ちは寺田寅彦博士の警句だと記憶しているがまさに至言であろう。治に居て乱を忘れてはならないように私たちは平和の条件をつねに整える心構えが必要であることを痛感する。

（引用終わり）

第二部　若者たちとの廃村探訪――屋久島を教科書に

第五章　屋久島フィールドワーク講座・人と自然班

Ｉ　オープンフィールド博物館の活動

一九七〇年代以降のエコミュージアムあるいはそのひとつの形としてのオープンフィールド博物館につながる活動を、山極寿一（一九九八）が要領よく網羅しているので、主にそれによって活動の足跡を振り返っておこう。

一九七〇年代から一九八〇年代の始めにかけて、地元の有志による博物館的活動が始められた。「屋久島を守る会」「屋久島を記録する会」「屋久島郷土誌研究会」「屋久島ウミガメ研究会」など対象と手法は異なるが、「故郷の自然や文化をもっとよく知り、それを保存し活用する」という共通の目的をもっていた。

一九八〇年代、屋久島では、まず、外来の研究者たちがその自然のすばらしさを明らかにする研究を次々におこなった。文部省や環境庁がその研究の主たる資金源になった。京都大学霊長類研究センターでは、西部の永田集落に観察センターを建設し、全国の大学の教員や学生が長期滞在の足場として利用するようになった。そして、大竹・三戸（一九八四）がつぎのように述べた時点あたりから、研究や環境保全という営みも地元の了解と支援のもとに共同でおこなわれるべきものである、という認識が徐々に一般化していったのではなかろうか。

オープンフィールド博物館とは「現時点でも、歴史的変遷からみても、充分な学術的、教育的、文化史的価値をもつ地域と一体化して成り立っている博物館で、それらが構造的につながりあって活動している地域全体」であるとして、大竹・三戸は、自然史博物館・海浜海洋総合センター・森林博物館などのさまざまな施設を作ることを具体的に提案した。

日本モンキーセンターでは「屋久島における人と自然の共生をめざした博物館的手法による地域文化振興に関する実践的研究」（一九八五〜八六年、日本生命財団助成）を実施するが、研究共同者として多くの地元の人々が参加しておこなった点が、それまでの文部省や環境庁による調査研究とは大きく異なっていた。この時、地元のメンバーが中心となって、屋久島の自然と文化のすばらしさに学び、それを孫の世代にまで継承・発展させるという目標をもって「あこんき（アコウの木）塾」（一九八五〜八七年）が始められた。研究者と地元民が協力して月例の自然観察会や講演会を実施し、多彩な将来計画や夢が話しあわれた。さらに、「あこんき塾」のメンバーと地元有志が手を結んで「植物の宝庫といわれる屋久島で人々は植物とどうつきあってきたか」を研究目標にかかげた「おいわーねっか（わたし・あなた・みんな）屋久島」という研究会（一九八六〜八八年、トヨタ財団助成）もスタートした。

このような地道な活動が、「屋久島環境文化村構想」や一九九三年の「世界自然遺産」の指定につながっていくことになったと山極（一九九八）は見ている。しかし、なお地元から見れば、島外の偉い人たちが作った計画であるという、ややさめた印象もあるようだ。

屋久島の自然をめぐるここ数年の大きなトピックは、大型観光バスが通れるように西部林道を拡幅する工事の是非であった。賛否を言う前に、西部林道の自然のすばらしさを地元民自身がじっくり知ることをめざして、「足で歩く博物館をつくる会」、通称「足博」が発足した。世界野生生物基金日本委員会（ＷＷＦＪ）の助成を受け、月に一度の自然観察会を行い、現在も不定期ながら継続されている。「足博」は、性急な環境学習ではなく、とにかく自然をよく知って、その声に静かに耳を傾ける習慣を身につけようとする試みであった。西部林道の自然の重要さが国・県・町の各レベルで認識され、拡幅工事が最終的に断念されることになる過程で「足博」が果たした役割は大きかったのではないかと私は考えている。

そのほか、すべてを列挙することはできないが、サルに餌をやったり、山野草を採ったりして自然をかき乱すことのないエコツーリズムのための民間ガイド協会や、屋久島野外活動センター、屋久島ウミガメ研究会、屋久島研究自然教育グループなど、さまざまな環境学習のとりくみも盛んになってきている。また、屋久島環境文化村センター、屋久島環境文化研修センター、屋久島世界遺産センター、屋久杉自然館、などの公的な施設が続々と建てられている。

これからは、こうした町と県と国の施設を一体のものとして結び、エコミュージアム的な活動に結びつけていくソフト面での組織的努力が必要であろう。

一九九八年夏からは、オープンフィールド博物館構想の一環として、上屋久町の主催で屋久島研究者が講師となった環境教育プログラムが開始された。一年目は、西太平洋アジア生物多様性ネットワーク（DIWPA）の国際野外生物学コースの第四回目として、サラワクやバイカル湖などに続いて、アジア諸国の学部学生を対象として実施された。今年は日本人の大学生を対象とし、来年は社会人にも対象を広げていく計画である。

一九九七年の秋、上屋久町からの呼びかけに応えて京都で「屋久島研究者グループ」が集った。屋久島を深く愛し、屋久島に育ててもらってきた人たちが、それまでの経験を踏まえ、二日間にわたって夢を率直にそして熱く語りあった。そこに参加させてもらううちに、私の胸の中には以下にのべる近未来の屋久島のオープンフィールド博物館が、どうしてもこんなことがあると思えて仕方がないような姿でひとりでに展開してきた。討論に参加された手塚賢至（足博）、山極寿一（京大）、湯本貴和（京大）、丸橋珠樹（武蔵大）、揚妻直樹（秋田経済法科大）、野間直彦（滋賀県立大）、池田啓（文化庁）らのみなさんに学んだ所が多かったが、この文章をまとめるにあたっての責任は安渓のものである。

Ⅱ　屋久島フィールドワーク講座の誕生

屋久島を教科書に、合宿形式でフィールドワークを学ぶという「屋久島フィールドワーク講座」に創設からかかわって、安渓遊地と安渓貴子は、「人と自然班」のチューターを五回にわたってつとめた。全国から集まった大学生と時には地元の高校生を交えて、屋久島における人と自然のかかわりの過去と現在を、五感のすべてを駆使して学び、それにもとづいて地域の暮らしの望ましい未来の姿についてできるだけ豊かにイメージする力を身に付けるということを主な到達目標にしてきた。

私たちの参加の最後となった第六回を除いては、廃村研究をひとつの柱としてフィールドワークをおこなった。かつて人々が暮らした場にでかけ、現在進行形で遺跡ができつつある現場をフィールドとして学ぶことが講座の始まりとなる。そこで感じたこと、見たこと、考えたことをより深く理解し、自分のものとするために、関係者のお話をうかがい、さらに屋久島の人と自然についての全体的な見通しにつらなるお考えをお持ちの方の教えを請う、という手順で学んでいった。これまでに、西部林道ぞいの半山集落跡（第一回屋久島フィールドワーク講座）、川原集落跡（第三回）の調査に引き続き、二〇〇三年（第四回）は、もっとも大量の屋久杉が伐採された小杉谷集落跡を調査対象とし、二〇〇四年（第五回）は小杉谷からさらに奥まった、海抜高度が屋久島では最高に位置していた石塚集落跡を学習の舞台とした。

第六章　世界遺産の森を歩く——屋久島西部林道の住居跡を訪ねて

Ⅰ　屋久島西部半山遺跡

これは、屋久島フィールドワーク講座の一回目に、人と自然班の講師を安渓遊地と安渓貴子が担当した時に、学生たちと半山の住居の跡を歩き回った時の予備調査記録と、山仕事の道具の集まる場所での遺物調査の記録である。

一、発見した遺物

我々は西部林道・半山地区（図34・35）まで出かけた。地図で平坦な場所を見つけてかつて人が住んでいたであろう地域を推定して車から降り、林道から山に入り下った。一〇分も歩かない内に我々は平坦に均された土地と石垣を発見した。石垣の造りからはそれなりにしっかりした建造物があったのではないかと思われた。我々は「城、畑、民家」などを予想した。石垣は、第一に発見した付近では三か所ほどあった。

次に発見したのは丸い穴である。発見した石垣の近くに二か所あった。これは縁を石垣でつくられており、深さは一・五ｍほどあったが落ち葉が堆積していたのでかつては二ｍ以上はあったのではないかと思われる。また、周辺には茶碗の破片若しくはほぼ完全な個体をいくつか発見した。腐食されて底の抜けた鍋も発見した。

我々は先を進んだ。するとところどころに酒瓶、化粧品の空き瓶、

図34　屋久島の地図

茶碗などがまとまって発見できるか所がいくつかあった。ビール瓶のブランドは「Dainippon Beer」であった。白い小さな広口瓶には「JUJU」と記されてあった。おそらく、マダムジュジュという化粧品であろう。そしてついに生活の跡がわかる決定的な建造物を発見した。窯跡である。窯は直径三・三m、高さ約一・八mであった。周辺の地面からは炭の破片が発見された。これは明らかに炭焼き窯である。窯のすぐ下には石を積み上げてあったが、これは急な出水の時に水の流れを窯からそらすための溝の役割をするものであろうと考えられた。

さらに進むと草のない平坦な場所に行き当たった。これは土間のたたきの跡であろう。中心には家を支えていたであろう大黒柱とさらに二本の柱がまだ立っている。住居の跡である。この周辺からは、酒瓶なども豊富に発見された。最後に発見したのは数々の錆びた鉄製の道具であった。皮むき、スコップ、鋸、かすがい等が発見され、砥石も見つかった。

二、遺物から推測できること

半山地区に散乱する遺物や遺構から、かつてここに人が住んでいたことが分かった。次にその年代とどういう目的で住んでいたかを突き止めるべく推理した。先ず、はじめに発見した石垣のようなものは何であったのか。これは次に発見した井戸のような穴と関連する。この穴についても我々は中に降りて色々とその用途を推定したが、いずれも確かではなかった。しかし、後述するOさんに尋ねたところ、昔の肥溜であったらしいことが分かった。このことから、はじめに発見した石垣は段々畑の一部であると結論づけた。

年代についてはビール瓶や化粧品が大きなヒントである。「大日本ビール」は戦前のビールメーカー（現アサヒビール）であるのでこれらの発見されたところには戦前に人々が住んでいたと推定してもよいであろう。

炭焼き窯による炭はエネルギー源として使われる。しかし窯の大きさからはそこに住んでいた人々の自給用を越える炭が産出されたと考えられる。錆びた鉄具は木材を切りだすのに使用されるのが明かである。このことからここで

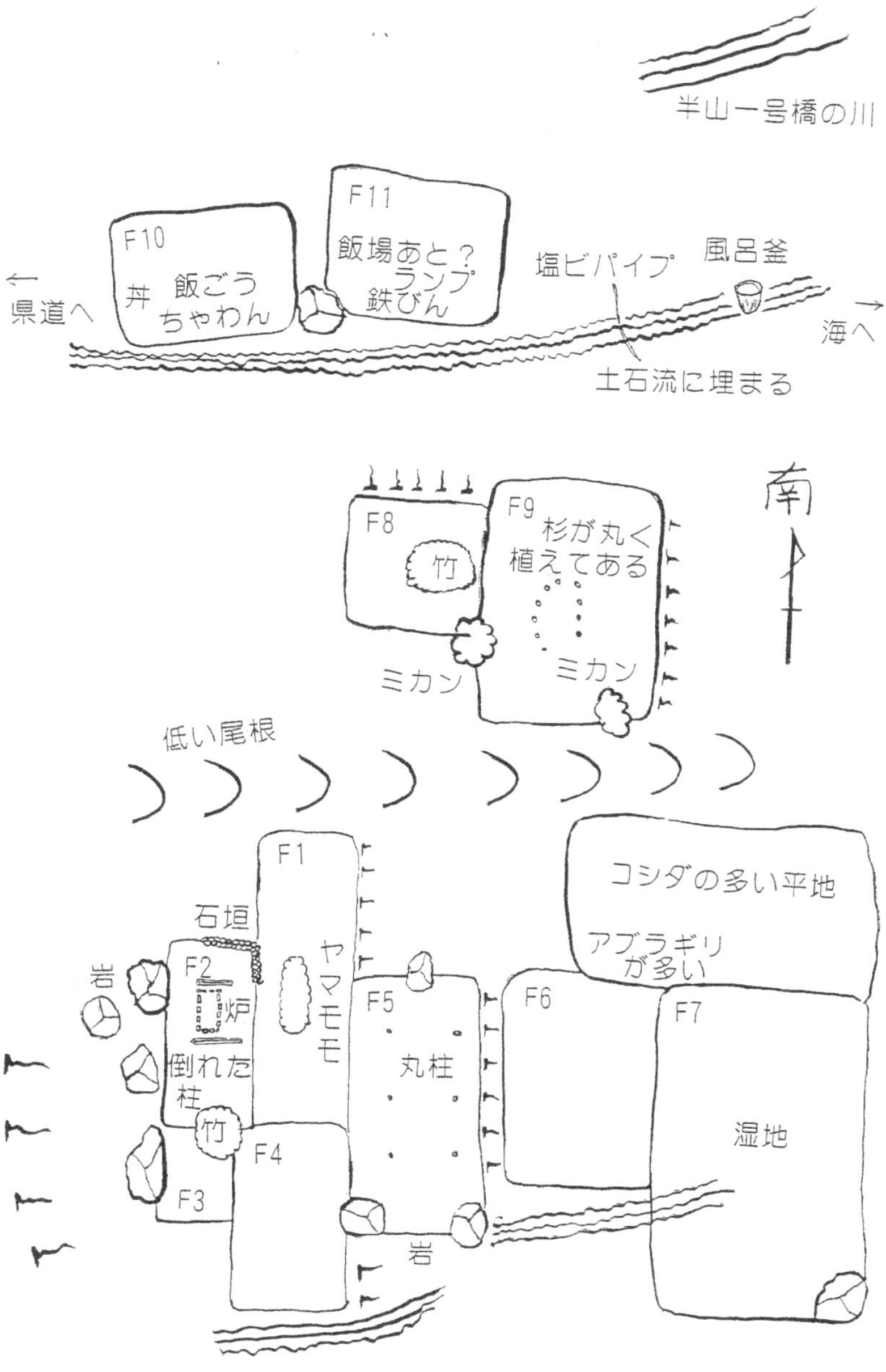

図35　遺物が見つかった屋久島西部林道の半山地区の地図

は木材を切り出し、炭焼き窯で焼き炭を製造し、それを現金収入の糧としていたエネルギー産業が成立していたことが考えられる。それで得た金でもって酒や化粧品などを入手していたのであろう。それらの生活は一九六〇年代まで続いたであろうことが考えられる。そのころに日本のエネルギー需給構造が地下資源依存するように転換したとされるからである。屋久島でも薪や炭から石油へと主要エネルギーがシフトした結果、炭への需要が減り、この西部林道半山地域の集落が廃村になったのであろう。

三、発見した遺構・遺物

ア　遺構・遺物の概要

我々は手塚賢至さんに導かれ、西部林道・半山地区まで出かけた。予備調査を引き継ぐべく林道から山の神にお祈りをしてから山に入り下った。山を下っていくと、我々は倒れている材木を発見（フロア二）。その周辺を探索すると円形状に石で囲まれた炉と思われるものを発見。炉と思われるものを掘りおこすと中から炭が発見された。これにより、これは炉であったと判明。また周辺にはイスに使用していたと思われる角材（あるいは倒れた柱である可能性もある）と酒瓶、茶碗などが何か所か発見できた。ビール瓶のブランドは「DAINIPPON BREWERY Co. Ltd.」だった。フロアのすぐ下には割れた焼酎瓶が落ちていた。これらから推測するにはここはおそらく酒盛りをする場所であったのではないかとおもわれる。

またそこから少し下に下っていくと進むと草のない平坦な部分を発見した（フロア五）。そこには柱に使われていたであろう三本の木が立ち並び、一本の木が倒れていた。それらの木は明らかに垂直に立っていて、それらが人工物であることは明かだった。そこはこれらの状況より民家が存在していたことが推測される。またこの場所からは森の神様の導きにより水晶を発見し、神様の存在と感謝の大切さを学ぶという一幕もあった。また、松の大木が倒れているものも発見。松ヤニをとった跡としてそこには細かい整った間隔の傷がついていた。予備調査で発見していた数々の錆びた鉄製の道具のスケッチをし（図36）、この後にお話をうかがう時の資料とし森を後にした。

イ　遺物の一覧

（一）　木を倒す時の道具

横引き鋸（小）と目立て用のヤスリ。クサビ大小四つ。小さい穴は、腰にさげるためのものと思われる。大きいものは、打ち込むための木の柄の部分があったのであろう。ヨキは二種で、頭が変形していない方は、ハガネ入りであろう。草や枝葉を払う厚鎌があった。おそらくナタガマの一部と思われる鉄片があったが、図示しなかった。砥石が荒砥と仕上げ砥それぞれ一個ずつ発見された。

（二）　木を運ぶための道具

ひっかけて引っ張るトビ。トビの変形で、突き刺す働きもあるらしいものもある。木の下側から持ち上げるためのツル。大きい方は伐採した現場で使うモトヅル、小さい方は、海辺に集

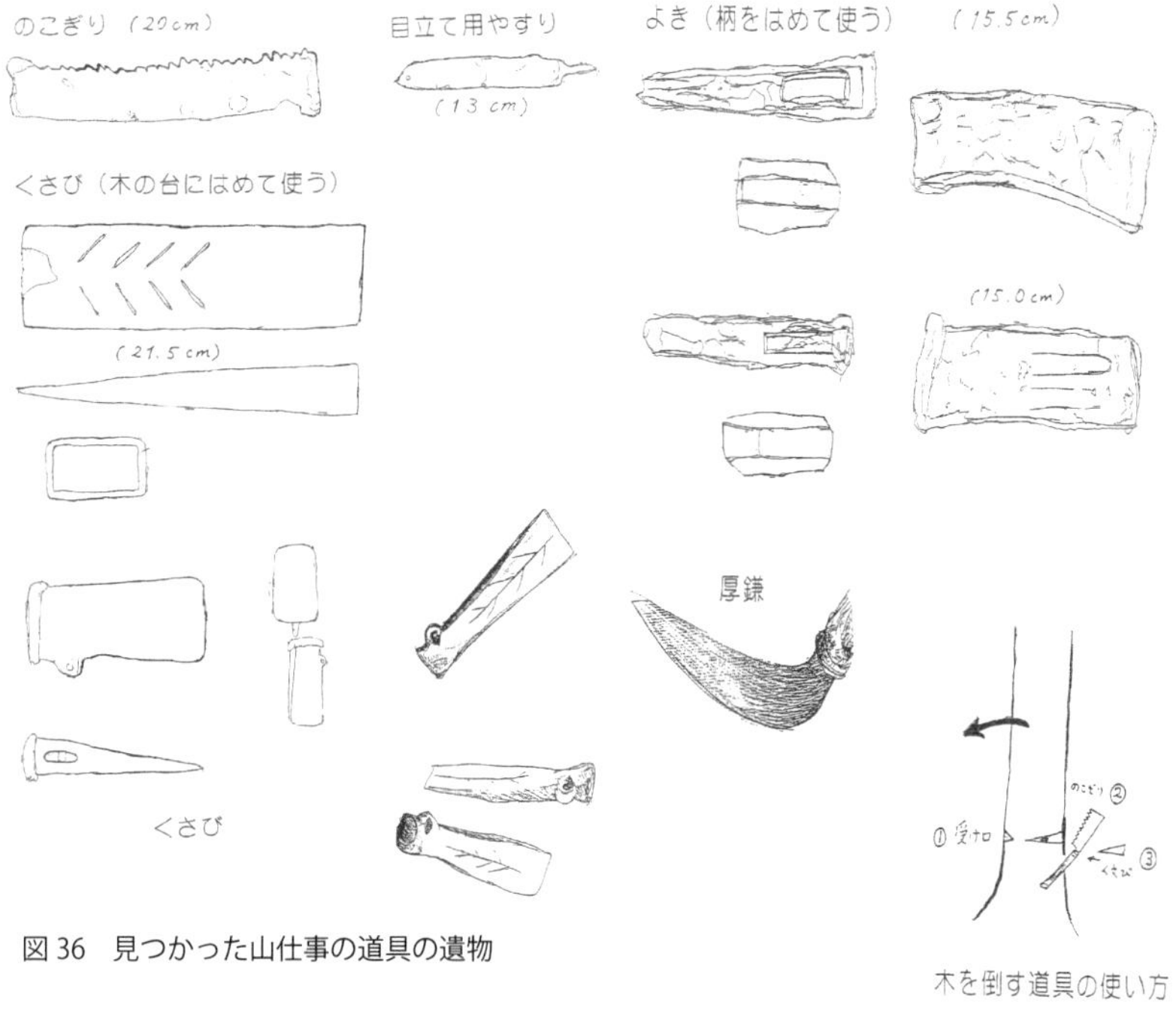

図36　見つかった山仕事の道具の遺物

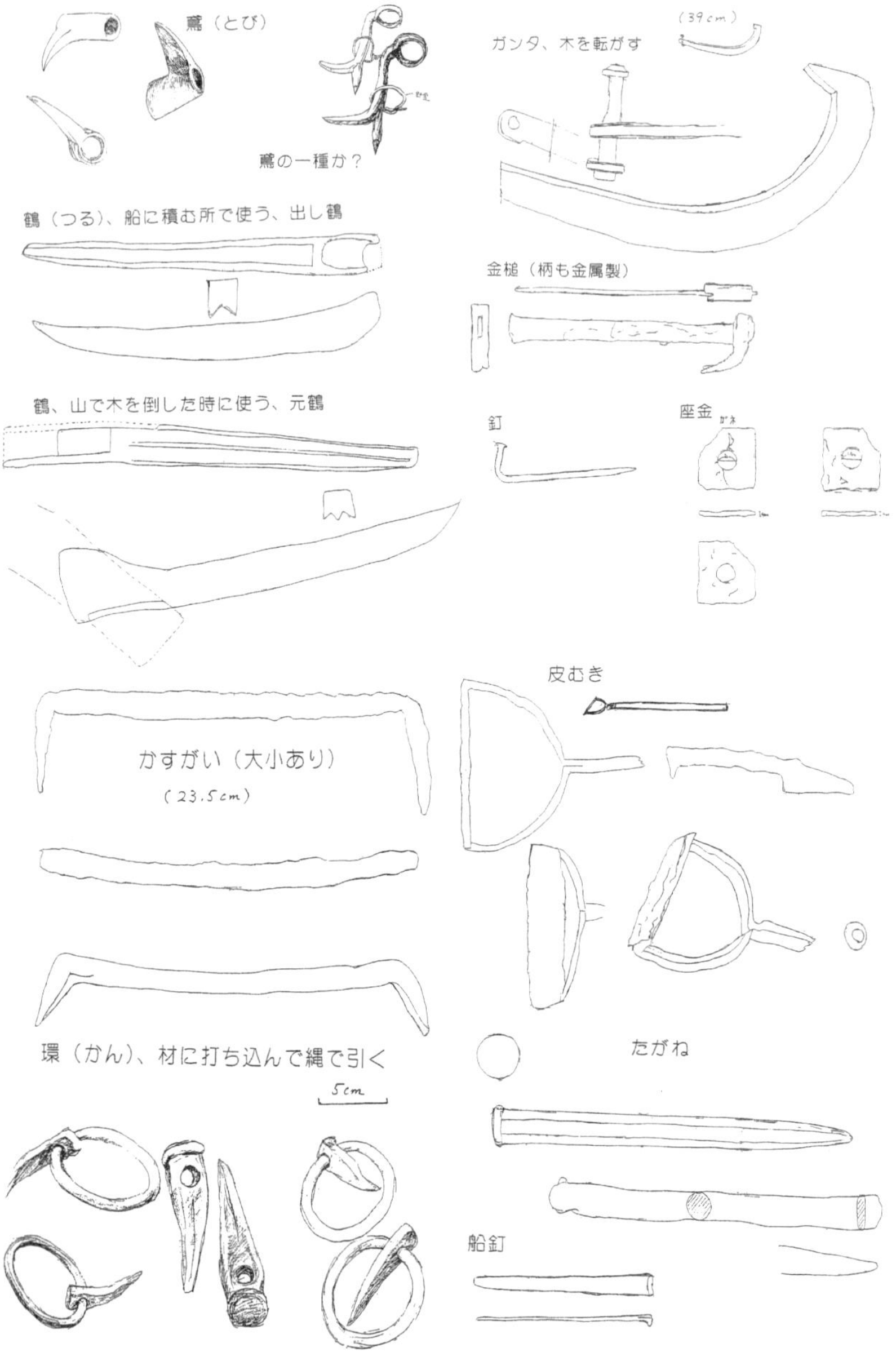

図 36（つづき）　見つかった山仕事の道具の遺物（リアルなスケッチは手塚賢至画伯による）

めた時に使うダシヅルであろう。木をころがすガンタ、その他、海辺にシュラという木馬のようなものを作ったというが、それに関連するらしい道具としてカナヅチ、釘、座金、カスガイなどが発見された。材木に打ち込むカンも大小二種類あった。

さらに、松などの皮むきのための道具、シュラを岩に固定するための穴をあけるタガネ二種、石を動かすツルハシ、材を運び出す船の釘もあった。

フロア五の入り口にU字型の鉄製品があったが、これは鍬の柄のところらしい。その横に拳大の水晶が埋もれていた。これらの道具や貴重品が放置されているのは、またくるつもりで戻ることがなかった事情を反映しているのであろう。

川原の予備調査

屋久島の西部林道の川原《かわはら》地区の山中を人の暮らした跡を探して歩き回ったところ、三連のかまどのような石組みが見つかった。大きな岩がたくさんある一角に残るものである。ここに土石流が発生する前まで、人が住んでいたと考えられる。地表面に見えていたのは二組ずつだったが、少し落葉をどけてみると三つ目の石組みが現れた。図に示すように全体像はどんどん小さくなっていた。また、手前の二つはしゃがむと向こう側が見えるような入り口がついていた。それぞれの石組みのつながりはないように見えたが接合部分に枝を通してみると腐葉土の下にやはり入り口が存在した。

さらに、石の間には最低でも樹齢二〇～三〇年のバリバリノキや周囲一五センチ弱のモクタチバナが生えていた。この二本の木は人々が石組みを使用しなくなってから生えたものと考えられる。したがって、いつの時代まで人々がこの土地に住み、この石組みを使って生活していたかが推測できる。

この石組みを炭窯ではないかと予想し、腐葉土を少し掘ってみたが炭らしきものは見当たらなかった。この石組みが実際何に使われていたのかは定かではない。

Ⅱ　半山集落での暮らし――Fさんの語り

西部林道の集落跡にて

屋久島はたくさんの顔をもっています。ヤクスギばかりが屋久島の森をつくっているのではありません。海からつらなる照葉樹林をゆっくり歩くのもなかなか味があります。ある日わたしたちは西部林道を海岸へと降りてみました。半山（はんやま）と呼ばれるそこは、林道沿いにクスノキが数本見えていて、人が植えたに違いなく、かつて人が利用した場所のように見えたからです。降りていくと、石組みが何段もあって確かに畑か家かがあったようです。ニホンザルを研究してきた先生や友人からもこの辺りにかつて人が住んでいたらしいと聞いていました。やがてスギの木が植わっていたり、ミカンの木があったり、茶碗のかけらやビールやワインの壜、焼酎甕、鍋などが見つかってきました。炭焼窯の跡も随所にあるようです。また、さびた刃物や金槌、鋸や材木を動かすツルやトビの先などが一か所にかたまって土に見え隠れしている所も見つかりました。

「どうもここで木を伐り出す仕事をしていたみたいだね。ここでの暮らしはどんなものだったんだろう。畑はしていたのかな。いつごろまでここにいたんだろう」などなどたくさんの疑問が浮かんできます。

実は私たちは西表島でやはり人が住まなくなった村を調べて、そこのかつての生活を復元するという研究をしたことがありました（本書第一章）。その時のことをなつかしく思い出しながら歩きまわりました。

かつてここで暮らしたことがある人はいないだろうか、少なくとも半山での生活の様子を知っている人はいないものかと、知り合いに聞いてみました。「それならあの人はどうかな……」といって教えていただいたのがこの方です。集落から遠く離れが森の中に一人ですんでおられると聞いて、何度かたずねて行きました。二度目まではどうしても入り口がわからず、三度目にようやくお会いすることができました。

Fさんは、訪ねて行った私たちをおだやかな笑顔で迎えてくださいました。真っ白なあごひげのせいか、まるで仙人のように見えます。木陰に座ってしばらくお話をうかがいました。やはり昔、半山で暮らした経験のある方でした。お話をうかがってから、再び半山のクスノキの谷に行くと、新たな発見がありました。たとえば松ヤニを採集していた跡です。海岸に近い尾根を歩いていて倒れた松に大きな矢のような模様がついているのを見つけました。あ、これだ！こんな大きなものだったんだ！……しばらく絶句してそのマツの板を見つめていました。

わたしたちの探索は途中から、現在「ヤクタネゴヨウマツ生体木調査隊（愛称ヤッタネ！調査隊）」の隊長である手塚賢至さんにもいっしょに歩いてもらいました。そのようにして昔の暮らしの跡をたどって、ふたたび、こんどは会っていただく予約をして、一九九九年七月のある日わたしたちは、フィールドワーク講座の参加者の若者たちとともにお話をうかがいました。以下のお話はそれらに、二〇〇〇年の二月にうかがったことを加えてまとめたものです。

半山と川原

私は、父の代から永田区に住んでいます。父は若い頃には半山に住んでいたこともありました。

西部林道ぞいに人が住んだことがある場所は、二か所しかありません。半山と川原（かわはら）です。ずっと古い時代には、六、七人の人が入植して暮らしていたと聞いています。地元の人は、土地がない次男、三男などが畑を開墾するのが中心で、他所から来た人たちは炭焼きが中心でした。長く半山に暮らした人は、仮暮らしをするうちに、しだいに愛着を感じて定着するようになったんじゃないかなと思いますが、これは私の偏見かもしれません。ただ、川原の方は南西の風あたりが強いので、住んだ人も半山ほどはがんばっていません。

半山での暮らし

戦後すぐの半山の暮らしで、私の覚えていることは、甘藷（サツマイモ）を作り、炭を焼いては海に降ろして運ぶというのがみなさんの生活でした。

他所から来た人たちも、住み始めたら木を伐って開墾して自給しながら、なんでもお金になるものを作っていました。椎茸やキクラゲも育てていました。椎茸は、炭火で乾燥させなければならないので面倒ですが、キクラゲの方は、天日乾燥で十分でした。

自然のものでは、ワラビがあります。黒い根っこを大きな桶で潰して、澱粉を採るんです。ワラビ餅といいますから食用にもしたでしょうが、番傘の油紙を張るにはワラビの糊に限るんです。アブラムシがつかないというんですね。私も、新しい番傘を友人に預けておいて、紙の所をすっかり喰われたことがありますから本当でしょう。

糊といえば、障子を張るためのフノリも作りました。これは漁協で入札して採りよったです。

食べるアマノリ（浅草海苔）は、海岸で採って、塩抜きをして紙のように仕上げるまで、フノリより手間がかかります。おやじが生きていた頃、アマノリ採りの人が来て、家に泊ったこともありました。

ゆかしい地名

半山の地名ですか。海岸の地形には昔の人がいろいろ適当な名前をつけています。平家の落人が来たとかと言ってゆかしい名がついている所もあります。エボシ岩とか観音崎とか。台風で大時化の時、大波で岩が揺れる所はユレル瀬、蔓を利用した降りたり上がった所はカズラカケなどと。

――半山の暮らしをつづった、松田高明さんの『屋久島の不思議な物語』（秀作社出版）にも、地名を新たにたくさんつけた話が載っていますね。

炭焼き

炭焼きをしました。炭に焼いた木は、カシ、イスノキ、シャリンバイなどの堅い木です。マテバシイはだめです。カシは、燃やしても炭に灰がかぶってこない性質があるので火力が長持ちします。イスノキは堅い木ですが、灰がかぶってきます。シャリンバイは、ものすごく堅い木ですが灰がかぶってはきます。

半山で炭を焼いた人たちは、聞くところによると紀州山師と言っていました。白炭を焼いていましたが、これは火が燃えつきるころになっても灰が被ってこなくて火力がおちないんです。特にまんじゅうに入れる餡をつくるには、煙がたたず火力に変動がない白炭が不可欠のものとされていました。そして、白炭の原木になるシラカシとかハマカシ（和名ウバメガシ）とかが全国的に不足した関係で、屋久島まで炭焼きに来ていたんですね。

炭焼きは商才にたけていないと失敗しがちです。小さい窯でも自分だけでやるといいですが、人に使われると取り分が減って結局もうかりません。自分だけなら、やめたいときにやめられますから潮時を見極めやすいんです。大きい窯だとまとまりがいいようですが、事務職の人の取り分まであったのではたまりません。人に使われるのがいやだ、という話ではなくて分（ぶ）で焼くと何割かしか自分の取り分がなくてつまらないということです。

戦争前は、さまざまな炭の用途がありましたから、炭の格付けがうるさくてね。椎茸の乾燥用に松煙が少ないものが喜ばれましたし、火鉢には灰をかけておけば翌朝まで火持ちのいい炭でないといけません。炭の一級、二級、並などを調べる検査員というのが県から来て、検査料として一袋から一五キロもさっぴいたものです。戦争が激しくなると燃料が不足してきて、どんな炭でも売れるようになってきました。工場炭と称したものは、木が黒くなってさえいればなんでもいいという粗製濫造の炭でした。

薪にする木

昔は、鋳物のコンロがありました。三段に重ねるようになっていて、短い煙突もついていましたが、けっこう煙たくて大変でしたよ。風呂なんかに使うふつうの薪は、長さが一尺一寸ぐらいあるものですが、これで使う薪は、ふつうの薪よりも短くないと燃え尽きた時に、はみ出した分が下に落ちます。

薪にする木は、今は年をとったので手近な木を何でも採ってきます。でも、木は伐採する時期がありま す。それを外すと虫がついて、薪置き場が粉のような虫の糞でいっぱいになります。まあ、どんな木でも燃えないことはないのですが、どうせ切る手間をかけるのなら、大きい木の方が芯が入って、火力もあるし火持ちがいいんです。また、堅い木の方が小指くらいの小枝までも燃料として使えますから。とくにいいのは、カシの木やマテバシイです。こういう木なら、消し炭がとれます。軽い木は全部灰になるので、一度しか利用できません。大きい木や堅い木は切るのが大変ですから、年をとってくるとなかなか使いづらくなってきました。

人間の足跡

西部林道から半山へ降りて行くところに、シダぐらいで何も生えていない所がありますね。「半山はシュラ（修羅）で材木を滑らして降ろしたから、そこは木がいつまでも生えてこない」という人がいますけれど、実際はどうだったんでしょうか。最近はシカが増えて、若芽がどんどん食べられてしまうということもあるようですが。

半山の海辺は岩がごろごろしていますから、船積みをしたり、筏を組むとき、材を縦に並べてシュラを岩の上に作って、それに川の水をかけ、材を海に滑り落とします。海辺以外は材を地面を直かに滑らせるのが普通で「地ずり」といいます。そこに木や草が生えてこないで今も残ってるんでしょうかね。いつまでも残るものか……。

畑跡なんかは、まず草がはえ、カヤがはえ、ススキになり、木がはえてきます。しかし廻りに大きい木が残っているとその木がすぐにはえてきます。畑跡に最初から木が生えて生長すると、はじめのうちは草を刈ったりして手をいれていた所が、木が茂ってくると草が生えなくなります。

それから、山が大きくなってから、上から土砂が流れてきて埋ったり、崩れたりした所は、畑みたいになっていますね。そこはきれいに空いていて通りにくい地形になりません。、また、先にコシダが生えるとそこには木が生えません。シラスとか粘土質の所はそういう傾向があります。

松ヤニ採り

昔は、松の木が海岸からこの家のあるあたりまでずうっとあったものです。クロマツですが、まだマツクイ虫は入っていませんでした。これを伐採にかかることになって、その四年くらい前から、切ってしまうのはもったいないから松ヤニを採ろうということになりました。その後、松を切りましたが、その他の雑木は切らなかったですね。

私が松ヤニを採り始めたのは昭和三五年三月はじめです。採った跡は、ヤニが固まってパンパンになっているので、今でも腐らずに山の中に残っているでしょう。

採った松ヤニは、鹿児島の薩摩林業という会社に出荷していました。松ヤニの用途は、二八種類もあると言われています。松ヤニの出来は、土壌の質によって変わります。細かくて柔らかい土なら柔らかくて黄色いというかミルク色の松ヤニ、シラスの土の所は堅いヤニになります。出荷するときは、柔らかいものと堅いものを混ぜて出荷していました。いい松ヤニを出す土壌の所に当たった人は得でした。値段は変わりませんでしたが。集める時は、竹筒の容器に溜めて、それを竹のへらでこそげていました。採る人は営林署だったり、民間だったり、いろいろでした。個人で松ヤニを採っていた人で私の家に宿をとる親子がいました。だいぶ長く続けていました。ドラム缶に集めるんですけれど、相当重いですよこれは。二四時間で一合半ぐらい採れればいい方でした。雨が降らない時は、ヤニの量が減ります。ですから冬は出が悪いです。三月始めころから採りはじめて六月ころからどんどん採れるようになり、八月が一番よく採れます。

五葉松は、ヤニが固まりませんので、溜まると竹筒からあふれてしまいます。ですからクロマツしか採集しません。それに半山には五葉松は生えていません。

ノコ目の入れ方は、ノコの歯床ほどだけ切り込みを入れます。木に深く食い込めば損です。皮目だけを切るようにするものです。真ん中に溝が刻んでありますが、ヤニがこびりついてくればすーっと削っておとしました。へりの所についたヤニの一滴でも大事に集めたものでした。

切れ込みの長さは、はじめから一尺も長く切るのではなく、最初は三分の一ほど切るだけにしていかないと、長く松ヤニを採ることができません。でも木の裏側までは切込みを入れません。

雨の時には木の幹を伝って雨水が流れ落ちます。木の裏側を伝うんですが、その場所をアマダレと呼んでいます。ヤニを採るときは、アマダレを避けないと竹筒にたくさん雨水が入ってしまうのでよくありません。

半山ではクロマツを伐採することにして、もったいないからその前に松ヤニを採ろうということで、せいぜい二年か三年採ればよかったんです。だから、両側を削るほどのこともめったにありませんでした。股木を立てかけて高いところまで削る人もたまにはありましたが、ふつうは手が届く高さ五尺ぐらいまでで止めていました。三年ぐらいかけて念入りに松ヤニを採りましたが、木は枯れませんでした。なかなか生命力があるものですね。

松の根から出た塊として地下に漢方で使う油の塊のようなものができます。茯苓（ぶくりょう）といいます。採られる松にとっては大災難ですが。内地にはもうないでしょう。今は朝鮮茯苓といって輸入しているらしいです。

短期でさっとやってしまう人は、うまいやり方です。私のようにじっくり念入りにやる人は赤字を出してしまうことが多かったですね。あらゆる仕事をしてみましたが、どうも儲かったという記憶はありません。

瀬切の五葉松

瀬切川の上流には、五本松と呼ばれた大きな五葉松がありました。知り合いが来て、斧でみんな切ってきたと自慢のように言っていましたから、私は見ませんでしたが、やはり全部切ってしまったのでしょう。松を切るときは、ノコに石油をつけながらでないと、ヤニがじゃまして切ることはできません。

五本松から落ちた種が増えているという話を聞いて、何十本もの苗を採ってきた人もいたそうです。また、五葉松の種を採る人もいました。もと永田の灯台に勤めていた人から手紙が来て、五葉松の種を集めてほしいという依頼があったこともありました。あれは、盆栽用だったのかもしれません。

永田の県道のわきに、私が子供のころから直径一尺ぐらいの五葉松がありました。珍しく五本も葉があるというのでわざわざ見に行ったりしたこともあります。あの松は今でもあるかどうか……。

松と杉の実採り

木には股木を掛けて五、六尺まで上がります。上に登ってみたのは営林署の下請けで松かさ採りをした時です。木によって、実がたくさんつくものや少ないものがあります。松かさの大小や、松かさの開きやすさにもいろいろな差があって、一山でどのくらいの実が採れるかを推定するのもなかなか難しいものでした。それで、松の木に登ってみたのです。秋口に集めた松かさは、防水シートを敷いた上に広げて乾かし、松かさから出てきた種だけを箕で集めました。昔の人は豆や穀物を箕でふるって上手にゴミを取り除いていましたね。

松かさを何日もかけて採って乾燥して種を集めて、大きな一升桝一杯にしようと思ったらたいへんです。

クロマツの種は一〇日、二〇日と集めて、集めた量を日割して賃金を出しました。良かったり、悪かったりしました。種とりの仕事は油断すると落ちて大きな怪我をすることがあります。わたしは怪我をしたことはありませんが。

マツの実の羽根はひとりでに落ちます。大きさはマッチの頭くらいあります。箕で選り分けると軽いものや羽根は飛んでいきます。

クロマツは一種みたいだけど、実は多種多様ですね。雑種かと思うほどです。たとえば、木が柔らかくてゴトッとおれるものがあります。杉と違って松はこわいです。枝がポトッといきます。これは木に登って仕事した者でないとわからんでしょう。大枝でもボトッといきます。難儀して育っているのは丈夫、ボーッと育ったのは弱いです。

杉の種の採集もやっていました。実が大きい方がいいかと思われるでしょう。ところが、一番性質がいい地杉は、実がとても小さくて、種も小さいんです。大きな実の吉野杉や中くらいの宮崎県の杉は、屋久島にはあいませんから、それは採らないで、小さい地杉の種を集めたんです。

ああいう仕事はふんぎりのいい人なら赤字になることは少ないですね。ただ、しつこく最後までやろうとすると、妙に赤字になったりしますよ。日雇いで引き受けるといい仕事で、ぱっと儲けてぱっとやめるといいんです。僕のようにしつこくやっていると、だめです。いい業者と組めるか、いい時期を見込めるか、そこの見極めが大事になってきます。

木を伐る

半山での木の伐採には、三つの段階がありました。まず、杉を伐って建材として出しました。それからクロマツを伐り、最後はパルプ材として雑木を伐り出しました。パルプ材の伐採の会社は、名目上は昭和の終わり頃までありましたよ。

木にも弱さ強さがあります。シラムシ（白蟻）に弱い木があります。マツはマツクイムシにやられると、後にシラムシがつきます。シラムシはどの木にもつきますが、乳（白い樹液）の多い木や、アクの強い木はシラムシがつきにくいです。

木を伐る時期が悪いと普通の虫も入ります。家を建ててからでも何十年も何代も生き続けて、家が建っているうちはホコリのようなのが落ちてきます。テッポウムシとかキムシとかです。

薪は、九月から一一月に切るのがいいようです。

川の水

屋久島では短時間に降る雨の量がすごいです。半山あたりでは降った雨が川にでてくるまでにけっこう時間がかかります。例えば、朝、雨の中を仕事に行くとき川を渡っていきますが、帰りには水が増えて渡れなくなっていることはしょっちゅうでした。ですから、雨が降って五、六時間もしてから水がでてくるんです。永田では川が短いし、さっと水が出てきてしまいます。

私が元気だった時は、毛布などの大きなものを洗う時は川を利用していました。砂でせき止めて洗う場所を作って漬けておくんですが、ひとしきりして行ってみると、作った土手が流されていることがありました。六〇センチか七〇センチの高さまで水があがってきていたんでしょう。部落の水害となると、範囲が広くなります。それに満潮時が重なると水が深くなるし、河口に漂流物が詰まって水位が高くなるということもありました。

道と土石流

昔の道は本当にけもの道のような細い道で、重いものを運んだりするのは、海を利用することがおおかったですよ。その後、伐採のための会社が山の中のくねくね道や海岸道をつけていました。

昭和四〇年に今の林道を県が開通させました。それから、山崩れが頻発するようになりました。山の谷川が流れてきたところには橋をかけるべきでした。それを暗渠で済ましたところが、古木や朽木が集まってきてすぐに決壊し、かろうじて生き残っていた周囲の樹木も押し流されてしまうようになっています。そして、いちど崩れたら、山の上から海まで岩山になってしまいます。半山では、三人の家族が土石流で家の中に閉じ込められるということも起こりました。半山には、炭焼き窯や人夫小屋がありましたが、それらもことごとく川の所では海まで押し流されてしまいました。道を作った人たちの考えが足りなかったんですね。県側の負けです。

環境の変化

僕の生活しているこの狭い範囲でも、冷蔵庫の古いのとかをほかすから、海岸はえらいことになっています。ここは、もともとは台風が来てごみをもっていってくれる所なんですが……。こっちが時化ると、浮遊物はあっちに流れていき、逆にあっちが時化るとこっちに集まってくるというぐあいですね。それから、温暖化のせいなのか、海の水位が近頃上がってきているように感じられます。というのは、何十年も潮がかからなかった所、台風にも潮がかからなかった所にも今は潮がくるようになってしまったんです。元は浜や海岸の岩の上に松なんかの木が生えていて、いいなあとおもっていたような所や、落ち葉があったような所も、きれいに海がもって行ってしまいました。

昔おじいさんが、「ここは、この岩屋を利用して生活していた場所だ」といっていた場所に今行ってみても、もう野宿できるような場所ではなくなっているんですよ。下の方に竈の火をたいた跡形はまったくなくて、天井に煙の跡が残っているだけです。今の灯台の所も、海から四〇段とかの階段があったんですが、岩が柔らかいせいか、ごそっと波に持って行かれています。こっちで時化《しけ》ると、漂流物はあっちへ行っている、あっちで時化るとこっちへきています（笑）。

おわりに

私は何ができるのか、私は何をなすものとして生まれてきたのか。そんなことを、人生に対する結論として、最後の悟りとして、いま考えています。

ずっと私は無限の時空に向かって行くんです。生きる、死ぬということを越えて、ただ行くのみです。二度と帰ってはこないのですから。私は、みなさんよりちょっとお先に歩いていくことになると思いますが……。

――お別れに際してFさんは、あらましこのようなことをおっしゃいました。木を相手に自然の中で暮らす中で到達された世界かもしれません。半山の暮らしの復元研究とあわせて、屋久島をはじめとする南島では生まれ変わりという考え方が当たり前かと思っていた私どもには大きな宿題になりそうです。

第七章　山の中の電化生活——屋久杉伐採の最前線・小杉谷

Ⅰ　屋久杉伐採の前進基地・小杉谷の集落建設と廃村

（この節は、屋久島フィールドワーク講座の受講生とともに執筆したものである。）

小杉谷の歴史

屋久島は一五九五年までは種子島家が領有していた。「種子島家の森林政策は良くて大きな木々は神の木だとして切らなかった」（歴史民俗資料館館長の山本秀雄さん）。一五九〇年には豊臣秀吉が京都の方広寺大仏建立のために大材調達に乗り出し、種子島家は島津家とともに「ヤクスギとヒノキを主に二〇〇本の大木」（山本さん）を切り出した。「いかだをくんで黒潮にのり大坂まで運んだが途中の海賊とは種子島の鉄砲の関係もあり仲がよかった」（山本秀雄さん）そうである。また、このとき、島津家は屋久島の森林の木材資源の価値に気づいた。一五九九年からは屋久島は島津家の直轄領となり、藩士や島民が守るべき「屋久島置目」で領国外への搬出禁止や大仏用木材探索時の記録保存などを定めている。一六四二年には島津藩は屋久島に代官を置き、本格的な伐採事業に乗り出した。伐採にはすべて斧を使った。というのも、斧はどんな所からでもその音が聞かれるが、ノコギリの音は山中にこだましないので無断伐採を防ぐためという説がある。伐採した木の多くは長さ五〇センチ、幅一〇センチの平木にし、島民達はそれをかついで山道を降りた。男たちは一か月のうちに二〇日以上も山に入ることも珍しくなく、山中の小屋まで女たちが食糧を運び上げた。また、その帰りには女たちが平木を背負って降りた。島津藩の「屋久島手形所規模張」は藩に納める御用木、各種稚苗、稚樹の伐採禁止や、藩士の屋久杉製品や御用木の島外持ち出しは厳重禁止などの規定を定めた。島津藩の伐採は二〇〇年間続いたが、その間どれくらいの木が伐採されたかについては確かめるすべはない。しかし、「屋久島林政沿革誌」では一五〇万立方メートルから二〇〇万立方メートルが伐採されたと推測している。根株がほぼ全島に及んでいることから、人が踏み込んだことのない原始林はほとんどないとみられるが、斧一つで切りつづけることと、チェーンソーでの短期間の皆伐とは性質が異なる。

明治維新後、島津藩領は当時の県令で島民に払い下げられたが、地租改正に伴い国のものとなった。「明治政府は財政的に不安定だったので、税金をかけるか森を国有化するかどちらかを島民に迫った。島民は国有化を選んだが、昨日まで入れた森に島民は入ることができなくなった」（上屋久町役場の塚田英和さん）。取り締まりが厳しく、山に自由にはいって薪炭などがつくれなくなったために、島民の有志が一九〇四年国有林下戻請求の訴えを起こした。しかし一六年後の一九二〇年にこの訴訟は国側の全面的勝利で決着をみた。しかし、「この運動に携わった時のことを子どもの時にきいた孫の世代の人々が昭和四〇年代の自然保護運動の中心となった」（塚田さん）。これに対して島民側は「燃料の確保、山菜などの調達が困難になって生活に支障をきたす」として陳情、国有林の一部売却を求めた。国側も島の実状を配慮し、さらには将来の円滑な伐採事業推進のため、翌年に「屋久島国有林経営の大綱」、いわゆ

図37　ありし日の小杉谷集落と小杉谷小学校（堀田優さん所蔵の写真から複写）

る「屋久島憲法」を発表した。これは四万二千ヘクタールの国有林中、前岳の七千ヘクタールについて、開墾適地を貸与し、薪炭材生産には便宜をはかるほか、奥岳の伐採や造林作業にあたり島民の就業を誘導する、など島民の経済的安定性に大きな影響を与えた。

屋久島の伐採事業において中心地であった小杉谷（図37）の生活を、実際にその地に足を運ぶ跡地調査、小杉谷に関わりのあった人（具体的には小杉谷に居住されていた人）への聞き取り調査、さらには小杉谷に関わる文献に当たることで、明らかにする。

先に述べたように屋久島では過去から伐採がおこなわれていたが、小杉谷とその周辺は島津家の時代「お止め山」と呼ばれ保護され、他の地域より多く木材資源が残っていた。そのため、小杉谷事業所は屋久島憲章で伐採作業基地として定められ、一九二〇年森林軌道の建設工事をし、一九二一年に開設された。施業は屋久杉を除きスギ、ヒノキを皆伐し、その後は一〇〇年サイクルの天然更新に任せる方針でおこなっていた。これは、島津家での施業を参考にしたもので当時は、屋久島の施業には最も適していると思われていた。

屋久島の豊かな自然の中で、小杉谷が伐採の基地となったのにはそれだけの理由が存在する。小杉谷は島内最大の川である安房川の河口から一六キロ上流に入った一六平方キロの谷である。標高は六四〇メートルで、谷の西側には宮之浦岳がそびえ、北側も宮之浦岳からのびる尾根によって冬の北西の季節風から守られていて、山中では暮らしやすい所である。島津藩が小杉谷とその周辺を「お止め山」と呼んで保護し、明治時代にも島全体の半数を超える屋久杉が小杉谷に残ったといわれたこの地域は、簡単にいえば島内屈指の木材資源を有していた、と言える。

小杉谷の歴史の前に、その前段階についてざっと触れておこう。江戸時代に島津藩領であった屋久島は、明治維新後に一旦は島民に払い下げられたが、地租改正などに伴いその森林が国有地となった。その後の法律によって国有林と確定した森林の強い取り締まりによって、かつては燃料や食料として利用していた島民たちの生活が困難になったことにより、有志が明治三七年に国を相手に不当処分取り消しと国有林下戻し請求の訴訟を起こした。この裁判は一六年後の大正九年に国側の全面勝訴で決着したが、その後の陳情もあり国も四万二千ヘクタールの国有林中、前岳の七千ヘクタールを開墾適地として島民に貸与するなどする「屋久島国有林経営の大綱」いわゆる「屋久島憲法」を発表した。小杉谷はこの国有林の事業基地とされたのである。

熊本営林局は大正九年に森林資源調査を始め、約一年のち小杉谷を伐採事業基地とすることを決定した。森林軌道建設ののち小杉谷製品事業所は安房官行斫伐所として誕生した（名称については昭和二一年に安房事業所、二八年には小杉谷事業所となった）。この当時の小杉谷の住人は一〇〇～一五〇人ほどで、事業所開設の翌年には小学校にあたる家庭教育場が開かれた。伐採作業は戦争までは天然更新（植林を行わないということ）が可能な程度であり屋久杉は禁伐の対象であったが、日中戦争・太平洋戦争における戦局の拡大に伴って必要木材も増えた。戦後小杉谷の人口は三〇〇人から三〇家族一〇〇人に減っていた。さらに作業の全面的なストップや劣悪な食糧事情の影響で、最も少ないときには小杉谷にはわずか四家族にまで減った。事業は昭和二二年から新設の林野局（のち林野庁）の所管下で再スタートして、一時囚人が使われていた時期もあったが、昭和二五年の朝鮮戦争による好景気を反映して、低迷していた木材需要が好転し木材価格も急騰したことで盛んになっていった。二六年に熊本営林局が策定した施業案により皆伐による生産第一主義がとられた。機械力も積極的に導入し、集材機、チェーンソーは伐採手段にも伐採量にも大きな変化をもたらした。日本の高度経済成長にともなって増産体制はますます加速し、小杉谷の人口はピークの昭和三五年には五四〇人になった。しかし、皆伐に次ぐ皆伐によって美林を誇った小杉谷も裸の谷へと変化していき、伐採現場も小杉谷から南の荒川地区へと移っていった。小杉谷での伐採作業は昭和四二年に終了し、四五年には小杉谷製品事業所はその半世紀にわたる歴史に幕をおろし、小杉谷小、中学校も廃校になった。

小杉谷の遺物と遺構の現地調査の結果

期間中、二日間をかけて小杉谷の人々が生活していた跡を調査してきた。安房川沿いの森林軌道（トロッコ道）をたどって小杉谷に入り（図38）、二つあった集落のうち小杉谷地区をフィールドに、上屋久町役場の塚田英和さんのご協力を得て見聞きしてきたことをまとめた。私たちは、小杉谷に実際に住んでいたことのある方々の情報でまとめられた小杉谷集落略図だけを手に、若い杉の木が立ち並び苔に覆われた家屋の跡を一つ一つ確かめながら、そこにあったもの落ちていたものを記録していくというやり方をした。そこに落ちていた茶碗のかけらやガラスのびんは誰のものだったのだろうか。付近には安房川が流れている。土砂は崩れることもある。どこか他の場所から流れてきたものとは考えられないかどうか。しかし、切り立ったふちに生える木の根の隙間に覗けた陶器片を発見したことで、この疑問は解決された。木の根が張っていく間の地層の状態が守られていたということは、つまり陶器片は大きな変化も無く元々この場所にあった可能性が高いということである。そして、これから見つけていくものも、小杉谷のその場所に存在したものであると考えた。

集落の住居略図をもとに、わかりやすい場所から

図38　軌道を歩いて行くと時々作業用のトロッコと出会う

調査を進めた。郵便局の跡は、コンクリートの基礎が特にしっかり残っていた。周囲より一段高くて狭い空間に穴のあいた構造があり、おそらくこれは風呂場の跡である。郵便局には局長の住居があったようで、以降、家のあったと地図に記されている場所では、たいてい同じような構造を見ることができた。各戸にあったのは五右衛門風呂で、風呂釜が転がっていた。小杉谷は、昭和四四年の閉山という時間軸の一点に一度に人々がいなくなったわけではないので、家財道具はふつうは持って下山していったであろうから、見つけたものは当然すべてではなく、また、意外性のあるものもあった。小杉谷には営林署の整備で電気が通っていたので、電線の碍子や電気洗濯機、電気釜、電球、ＮＨＫの放送受信証などの遺物がその事実を物語っていた。そして、漂白剤の容器やひげそり、せんたくばさみ、靴下、くつ底などを見つけると、そこが風呂場や玄関などではなかったかと思わせた。各戸の区別は、土地の高低差や川などの地形的なこと、水まわりからのびる排水溝の跡の石材を見て、判断した。二戸ずつが隣りあい、斜面をぬって難しい地形の中、区画は整理されていた。一方で、一〇本二〇本単位の多くのワインやウィスキーのびんが郵便局の敷地の裏から見つかり、それらが年代的に合う範囲で新しいもののようだったので、郵便局のある辺り、小学校の裏手には集落の中で比較的裕福な家庭が居住していたのではないかと推定した。焼酎のびんやかめは、他の多くの場所からも見られた。

調査の間に見つけたものを用途別に表に分類して、集落の生活様式について考察してみた。まず、住に分類されるものは、電気が通り、川から簡易水道で水を引いていた事実を裏付けるものが多い。アンテナとフィーダー線が見つかったが、テレビ本体は一つも見つからなかったので、まだ使える電気製品は持って下山したのだろうと考えた。洗濯機などは、新しく買い換えるつもりだったのだろうか。脱水機が手動ローラー式のものがあった。五右衛門風呂の風呂釜は各戸のあとにほぼ一つずつ転がっていた。水を引いてくる設備には塩化ビニル素材のパイプも使われていたようだった。便器は陶器製で、旧型のような男子用と、現在と変わらない和式のものとが見られた。そして、冬は雪深くなるという気候を、ストーブでしのいでいたようである。燃料は炭と灯油の二つの可能性が考えられる。

食で分類されたものでは、お酒をよく飲んでいたようであるということが言える。また、石臼や炭、羽釜などの昔ながらのような調理器具と電気炊飯器、電熱器（これは調理用だと思われた）が同じように出てきた。新しいものを上手く取り入れて、バラエティ豊かな食生活を送っていたのではないかと思われる。缶詰のふたと缶ジュースのふたは、小杉谷以降の年代の新しいもののようで、当時の遺物ではなくまったく別の観光客の捨てていったものではないかと考えた。

衣生活の範囲で見つけたものは、見た目のかぎりでも現在に近い感覚があった。ただその中で軍手だけは、土の中から見つかったのに、白い綿が良い状態で残っていたので、集落の時代に使われたものではないと思った。その他に分類したものは、衣食住に分ける以上に小杉谷集落らしい生活を考察する上で特別なものだと見た物である。肥料袋は、畑の跡こそ判別できなかったが、畑仕事をしていたようである。玩具の破片、ビー玉は集落に住んでいた子どもたちの遊びにつかわれていたものだろう。鳥の餌を入れる容器があったということは、小鳥を飼って楽しむ文化があったということだろう。また、カメラのフィルムが出てきたので、何らかの記録を残すために使われていたのだろうが忘れ物になってしまったと考えた。発泡スチロールは、他に類似した物が特に見つからなかったので、集落の生活と関連付けてよいか判断しかねた。最後に、トロッコの軌道敷である。現在は安房川をまたぐのにも手すりのない状態であるが、当時は吊り橋であったという話である。ワイヤー、金具なども見られた。

発見したものを振り返って見ると、伐採の道具やテレビなど、当時はあったはずのものでも全く残っていないものが随分あった。衣生活の遺物に履き物はあったが、捨てられたといった感じであり、着物や布団などは見られなかった。そういったものは、小杉谷に居住する必要のなくなったときに、引越し荷物として持って帰ったのだろう。電線の絶縁体である碍子は、たくさんあったがその割に電線本体がなかったことが疑問だった。これは、銅の資源として回収されたようである。そして、墓地は集落には置かず、その度に山を下りたのだろう。

小杉谷の集落は、杉の木の伐採が止められてから徐々に、居住者を減らしていった。観光客は絶えることなく入ってくるし、そのためにしばらく居住を続けた世帯もあったようだ。また、建物の跡に生えている杉の木があったり、それらが樹齢二〇年程度で切られた切り株があったり、時々人の手が入っているようだった。一見、苔と霧に覆われるばかりのようで、そう遠くはない過去の人々の豊かな生活様式を垣間見ることができた。

山の中に泊めていただくための土地借の作法

山の中に入っていた間は、同行していただいた塚田さんのご指導のもと、屋久島の山の神様の世界に、わずかだが触れることができた。登山は、行程の無事を山の神様に祈って始まった。領域に入らせてもらい、観察をさせてもらうので、お願いをする心である。山に入るときは「ゴメンゴメン」と言い、神様の許しを得るからこそ山中での物事が無事にすんでいくのだと思った。山の中に生育しているというヒカリゴケを求めて入ったきり七年たっても戻らない大学教授の話を聞いた。彼が祈りを欠かさなかったかどうかは分からないが、年間に数人いるそんな人々は自然の中に帰っていったからだ、とさえ考えられる。

山の中で荷をおろし、一夜を過ごそうとする時は、土地借（トチカイ）を行う。その間人間がいる空間の四方に、米と塩と焼酎を供えてかしわ手を二回ずつ打って回り、残った焼酎を御神酒として飲む。神様の場所を通るのに注意を払うなら、神様の時間である夜を過ごすためにさらに気を遣うわけである。夜は、人ではないものがあらわれる、と言われた。夜歩く時は不意に出会ってしまうかもしれない。何かなくしてもいい物を身につけておくと、そんな時にそれが落ちたり、なくなったりして、警告を与えてくれるそうだ。土地借の土地を出て用を足しに行く時タオルを首にかけて行った。また、たき火を囲んでそんな話をしていた間、野生の鹿が親子で、闇にまぎれて灯りの方を見ていたのに気付いたよ、と塚田さんが教えてくれた。私たちに土地を貸してくれた主が覗きに来ていたような気もした。実際に野生の生き物のテリトリーに入り込んでいるのだということも実感した。昼間は、目に見えるものを探し、考えをめぐらせていたが、夜の時間があってはじめて、幾重にもある山の姿を感じて知ることができたと思う。そこには畏ればかりがあるのではなく、祈り、土地借をすること、礼をすることで、包みこまれていくようだった。帰途の楠川わかれから行く太鼓岩や白谷雲水峡の絶景も、過程なく突如出現したものではない。無事のお礼をして山から出るまで、どんな些細な出来事にも因果がめぐって起きていることだと思わずにはいられなかった。

Ⅱ　小杉谷の昨日・今日・明日——屋久島町春牧・堀田優さんのお話

「縄文杉」登山ルートの戸流の山中に小杉谷集落のあとがあります。ここは、一九一四（大正一三）年に下屋久営林署小杉谷事業所が開設されてから一九七〇（昭和四五）年八月までの半世紀以上にわたって、営林署による伐採が行われた場所で、ジャーナリストの津田邦宏さんが『屋久杉が消えた谷』（朝日新聞社　一九八六年）の中でそこでの暮らしを詳しく紹介しています。

二〇〇二年の夏に上屋久町主催の「屋久島フィールドワーク講座」の参加者数人とともに、上屋久町職員の塚田英和さんのご案内で小杉谷を訪れ、そのあとで小杉谷にあった上屋久町の出張所長兼郵便局長をされていた堀田優さんん（図39）にお話しをうかがい、学生たちとともに現場で感じたいろいろな疑問に答えていただきました。年齢を感じさせない堀田さんのすばらしい記憶力に感嘆しながら小杉谷閉山までの二〇年にわたるご経験や、その前の戦

図39　小杉谷の語り部堀田優さん（家庭教育場の資料を手に）

争体験の一部などをうかがいました。

種子島から屋久島へ

私は大正一一年に大分県の日田で生まれました。生まれて間もなく、親の仕事の関係で種子島にわたり、小学校四年ごろの昭和七年に屋久島に来ました。だから今でも上屋久町に同級生がいます。いまでは屋久島の人間になりきってしまったわけです。もう八〇歳になりました。

私の父は堀田玉蔵といいます。母は種子島の伊関の近くの人で、サヨミと言いました。父は七〇歳そこそこで死にましたが、母は八八歳くらいまで長生きをしました。

おやじは、私が生まれたころは主に製炭業をしていました。種子島で人を雇い、山の木を切って、炭焼き窯を一〇から二〇も作り、大分や四国へ船で送っていました。紀伊國屋文左衛門みたいに自分で船に乗せて運んだり、一時は羽振りがよかったらしいですね。種子島にはそのころの関係の人たちがつけたのかおやじの名前をつけて地元の人が「堀田山」と呼んだ山がありました（笑い）。西之表の伊関の北の柳原というところです。炭窯や住居の跡を見せてもらったことがあります。そこは小高い山があって、谷間はその時は田んぼが開けていました。懐かしかったですね。

転校をくりかえして

学校にあがったころは、伊関ではなくて現和小学校に行き、そのあと西之表と中種子の境のところにある小さい学校に移りました。

ところが、昭和五年の世界恐慌のあおりをうけておやじの仕事も倒産して、おちぶれてしまい、屋久島に渡ってきました。小杉谷は、種子島で倒産したとき、おやじが働きに来ていたところでした。おやじが先に屋久島に渡り、私は種子島でじいさん、ばあさんの所に預けられていましたが、昭和七年には私も屋久島に渡りました。

私は八回ほど学校を変わっていて、屋久島でまず入ったのが小杉谷の家庭教育場（正式名称は、下屋久営林署安房官行研伐《せきばつ》所家庭教育場）でした。これが小杉谷の始めのころの学校でした。教えていたのは営林署の職員で、正式な教員じゃないんですよ。それで進級するときは安房の校長先生が来て、形だけではありますが審査をしていました。家庭教育場は、運動もできないほどの狭いところで、運動場が拡張されて小中学校となったのは、戦後でしょう。家庭教育場には小学校一年から六年まで、四〇〜五〇人くらいの子供がいました。子供の頃は付いて行くのも大変な道を、楠川から小杉谷まで（約八時間かけて）歩いていました。歩くことだけは子供の頃からやっていて、今も朝歩いています。

ここに一年半ほどいて、安房の学校に下りてきました。今の安房小学校は、その時代は粟穂小学校と言われていました。一学期ごとに学校を変わったこともあり、私は小学校六年の間に八回くらい転校しています。記録保持者です（笑い）。

その後、学校は昭和一八年に粟穂国民学校太忠岳分校に昇格し、昭和二七年に粟穂小学校太忠岳分校になって、昭和三〇年には校舎が落成、昭和三八年に、独立の小杉谷小学校、小杉谷中学校として認可されています。

小杉谷小中学校の校歌は宿泊所の落書きと私の持っていた楽譜から、松本淳子さんという方が調べてくださって、きちんと記録できました。閉山三〇周年記念で建てた小杉谷休憩舎の中で、スイッチを押すと歌が流れるような仕掛けになっています。

――どうして年に三回も転校したりなさったんですか。

それはおやじの仕事の関係です。屋久島に来てからのおやじはね、鋸で挽いて屋久杉の板をつくるという仕事だったようでした。私も小さかったので現場に行ったことはありませんでしたが、当時は先輩や後輩の関係でいろいろな所へ誘いがあれば移動するというふうでしたよ。戦前は雇用関係というのも今のようにきちんとしていませんでいたし、所帯道具もなくわずかな道具を持って体ひとつで動き回るんですから、木を切る人は一所に落ち着くことはなかったと思います。そんな時代でしたよ。山で働く人たちが落ち着いてずっと同じ所で働くようになったのは、戦後も昭和二七、八年から三〇年頃にかけて、保険や年金の制度が整ってきてからですね。

アンコールワットで飛行場つくり

戦争中のことですか。戦地では死にかけたりねえ……。私は戦争中は陸軍飛行隊、航空部隊の地上勤務として、主に東南アジア方面にいました。シンガポール、ベトナム、カンボジア、タイ、マレーシア、ビルマなどで航空通信兵の仕事を行っていました。一番の前線は、ビルマのインパールの近くのアキヤブという所に行った問いでした。

終戦はカンボジアで迎えました。私はあのアンコールワットに泊まっていたんですよ。アンコールワットの池で朝は顔を洗っていたんです。部隊はプノンペンにいたんですが、終戦前にはシェムリアップ（当時私たちはシムレアップと発音していました）というところに空港を作ったんですが、飛行場設定大隊というところから一五人、そして私の飛行場大隊から一五人出て、飛行場つくりに行っていたんですよ。そこは今でも使われているみたいです。

周囲は広葉樹に囲まれていましたが、ジャングルという感じではなかったです。アンコールワットそのものは明るいところで、入り口には古ぼけた看板が立っていて、「加藤清正が熊本城の築城のおりに技術者を派遣してアンコールワットの石組みの方法を学ばせた」というようなことが日本語で書いてありましたが、あれは本当かなあ、それとも後でつくった話かな、それはわかりません。今はアンコールワットといえば有名でしょう。こんなことなら、もっとじっと見ておけばよかったなあと思ったりしています（笑い）。大昔、機械もないころに、よくあの石を積み上げて造ったなあと感心します。自動車でまわっても、とても三〇分や一時間では回りきれんですよ。長い堀があってね。アンコールワットの入り口の堀をはさんで反対側に大きい空き家があって、そこを開放してもらって、そこに泊まっていました。たくさんの人夫の人に設計図を見て指示したり、給料を払ったりする仕事をしていました。

敗戦前後

昭和二〇年は日本がポツダム宣言を受諾し太平洋戦争が終了しました。その昭和二〇年八月、プノンペン北飛行場という軍用の飛行場にいたら、プノンペンに引き上げるように命令があったんです。意味がわからんかったです。それまでには、沖縄戦のために特攻隊が編成されることになり、これから沖縄に応援に行くという者はおらんか、と問われるわけです。その中で一人が手を挙げると、他の者も手を挙げないわけにはいかなくなります。結局みんな挙げます。「よし、全員希望だな、しかし、みんなが行くわけにはいかないから、あとで人事係が指名するからそのつもりでおれ」ということになるんです。

八月一五日には特攻隊の第一陣が発つつもりで、エンジンの試運転をして命令を待っていたら、伝令がやってきて、今日は中止だから一応エンジンを止めろと言われました。「一種軍服（正装用の長袖の軍服）を着て、下士官以上は一二時一〇分前に部隊長宿舎前に集まれ」と言われました。暑い戦地であんな長袖の軍服を着たのは初めてやったですけれど、これは命令ですから。そして一二時から天皇陛下のラジオ放送があるから、というのでなにやろうか、と思って待ちました。多分「がんばれ」ということやろうと思っていたんですが、雑音があって聞こえんけれど「負けた」様なことを聞きました。

それから、進駐軍に日本人は殺されると思いました。デマは飛ぶしね。炊事係は食料の倉庫の鍵を開けっ放して、めいめい好きにしろ、炊事もしない、ということになりました。私はブランデーをがぶのみしたんです。三日目にお腹が痛くなってきました。急性盲腸炎をやったんですね。意識がない状態でトラックに乗せられ、プノンペンの航空病院に担ぎ込まれて手術を受けました。手術の後は腸炎とアメーバー性赤痢を併発して、もう死ぬかと思ったんですが、助かってね、帰って来れました。

そこには熊本県出身の看護婦さんがおってね、県が隣り合わせというだけで待遇が違うんです。特別に栄養食とかを心配してくれて、ブドウ糖液をコップでくれたりもしました。現在この方は八代に住んでいて、今でも年賀状をやり取りしています。お孫さんが友だちと屋久島に旅行で来て、私の家に寄っていきました。

福岡の大刀洗航空隊から同じ部隊へ一〇人が行きましたが、戦地から生きてしかも無傷で帰って来れたのは、私ともう一人、いま伊敷にいる有村君という人と二人だけでした。運が良かったんですね。

みんなみんな美しく見え

船でメコン川を出てサイゴン（今のホーチミン市）を過ぎて、われわれは海に慣れていないからというので、速い駆逐艦に乗せてもらって、前日に出た航空母艦を翌日にはもう台湾辺で追い越して、船は屋久島の近くを通ったんです。ここで下ろしてくれんか、と思いましたよ。

昭和二一年五月二〇日に広島の大竹に上陸して、そこで解散しました。大竹には一週間ぐらい事務手続きで停泊したかな。一〇年間の退職金として二〇〇円もらい、鹿児島に無事帰還しました。でも大竹で聞いた話では、屋久島・種子島を含む南西諸島は占領されているから行けんよ、というんですね。それはトカラ・奄美の間違いだったんです。実際は屋久島までは大丈夫やということで、帰れたんです。船が屋久島に近づいてきたときはそりゃぁうれしかったですよ。

鹿児島に来たら一面の焼け野原でしょう、山形屋百貨店と県庁の建物だけがかろうじて残っているような状態です。復員の手続きのために県庁に行ったんですが、県の組織もどこにあるやらわからん状態でした。

船を下りて、日本の女の人を見ると、それまで見慣れていた女の人と違って、色が白いでしょ、みんなみんな美しく見えました。屋久島に帰ってすぐ家内のテルエと結婚したんですが、家内とは遠い縁故で、出征時から親同士が話していて結婚させると決めていたらしかったです。日本に戻ってすぐ、誰でも美人に見える頃に結婚したのはまずかったなあ、もうすこし待てばよかった、と家内といつも冗談いいよったです（笑い）。

戦後すぐの暮らし

帰ってきてすぐに仕事がありました。南君という友だちが、私がいつ復員してきてもいいように仕事を準備してくれていたんです。そのころは、ここは開拓地でしょ、開拓補助金なんかの国の予算もあり、景気がよかったんです。そこの開拓事務所の会計主任の席をあけてくれてありました。

そうするうちに、春牧区が安房から独立して、区長になったんです。そのあと営林署に入って、小杉谷で仕事をするようになりました。

乳飲み子がいましたから、小杉谷には最初自分だけ行き、休みには帰ってくるという生活をしていました。やがて小杉谷の学校なんかも整備されてから、家族といっしょに上がりました。子供は男一人、女一人で、小学五年生くらいになったら子供だけ降りて、自分たちで自炊しながら学校に通ったんです。山の学校より下の学校に行きたかったようです。親の知らんうちに、受け持ちの先生に転校届けをもらってきているんです。女の子の方は逆に、安房小学校の教頭が「娘さんをちょっと貸してくれませんか」というんです。あのころ、一人のことで、学級が二つから三つにふやせるという事情があったんです。娘も「兄ちゃんと下の学校に出たい」と言いよるところでしたから、行かせました。そうしたらその教頭が今度は小杉谷校の校長になって来たんです。そして「娘さんを小杉谷に戻さんか」というんですよ（笑い）。娘はいまさら行かんということになりました。その後、高校は屋久島高校に入り、そのときは宮之浦に下宿していました。

生活の変化

――ここに役場でコピーしてもらった小杉谷の地図がありますが。

そうそう、わたしらが住んでいたのはこの郵便局の建物です。自宅を簡易郵便局にして、その中に役場の出張所を置いていました。私は郵便局長を兼務し、私の家内が局の事務取扱者になっていたわけです。

――二〇年おられた間に、生活はどのようにかわりましたか。

始めは、戦争のあおりでほとんど閉山状態だったですからね。それが復活してどんどん盛んになり、昭和三〇年から四〇年ころが屋久杉切り出しの全盛期ですね。昭和四〇年を過ぎた頃からぼつぼつ屋久杉の保護ということが言われるようになりました。

屋久杉は手引きのノコギリで倒すだけでも二人で三日はかかったものでした。昭和三一年頃に試験的にチェーンソーが入りました。アメリカ製のホムライトとかいいました。小杉谷で大々的にチェーンソーを使い始めたのは、昭和三四年ころからですね。それまではチェーンソーと人力の併用でしたが、三五年ころにはすっかりチェーンソーになりました。閉山までの一〇年間にどんどん切ったんですね。今考えてみたらもったいないことをしたなあと思います。あれだけの屋久杉をねえ。

その頃の写真がここにありますからご覧下さい。こうして大きな屋久杉を倒したんです。トロッコに載せている写真は、昭和三一年か三二年頃で私も写っています。山で働く人は、みんなこういう制服をもらって働いていたんです。営林署の一日の仕事ですか。私は最初は作業員で入りましたから、トロッコで材木を運んだりする仕事でした。伐採された材木をトロッコに載せるわけです。あんまり大きい材は二つに割ったりしてね。トロッコ軌道までは、遠い所は一〇〇〇メートルもワイヤーで集材していました。昭和四〇年を過ぎたころから、トロッコは廃止されてトラックで運ぶようになりました。それが難しいところでは、後にヘリコプターも使うようになりました。

電化が進んでいた小杉谷

小杉谷は物資、施設がとても良く、あの頃の屋久島としては生活は一番良かったですよ。電化が進んでいて、洗濯機、冷蔵庫、電気風呂、電気炊飯器なんかの電気製品も島で一番普及していました。テレビなんかも各家庭、全部一緒に入れました。テレビ代も半額以上補助したんじゃなかったでしょうか。共聴施設なんかもお金はかかるんだけど、営林署がばんばんお金を使ってやってくれるわけです。お風呂は最初は共同浴場でした。

給料は固定給はあるんですが、出来高払いの部分が大きくて、材木を伐るにしても一立方メートルいくらと加算されるので、固定給の倍くらいあったと思います。あの昭和二七、八年ころの月収が三万円近くはあったでしょう。役場職員は初任給が一万円とちょっとやったですからね。当時、月給といっても、よくて一万二千円くらいのものですから、小杉谷の人はみんな裕福だったですよ。

小杉谷の暮らしをめぐる質問と答え

――小杉谷で現場に残っているものからいろいろ昔の暮らしをしのんでいたのですが。

家は長屋式で六畳二間が二つ横に並んで一軒の家になっていました。雨や雪が多いので通路から一段（三〇㎝）くらい石を積んで高くしないといけませんでした。

高木さんの奥さんが豆腐屋をしていていました。地図に床屋さんと書いてある所は、高い床をつくってトロッコ軌道と同じ高さにして、購買部になっていました。そしてその床下は、空き瓶とかを置いておく場所に使っていました。その向かいが床屋さんでした。

歩く場所はトロッコ道しかありませんでした。製材を積んで通るのは一日一回で時間が決まっていたので危なくはありませんでした。トロッコで子供も送り迎えしていました。三キロほど上の石塚集落の子供もトロッコで送り迎えしていました。

医者はいなくて看護婦の木下ミヨさんが常駐していました。

小脇さんの前の岩川さんという人が酒屋をしていました。

風呂は、始めのうちは共同の電気風呂でしたから、珍しいといってわざわざ下から小杉谷にまで入りにくる人もいました。共同浴場は時間的にも集中するし、不衛生な場合もあるかもしれない、ということで、風呂はやはり個人で造ろうということになって、後にめいめいの家に五右衛門風呂をもうけるようにしたんです。

郵便局、教職員住居には屋内トイレがありましたが普通の家は別棟でしたよ。

便所の汲み取りは持って行くところがないから、何か所か溜池を作ってそこに入れ、溜まってくれば土をかぶせて埋めるとうようにしていました。川に流さんようにね。

畑はキュウリやジャガイモなどを女の人が作っていました。畑に適した場所はあまりないけど石の間を掘り返してね。気温が低い所ですから虫もつかないので農薬もいらないし、案外土地が肥えていて、そうたいして肥料もいらなくてよくできたんです。

食べ物は購買部で買いますが、当時は宮之浦でも鯖がよく獲れましたから、獲れたての鯖を持って、何人かで上がって来られることもありました。朝涼しいうちに楠川歩道を歩いて売りに来ていたことをよう覚えています。

——小杉谷の郵便局跡の前に、洋酒の瓶がいっぱい落ちていたのですが。

焼酎以外のいろいろな瓶が落ちていたというのは、小杉谷が閉山した後に泊まった登山者が置いていったものでしょう。あそこは木が生える前は、平たくてテントを張りやすい場所でしたから。私たちのころは赤玉ポートワインはなくて、ウイスキーなどは飲んだ記憶がありません。たまにビールも飲みましたが、涼しい所ですからあまり飲まなかったです。お酒のことについては、焼酎は良く飲んでいました。パチンコなんかもないし、ほかに娯楽といってもないでしょうが。酒とたばこは、初めのうちは、小脇さんの家も前の岩川さんという人が扱っていましたが、後には購買部で扱っていました。空き瓶の回収もしていましたよ。だから、あまり空き瓶が残っていなかったでしょう。

——粗大ゴミは、セメント製の流しの他は、電気洗濯機が二つ三つあっただけでしたが。

それは、電気製品なんか、まだ耐用年数があるうちに引っ越したからでしょう。テレビなんかが故障して買い換えれば、電気屋が引き取ったですよ。

現在宮之浦在住の永野憲一さんは、私の同級生で役場お抱えの鍛冶屋さんでした。もう二〇年以上会っていないなあ。憲一さんのお兄さんは、小杉谷で使う品物を、下に住んで作っておられました。

山で使う道具はかなり残っていましたが、私が見回ってめぼしいものは集めました。なんかもったいない気がしてね。今でもノコギリの二、三枚は物置に入ってます。

——石臼の上半分が落ちていたんですが、そういう古風な暮らしをして人がおられたのでしょうか。

ほう、石臼がありましたか？　これは珍しいですね。どの家にありましたか？　郵便局の近くの家ですか。うん、それなら福元君じゃ。それは自分の食料を碾いたんじゃなくて、メジロの餌をつくっていたんです。大豆と米を煎ってね、臼で挽いてふるうんですよ。福本君は私より一級下の人で、トロッコに乗って運搬をしていた人だったと思います。あの人はメジロが好きで、いつもメジロを飼っていたんです。屋久島のメジロはいい声で鳴くと言われていますよ。私らも福元さんに勧められて，いい声で鳴くメジロをもらって何年か飼っていました。閉山していろいろ忙しくなって、飼えなくなりましたが。

――そういえば陶器の小鳥の餌入れも落ちていました。なるほど！　おかげさまで、ばらばらだと思っていた遺物がひとつのものとして結びつきました。

娯楽はあまりなく、花札はやったことがありますが、マージャンは一部の人（七～八人）だけがやっていました。男が仕事に行くと、奥さんたちはテレビを見たり、昼寝をしたりしていたようです。うちの家内は郵便局の仕事なんかで休みがなかったようですね。

――子どもはどんな遊びをしていたんですか？

子どの遊びごとは、校庭でボール遊びやソフトボールをしました。青年も夕方は子どもと一緒になって遊んでいました。あとはただ川遊びですね。冷えたら上がって岩にくっついて体を暖めたりしました。ヤマメを放流するまでは魚もいませんでしたが、夏休みや日曜はトロッコに乗って山を降りて、海遊びをしたりもしました。女の子も縄跳びやお手玉、ままごとなどをして遊んでいました。小杉谷の子どもたちは中学を卒業すればみないなくなります。

行事は、旧暦の九月一六日に山の神祭りがありました。仕事を休んで盛大に祝いました。子どもや大人の相撲や宴会がありました。

また、年に一度、上屋久町体育大会に小杉谷集落として、子どもも大人も出場していました。

閉山後も小杉谷に残って

昭和二七年営林署に入って、三六年まで九年間働きました。それから、同級生たちや先輩がいまして、役場の職員として小杉谷に入らんかと勧められました。給与も営林署の横滑りで対応してくれると言うので移りました。

一時は五〇〇人以上いた、あれだけの数の所帯を、主人と奥さんの名前はもちろん全部覚え、子供たちの名前や中には生年月日まで暗記している場合もありましたよ。予防接種とかの手続きをするうちに、できるようになるんです。亡くなった人も転勤した人も、いまだにだいたい覚えていますよ。

閉山するまで小杉谷におったんです。だから、小杉谷には通算で二〇年ぐらいおったわけです。小杉谷も住めば都でねえ……。長くいることになりました。有為変転いろいろな人生を歩んできました。

小杉谷閉山記念碑（写真40）にありますように昭和四五年に小杉谷事務所が閉鎖されて役場の出張所も同時に閉鎖されましたが、私と妻だけで、その後さらに二年小杉谷にいたんです。あのころは登山者が多くてね。その人たちの受け入れとお世話係でした。学校の校舎とか残った建物の財産管理を任されてもいました。

図 40　小杉谷閉山の記念碑「屋久杉と共に」

校舎を宿泊施設に使った時には、郵便局跡におったのでは目が届かんものですから、もとの職員室に寝泊まりしていました。縄文杉を見ると言うてどんどん登山者が来るものですから、校舎に宿泊させたり、校庭跡にテントを張らせたりしていたんです。営林署の建物や住宅などは私の残っている時にほとんど処分しましたが、校舎だけは残っていました。

第三〇回太陽国体があったとき、山岳会場が屋久島になって、コースの都合で小杉谷が宿泊施設になったということもありました。三笠宮さまが来られました。その時には、夕方、家内に七輪を貸して欲しいといわれて、何をされるのかと思ったらメザシがお好きだとかで、それを焼くためだということでした。宿泊にはひとり毛布何枚といって配るのですが、役場が宮様のためにちょっと程度のいいものを準備したんですが、それは使わず、板の間に他の人と同じ毛布を敷いて寝られました。リュックをかるうて（かついで）宮之浦岳の頂上まで行かれましたよ。そんなことがありました。

私たちが最終的に小杉谷を下りたのは、昭和四七年の一二月でした。そのあと、学校関係の建物は取り壊して、一軒だけ宿泊所を残してありました。小杉谷山荘といって、学校から二キロくらい上の三代杉の近くにありました。そこに、今安房におられる若松さんという夫婦がしばらくおられました。昭和五〇年ごろから、小杉谷は本当の無人になったんですね。

夢をもちましょう

定年後は区長を一年だけ勤め、明るい選挙推進委員を七，八年しただけで、あとは遊んでいます（笑い）。趣味は写真を撮ることですが。

年をとっても、普段からできるだけ足を使うようにしないと。私も安房あたりまではできるだけ歩いて行くようにしています。車ばかりだとだめです。

子どもの頃は四年生にでもなれば、楠川から小杉谷までの楠川林道を約八時間かけて歩いて行ったですからね。成人してからも、上屋久の役場の職員として小杉谷出張所に勤務していた時、月一回の事務連絡の時は、安房をまわって宮之浦へいくよりも楠川へ下りた方が早いというので、あの山道をよう歩いたもんでしたよ。あのころは、白谷雲水峡の道はなくて、楠川に出る道しかありませんでした。それも、今の県道へ出るんじゃなくて、途中から歩道を通って今の屋久島高校の上あたりに出る道がありました。いやあ、元気でしたね。歩くことだけは子どもの頃からやっていて今も毎朝歩いとるんだけれど、足だけは痛くないですよ（笑い）。

人生の中で一番苦労したのは、小杉谷の二〇年間と、戦地の五年間でした。その時はきつかったけれど、今考えたらかえって懐かしくてね……。

——住んでいらっしゃる時に、小杉谷でずっと暮らしていく、というような感覚はなかったんでしょうか？

いや、どうせ、いずれはなくなるという感じで暮らしていました。営林署のみんながそんな感じでしたね。縄文杉が発見されたり、屋久杉が珍しいと騒がれた昭和四〇年ころからうすうす「もうここも長くないかもしれない」という考えが口には出さないけれども、みんなの胸の中に生まれてきていましたね。

たとえ閉山したとしても電気も電話も来ているのだから、小杉谷で、例えばきれいな水を生かしてわさび栽培の試験の計画をしてみたりもしたんですが、町有地ではなくて、国有地なので借地関係があってそこまで踏み切れなかったんです。

若いみなさんに、申し上げることとしては……。そうですね。屋久杉も縄文杉も一年二年の積み重ねで今日の姿まで大きくなっていきます。だから一度は屋久杉を伐ってしまったけれども、やがては小杉谷にもまた大きな杉の木が生えるようになるでしょう。夢を持ちましょう。

——貴重なお話をありがとうございました。

第八章　屋久島最高の村——石塚集落での生活

I　石塚集落の現地調査

前章で紹介した小杉谷での暮らしに引き続き、その上流に位置していた石塚集落のようすを、廃村の現地を学生たちと調べた内容と、聞き取りを中心にまとめてみたい。

二〇〇三年八月一八日から二五日にかけて開催された第五回屋久島フィールドワーク講座の「人と自然班」は、テーマとして石塚集落の研究をかかげて取り組んだ。

講座の受講生は、全国の大学から二〇人の学生と、地元の屋久島高校から一人であった。「人と自然班」は、学生四人と高校生一人の五人のメンバーに対して、指導する側は、安渓遊地・安渓貴子の二人に加えて、あらたに、生態学会の「細見谷渓畔林の保全」の要望書の縁で、広島フィールドミュージアムの金井塚務館長にもご助力をいただいた。

「人と自然班」では屋久島における人と自然のかかわりの過去と現在を、五感のすべてを駆使して学び、それにもとづいて望ましい未来についてできるだけ豊かにイメージするということを目標にしている。そのため、かつて人々が暮らした場にでかけ、現在進行形で遺跡ができつつある現場をフィールドとして学ぶことから始める例が多い。そこで見たこと、考えたこと、感じたことをより深く理解し、自分のものとするために、関係者のお話をうかがい、さらに屋久島の人と自然についての全体的な見通しにつらなるお考えをお持ちの方の教えを請う、という手順で学んでいくのである。

上屋久町役場の木原幸治さんと塚田英和さんに案内されて、許可をもらって石塚でキャンプをした。事前に、小杉谷で二〇年あまりをすごされた堀田優さんのお話を、石塚集落の情報を中心にうかがった。

石塚はトロッコ道沿いに家のあとが延々と伸びている集落だった。歩くことで石塚集落のおおまかな形と家々の跡を見ることができた。その後、集落の中程にある広場を中心に、遺物の調査をおこなった。夜は塚田さんがともに泊まって、キャンプに際してのヤマノカミからのトチカイ（土地借り）の実践指導と屋久島の人々が生きてきた知恵の世界のお話を聞くことができた（図41）。

石塚集落の現地調査結果

石塚集落跡地はトロッコの軌道の両側に当時の家が点々と分布していた。それぞれの家の跡地にはたくさんの遺物が転がっていた。当時使用されていた生活用品や木材の搬出に使われたものである。しかしそれらは厚い苔に覆われていることが多かった。また遺物はトロッコの軌道をはさんで谷側に多く見られた。

電気に関係する物が多く、碍子、トランス、電気メーター、シーリングなどがあった。昭和三〇年代に電気が豊かに使える状態であったことがうかがえる。

ガラス製品では、ビール瓶、そして非常に多くの一升瓶が見つかり、お酒に楽しみを見いだしていたよう

図41　山の神様にご挨拶をして一休みさせてもらう

だ。ラムネ瓶とビー玉はラムネを飲んでいた子どもがいたのだろう。すりガラスが家の敷地の隅にあたる土手に立てかけてあり、ガラス捨て場かあるいは予備のガラス置き場だったのだろう。

有田焼の茶碗やスレート瓦も見つかった。瓦葺きの家であったことを物語っている。

金属類も多く、長さ約一二〇センチのネジ締め、ボルト、穴が等間隔に穿かれた細長い鉄板、レールなどがあり、トロッコ道沿いにつくられた国有林開発の拠点の地であったことをこれらは物語っている。また、針金ハンガーの上部分、アルマイトの玉杓子、アルミの両手鍋など生活感あふれる品もあった。白色の長いパイプも見つかり、これは水道管として使用されていたものではないかと考える。

プラスチック素材のものも多く、定価五〇〇円の資生堂ビューティーテーク、半分に割れてしまった化粧品ケースなども見つかった。

遺物としての生きている植物として、当時の人が植えたと思われるムクゲの木が一本あり、人気の絶えた家の跡で大きな真っ白い花をたくさん咲かせていた。

石塚集落内の家の復原

トロッコ軌道をはさんで山側と谷側に屋敷跡があるのだが、谷側には遺物が多い。その理由として、集落に人が住まなくなった後にキャンプ地として利用された形跡があること、また谷側は遺物が山側から転がってきて、もともとその場になかったものが遺物に混ざってしまっている場合が考えられる。このように、谷側は遺物が人為、自然の両方の要因で移動してしまっている恐れがあるため、山側に建てられた屋敷跡を測量し（図42）、家の復元を試みることにした。

測量により、一軒の家の間取りが浮かび上がった（図43）。家の基礎として置かれたと思われる石の配置から水場と居住スペースが分かれていたと考えられた。水場は、台所と風呂で、水と火を使う場所である。だから火事を避けるために分けられたのではないだろうか。

また、トロッコ道に降りる階段状のものが二か所（勝手口と考えられる場所と居住スペースの近く）から見つかった。玄関と勝手口のような使い分けがされていたかもしれない。

その屋敷跡の水場から石造りのカマドと風呂跡が見つかった。風呂跡は比較的多くの家で見ることが出来たが、あまり多くない私たちの調査範囲ではカマドはここ一軒だけであった。苔に被われていたとはいえしっかりと形が残っている。石塚で暮らしていらっしゃった日高さんと大脇さんに、当時の住宅地図をもとにうかがうと、当時の石塚集落では普通ガスコンロ、電気コンロを使用したという。私たちがカマドと見たてたものの写真をお見せしたところ、当時の住宅地図を確認した上で、私たちが復元しようと試みたその家は豆腐屋であったことがわかった。豆腐原料の大量の大豆をやわらかく煮るには火力が長時間必要なため、ガスや電気コンロでなくカマドで煮ていたのであろう。

居住スペースの端にあたるところに柱らしき丸太が横たわっていたが、形が残っていた丸太はこれだけだった。これも日高さんと大脇さんによれば、山を下りる時に、建材も払い下げを受けて解体してトロッコに乗せて運び、移住先にもとと同じ基礎を築いて家を再建したのだそうだ。

トロッコ道沿いの斜面には石垣が組まれ、隣の家とは一〇センチほどの段差によって土地が仕切られていた。また隣の家からはトイレ跡がみつかり、その家の裏にあたる崖沿いには小さな人工池が掘られていた。

屋敷跡の横を流れる南沢の支流には大量のゴミが投棄されており、洗濯用の漂白剤のハイターやガラス瓶、肥料袋、お菓子（駄菓子）の包みなど生活感あふれるゴミが多かった。当時ここは家庭から出たゴミを捨てる場とされていたのであろう。

以下は、屋久町春牧の堀田優さんによる石塚での生活の記憶である。

II　屋久島最高の村・石塚での暮らし
——若者たちと耳を傾ける

屋久島最高の村

石塚は、屋久島では標高がもっとも高い集落でした。それだけではなく、小杉谷と並んで、国家公務員として安定した高い収入が得られ、テレビや洗濯機といった電化製品をいち早く使うという意味でも、そこでの暮らしが「屋久島最高」とみなされる面があった集落でした。

石塚集落は、よく知られた小杉谷とならんで屋久島国有林開発（営林署による屋久杉搬出）の拠点として開設された集落で、営林署の職員とその家族が生活していました。小杉谷が安房川の左岸の海抜約六四〇メートルの地に位置するのに対して、石塚はやや上流の右岸の海抜約八〇〇メートル地点にありました。

石塚は一九二一（大正一〇）年に、小杉谷は二年遅れて一九二三年に開設され、伐採事業はともに一九六〇年頃が最盛期でした。当時としては他より早く荒川ダムの水力発電による電気を使用していた集落でした。

図42　集落あとの測量をする

しかし、伐って搬出できる屋久杉の減少や、一方ではじまった屋久杉の保護運動の高まりなどにより、石塚集落が一九六八（昭和四三）年に、小杉谷集落は一九七〇（昭和四五）年の八月に閉山となりました。

堀田優さんが語る石塚の話

私が覚えていることはお話しますから何でも聞いて下さい。知らないことは知らないと言いますから。

石塚集落は、三代杉の川をはさんで真向かいにあたります。前は、石塚からちょっと降りたら吊り橋があって、そこから三代杉に渡って、小杉谷へ出られましたが、今はその橋はないです。

小杉谷は、四国九州からの寄り集まりでしたが、石塚は川辺郡の人が主でしたね。ですから、鹿児島県川辺郡の知覧の言葉が主で、小杉谷とは少し違う雰囲気はありました。

石塚には、戸数でいえば四〇軒以上の家がありました。結婚した人もいましたし、独身も一〇人ぐらいいました。こちらで結婚する人もありました。何人かは屋久島の人と結婚しましたが、おおかたは知覧の人と

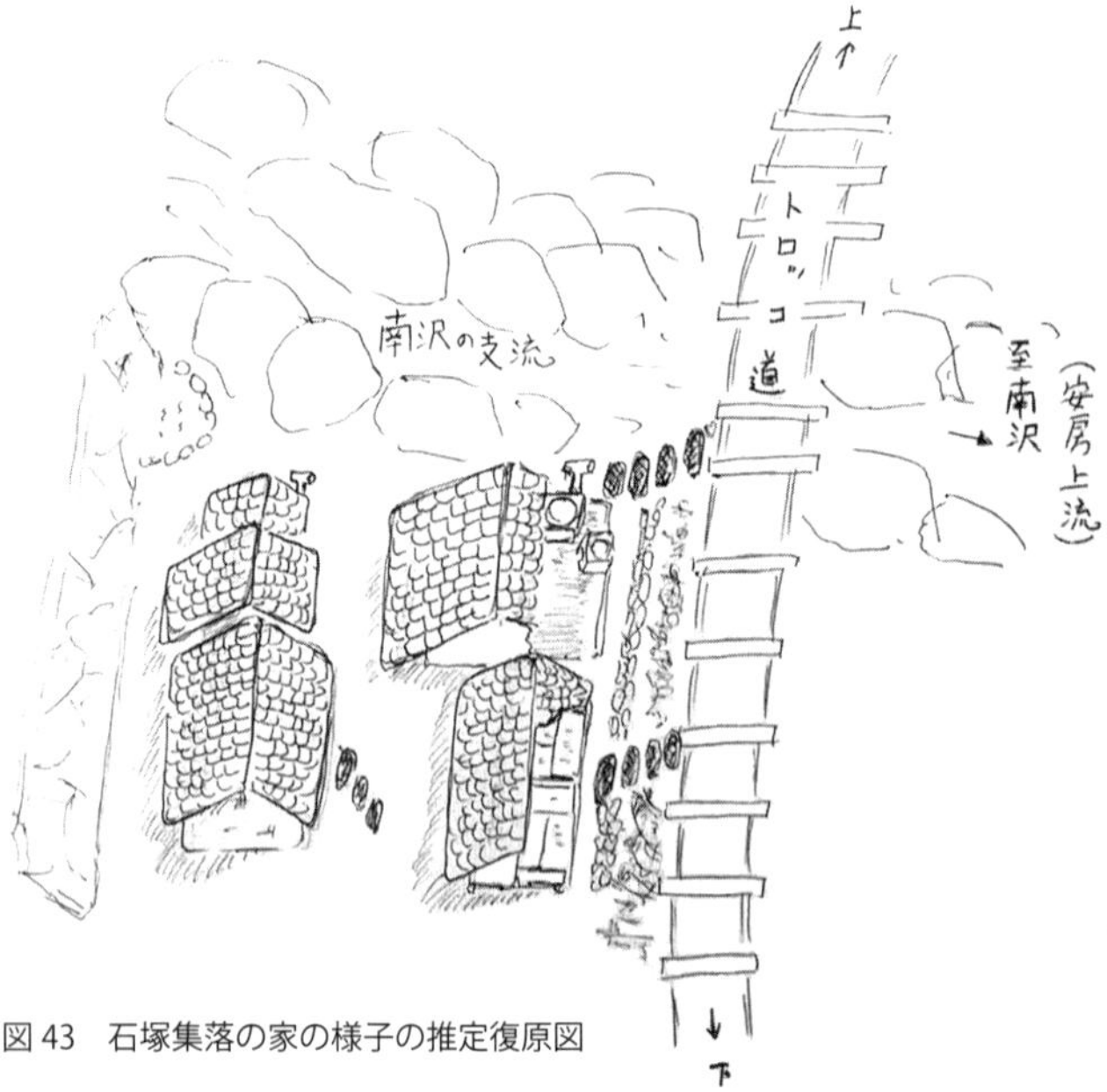

図 43　石塚集落の家の様子の推定復原図

結婚していました。

夫婦者にはたいてい子どもがありましたよ。小杉谷と石塚をあわせたの総人口四五〇人の中で子どもが一五〇人もおりましたから。

石塚での暮らし

石塚は不便なところでしたけれど、通学用のトロッコがあって、小杉谷小中学校に通えたし、日常生活品を販売する「物資部支店」がありましたから、生活面では小杉谷とそれほど変わりませんでした。

トロッコの線路が石塚でうねうねと曲がっているのは、住宅にできそうな平地がここしかなかったので、そのあたりでわざとカーブさせたんでしょう。

ゴミ処理は、ええっと。少しは風呂で燃やしましたけれど、生ゴミというものもなかったですよ。犬や猫も飼っていましたから。今がおかしいんでしょうね。こんなに買い物の容器がゴミに出るのは。わずかなあき缶なんかは、埋めていました。

健康相談に一月に一回お医者さんがこられましたが、病院に通うような人はいませんでした。若い働き盛りが主ですから。行っても歯医者ぐらいですね。五〇代にもなれば、「おやじ」と呼ばれよったです。私ぐらいの年にでもなれば大変です（笑い）。

猫のひたいほどの畑をしていましたが、あのころは鹿が畑に来るということは絶対になかったです。集落には犬が、それも猟犬がおるんですから。鹿も猿もずっと山奥におって、姿を見ることはなかったです。

台風の時はひどかったですよ。川づたいに風がふきあがってくるんです。川に面している木は、潮風で真っ赤に枯れてしまうという状況でした。でも、小杉谷や石塚は引っ込んでいるんで、被害は下の村のようにはなかったです。

恐ろしかったのは水です。小杉谷を通っている橋は一度嵩上げして、一メートル半高くしています。

蚊もいないし、蝿もいない、水は清らかないいところでした。住めば都でねえ。

——下界に未練がなければ、あそこは別天地ですねえ。(金井塚務)

全盛期から閉山へ

小杉谷と石塚の全盛期は昭和三五年から四〇年にかけてですね。ちょうど、今の天皇陛下が結婚されたころから、オリンピックを経て大阪の万博のころです。

昭和四一年には、石塚の閉鎖を前提とした人事異動がされるようになりました。都城とか宮崎とかへね。その後も上屋久にあった杉の苗を作る仕事場へ移動したり、栗生にできた事業所へ移ったり、徐々に減っていきました。そして昭和四五年に小杉谷の閉鎖を迎えるんですが、その時には三分の一ぐらいに減っていました。

先日何年かぶりに石塚に行ってみたら、今はもう人が通らないので、すっかり山の中になっていてびっくりしました。残っているのは、家のコンクリートの基礎ばかり。昔は展望がきいたのに、今は木が生えて見通しがわるくなり、どこに何があったやらわからなくなりました。

あれだけの材がどこへ消えたんでしょうね。どっかに使っているはずですが。屋久杉は普通の人が買えるものじゃなくて、お金持ちが買ったと思うんですが、わからないですね。屋久島の松は戦後朝鮮へいったんですがね。

雪の経験

冬は雪が降って寒いけれど、夏は逆に涼しかったですね。雪が降れば仕事にならないので、休みです。休業補償がでました。丸一日休めば、六割から七割もらえました。雪が多い年は、ひと冬の間に二〇日ぐらい仕事ができないことがありました。小杉谷の経験では、普通は五〇センチから一メートルですが、多い年は一メートル五〇センチを越したことがありました。でも、気温が高いので雪解けは早かったです。雪が多い時も交通だけは確保しないといけないので、ラッセル車が出ました。病人が出るかもしれないし、お産があるかもしれませんから。あまりつもるとラッセル車も動かんようになるので、夜も寝らんで何度かラッセル車を動かしたりしてね。

雪の降る夜はあまり風がなくて、案外暖かいですね。降っても凍結はしないですよ。一番温度が低いときで氷点下二度ぐらいでした。私が小杉谷で取っていた気温の最低記録が零下三度でしたから。

雪が積むのは、標高が六百から七百メートルから上でしたね。そして、小杉谷よりも石塚の方が雪は多かったです。二〇センチぐらいは違いましたね。

役場におるころ、大雪があって、石塚に調査に行った時、「このへんに小屋があったが」と思ったらそれが足の下で、電気の引き込み線が足下から出ている、というようなことがありました。

――それは危なかったですね。昭和三八年の豪雪でしょうね、それは。（安渓遊地）

しんしんと雪が降った晩、ふすまや障子を人が通れるほど開けておくように、私は家内に言いました。屋根の雪の重みで建具が動かんようになると家から出られませんから。玄関のあたりには、それほど重みがかからないので、閉めておいてもかまいません。

屋久島でこんなに雪の積むことを知らない営林署の職員が家の設計をしたことがありました。玄関の扉をね、開き戸にして外に開けるようにしたんですが、これはだめです。雪が降ったら開けられんでしょ（笑い）。

玄関の戸を開けて、トンネルを掘って出たこともありますよ。それと、屋根の勾配もちょっと平地よりは強くして雪が滑り落ちやすいようにしていました。

この雪だるまをつくっている写真は、上屋久営林署上屋久林業修練所のもので、これは、学校の補助的なもので技術員の養成をしていました。山で働く人の指導的な立場の人を作るという場所ですね。これは、昭和一二年ごろですか。よう、そのころの写真が残っていましたね。愛染かつらの放送のころですねえ（笑う）。

巡回映画

あのころは、小杉谷の公民館に年に何回か巡回映画が来よったです。映画の他には浪曲や舞踊団や芝居も来たりしよったです。その時には石塚の人は施設がないので、トロッコで降りてきて見たものです。村田英雄さんとか映画監督の谷口千吉さんとか、来たこともありました。谷口さんは、林芙美子が屋久島のことを書いたりしたので、映画のいい題材がないか探しにきたのでしょう。写真家もよくこられて、土門拳さんとか、来られたこともあります。でも、私らが見向きもせん路傍の切り株でも、あの人らが撮ると写真になるんですねえ、不思議でした。雨でも雨なりに写真になる、とおっしゃってねえ。

映画の上映の時に石塚から小杉谷への往復のトロッコを出すのは営林署です。年に何回かの慰労会も営林署主催です。テレビの共聴施設なんかでも、自己負担すれば一戸に五万円も六万円もしたでしょうが、それを屋久杉を一本切ってそれを業者に渡してやってもらうなどということも、昔はできたわけです。

山の神祭

営林局が主催して、年に一度旧暦の九月一六日に山の神祭をしていました。全山休業して家族も加わった盛大な祭りです。その後の懇親会は、だいたいそれぞれの集落ごとに座って呑んでいましたね。

昔は、運動会、相撲大会、演芸大会などをして、一日楽しく過ごしたものでした。神事は九時から始まり、一一時半ころから懇親会で、夕方の四時ころまでには解散して、帰る人あり、二次会をする人ありでした。

――広島県の宮島町では、秋に山の口開きの神事をして、春に山の口閉じ神事があります。夏は山仕事はしないということだったですね。それとの関連はないでしょうか。(金井塚)

いいえ、それは九州の山の神祭は違うようですね。

――その日に、祭に参加しないとか、ひどい場合には、かってに山に入るとかいうような人はありませんでしたか。

（安渓遊地）

いやあ、それは、彼岸の中日に墓に行くようなもので、罰があたるといわれています。大変なことです。そんなことをすれば、世間の人から笑い者になります。山の神祭に自分の仕事をしとった人が、けがでもしたら大変なことです。この日だけは、刃物をさわるのもいかんというんですから。

――包丁とかもいけないんでしょうか。（安渓貴子）

いや、山仕事に使う刃物だけです。……そういえば、戦争中ラングーンにいたとき、元旦に髭をそっていたら、東京出身の人に「元旦に刃物を使うといかんよ」といわれたことがありました。

山の神祭の時には、仕出しを下（安房）から取っていました。みんなが参加できるように。

石塚のもと住民の言葉

石塚集落あとの調査を終えた私達は、石塚集落で実際に生活なさっていた大脇耕治さんと日高秀麿さんにお話を聞かせていただくことができました。

大脇「何でも聞いて下さい。石塚のいろんな生活用品とかもってきましたか？」

――現物は現場に置いてきましたが、写真で見てお教えください。その前に、石塚においつくぐらいの時に何年ぐらいおられたか教えてくださいますか。（安渓遊地）

大脇「僕は、昭和一三年種子島の生まれで、昭和三七年から四三年の閉山まで石塚にいて、そのあとは小杉谷に移り、そこで四五年の小杉谷の閉山を迎えました。」

日高「僕は、昭和一四年に麦生で生まれました。一八歳だった昭和三二年に石塚に登って、それから四三年までいました。仕事は営林署の育林の方でした。」

大脇「国家公務員ですから、営林署の仕事というのは、当時は最高の仕事でしたから。それで、僕は種子島からわたってきたんです。」

石塚集落のなりたち

大脇「小杉谷から石塚までは、四キロ弱ですが、そこから石塚の集落はかなり上までありますす。道のりでいえば、二キロ弱あるかもしれません。最近ヘリポートになっているあたりまでね。そして、今材木を落とす集材の土場になっているところが終点ですが、あれは民間がやっているものですから、当時はなかったです。」

日高「学校の先生たちは、小杉谷に住んでいました。石塚にはいませんでした。」

大脇「造林寮と知覧寮というのがあって集材班の独身の者が入っていました。僕もはじめは造林寮にいました。知覧寮というのは、知覧の人が多かったからでしょうが、それ以外の人が入れないということはなかったです。出身地が違う人たちの集まりでしたけれど、つきあいで苦労するというようなことはなかったですね。」

日高「小杉谷は各家庭には電話がないので、班長、

図 44　石塚に暮らした日々のお話に熱心に耳を傾ける若者たち

副班長を中心とした連絡でやっていました。」
大脇「石塚公民館と名前はあったけれど、それは空き屋を利用した名前だけのもので、実際は営林署の会合をする程度のことでした。」
日高「女の人達は、林婦協というのがあって、お父さんたちの生活が良くなるように、安房まで行って署長交渉なんかもやっていましたよ。」
――出勤は何時頃ですか。（学生）
日高「朝は八時までに吊り橋の近くの地獄坂という急坂の下の方に集合して仕事にかかったですよ。月に二四日の勤務でした。」
大脇「仕事の現場は、川の右側も左側も全部ですよ。僕らの仕事は、造林班でした。地ごしらえをして、植えて、間伐するまでの仕事です。安房で三〇センチぐらいまで育てた苗を、一日に三〇〇本も植えたんです。きつかったです。あとでは、一日に一〇〇本ぐらいになりました。」
日高「その他に、伐採班、集材班はAとBの二班あって、保線班、搬出班などです。それぞれ班長と副班長があったんです。その他に、事務がいたわけです。」
大脇「伐採師は、バーの長さが二メートルもあるチェーンソーを使いよったです。重いからバーとエンジンとばらばらにして担いでいくんです。」
――土埋木は当時から取っていたんですか。（学生）
大脇「土埋木は、当時は銘木というか、高級品だけを出していました。台風なんかで倒れた木なんかです。今は、根株も幹もすべて出しています。点々と残っている土埋木を人力で掘り取って、ヘリで集材しています。安房の貯木場に来ています。」
日高「三代杉は、初代が土埋木になり、二代目が土埋木になり、その上に育った三代目がもう五百年はたっています。」

――元来は、土埋木だけを屋久杉といい、立木は直径二メートルあろうが三メートルあろうが小杉といった、と昭和二四年の営林署関係の資料にはありますが。それなら、小杉谷の意味もよくわかりますね。（安渓遊地）

最先端の消費生活

大脇「小杉谷と石塚との両方に営林署経営の店がありました。購買部というてね。」

日高「扱っていたものは、食べ物と飲み物が主で、それに衣類ぐらい。営林署の経営ですから、安房の町の普通の店よりも安かったですよ。焼酎、ビールの値段は下と一緒やったでしょうけどね。」

大脇「鹿児島から直接仕入れていたんでしょうね。その他に、生菓子屋さんが二軒と豆腐屋さんが一軒。新聞はなかったけれど、石塚には、テレビは昭和三七年ごろ入ったと思います。結婚したときはもう、あったですから。電気洗濯機もあって、都会的な生活ですよ。風呂は共同じゃなくて、一軒ずつ薪でわかしていました。」

図45　安房の貯木場を見学する学生たち

——石塚は湿気がすごかったんですけど、薪はうまく燃えたんですか。（学生）
大脇「まず、屋久杉のアブラギに火をつけるんですよ。あれは、薄くけずって乾燥しておけば、ライターみたいにぱっと燃えます。」
——村のあとに一升瓶のほかに焼酎カメのようなものが落ちていましたが。（学生）
日高「焼酎は、みんな一升瓶で来ました。カメは、らっきょうを浸けたりするのに使っていました。口が小さいから一個ずつしか取り出せんですが、味がいいのよ。」
大脇「楽しみは、夜呑むだけですね。スナックもないしね。順番に各家庭をまわって呑むんです。」
日高「当時は、カラオケもないし、レコードなしで手たたいて歌うんですよ。」
——一升瓶のリサイクルというのはなかったですか。（学生）
大脇「石塚ではビンの回収はなかったです。ＰＴＡで集めたということは記憶にはないです。」
日高「散髪やさんは、小杉谷の学校の入り口の門に向かって右側にあったけれど、利用したことはなかったなあ。石塚の人は安房にいった時に散髪してましたから。安房には日曜日ごとに行くという感じで、小杉谷にはあまり用事がなかったな。奥さんたちが、肉とか魚とかを買い出しに行くのを楽しみにしていました（笑い）。」
大脇「屋久杉自然館にビデオがあるでしょう、女の人達がトロッコに乗って買い物に行くところや、給料をもらうところなんかね。ＮＨＫが撮った番組でした。」

トロッコが生命線

大脇「石塚には医者はいなくて、夜中でもトロッコで行くんですよ。安房には産婦人科がなくて、栗生まで営林署の車で送ってもらったりね。僕はかあちゃんが流産しかけたり、病院関係が大変でした。」
日高「当時トロッコは安房までありました。石塚からさらに上の方に延びていたトロッコ道は、今はもう壊れてるはずです。」

――（写真を見ながら）トロッコにこんなに大勢乗って怖くなかったでしょうか？（学生）

大脇「はじめは怖かったですが、あとは慣れてね。うちのかあちゃんなんか、運材班に兄さんがいたんで、一本の丸太の上に乗って安房に降りたことがありましたよ。よう脱線して落ちました。谷底まで落ちたトロッコも何台もあります。」

日高「僕が便乗して小さいトロッコに乗っているとき、脱線してけがしたことがありました。学生時代な。」

大脇「伐採の事故もごくまれにありましたねえ。なくなった人もあったです。百二林班で、すべってきた木に押さえられて大けがした人もいました。」

――登山者はいましたか。（学生）

大脇「登山者は当時からいました。私が独身時代に学校の先生が投石のところで足をくじいて動けなくなっているのを、おんぶして下がってきたことがありました。道も悪いし、重くてねえ。あとで、お礼状をもらったけれど、達筆すぎて読めなかったです（笑い）。」

山を下りる

――保護運動というのが聞こえてきたのは、いつごろからですか。（安渓遊地）

大脇「石塚におるころから聞こえてきましたねえ。太柱岳も栗生の花山林道なんか、保護区域は前からありますが、全面伐採禁止ということになったのは、平成に入ってからですよ。いまでは、伐採班がなくなって、植林もわずかになり、下刈りと間伐だけが仕事です。」

――なぜ、閉山した時に小杉谷には杉を植え、石塚には植えられなかったんでしょうか。（学生）

大脇「小杉谷は、宅地のあとが空き地になっていたので、そこを森にしようとしたんです。学校のグランドだけはキャンプ地として残してね。石塚はもともと森の状態だったですから。宅地の中に森があったという感じですから植えなくてもよかったんです。小杉谷では、杉を植えて間伐までしました。でも、宅地あとは水はけが悪いのか、あそこの杉はあまり太りませんね。当時、植えた杉は、三五年生になれば全部切っていましたが、最近は、間伐して残していくという方針に転換しています。屋久島の場合は、二五〇年伐期を目標として、一畝（一〇メートル四方）に一本残そうということになりました。そうすれば、僕らが杉を植えた石塚、小杉谷あたりもきっとりっぱになりますよ。」

——石塚から降りられる時の気持ちはどうでしたか？

日高「なんていおうか、うれしかったですね。」

大脇「都へ降りるというかね（笑い）。楽しみにしておりたです。大変な生活でしたよ。雪は降るし、寒いし。一番大変だったのは、さっき言ったように医療関係かな。かあちゃんが病気をしたり、僕なんか蜂からさされたら、全身に蕁麻疹がでるんですよ。蜂の多いところでしたから。」

——楽しかったことは？（学生）

大脇「うーん、思い出さないですね。やっぱり苦労が多かったんでしょう。」

——貴重なお話をありがとうございました。

五年間にわたる屋久島フィールドワーク講座との関わりの中で、屋久島から地域や世界の課題を感じて貰うというプログラムを展開したわけだが、参加学生の感想からもっとも印象的だったものをここに紹介しておきたい。当時一九歳だった、大久保実香さんによるものである。

地域を愛し「地の者」として生きる――屋久島フィールドワーク講座を終えて

ぐわぉー。八月二四日、朝。私を乗せた屋久島発鹿児島行きの飛行機が、轟音を上げ滑走路を走り始めた。どんどん加速する。周りのものを何もかも振り切って、耳の痛くなるような不協和音をたてて、突き進んでゆく。喉の奥がぎゅうっと締め付けられて、涙がぼろぼろ落ちた。屋久島にこんな速度があったなんて。

屋久島での何気ない日々の出来事と出会った人々の言葉が、頭の中に蘇れば蘇る程、せつなかった。「屋久島では、時間の流れが違う。まずそのことを理解してほしい。」という塚田さんの言葉。「一〇〇年後、二〇〇年後は、屋久島はだめになっていることだろう。でも、それからさらに三〇〇年もたてば、また豊かな自然のいい森ができていると思う。」という柴さんの言葉。生きてきた長さが想像できないような大木の数々。コケのしっとりとした青で覆いつくされた山奥の石碑。刻一刻と海の色が変わるのを、ただずっと眺めていた時間。海水が塩になってゆくのを待つ間の、ゆったりとした心。出会った人みんなと「こんにちは」をかわすのが当たり前になっていた生活。出かけることなんて滅多に無いし、テレビもラジオも新聞もないけれど、毎日いろんなことがあって、いつも笑っていたこと。わたしが肌で感じてきた、屋久島の時間の流れ。

でも、飛行機の中で、今こうして感じているのも、同じ屋久島の時間の流れ。もう手遅れだ。この島にこんな速さが生まれた瞬間から、島の運命は決まってしまっていたんだ。展望デッキの上の大勢の人に取り囲まれていた縄文杉、「生水は飲めません」と書かれた看板、大型スーパー流入の陰で失われつつある地元の商店。これも、私が感じてきた、屋久島の真実。この一週間、私達なりに真剣に考えてきて、豊かであるとしか考えていなかった屋久島の自然や伝統的文化が外からの流れに沈みかけているという現実に突き当たった。でも、本当は、「沈みかけている」なんていう生やさしいものではなかったのだ。この島が沈むのは時間の問題。もうどうしようもない。始まってしまった流れを止めることはできない。そんな思いは拭い去れるものなら拭い去りたかった。けれど、時速数百キロで走る飛行機の中、どうしてもできなかった。

地元ならではのことを大切にした伝統的暮らしと、世界中どこでも均一な都会的な暮らし。どちらの暮らしが「よい」

かを決めることなどできないのはわかっている。正直に言えば、屋久島にいる間、二四時間営業のコンビニがあればなぁと思ったことが無いわけではない。でも、たくさんの場面で、〝ある〟がために気付けないでいる、〝ない〟ことのよさに触れることができたのも事実だ。屋久島に、屋久島の時間の流れがなくなってしまう……。それは嫌だった。

昼過ぎにはもう、私の実家がある千葉県流山市に着いていた。中学二年で引っ越してきて、高校三年までの五年間を過ごした町。分譲住宅地が今も次々と新築されている、典型的なベッドタウン。新しく「つくばエクスプレス」という電車が開通するため、わずかに残っていた森もなくなりつつある。次の日、たまたまいつもと同じように町をぶらぶらしていたら、今まで目にとまることのなかったものにたくさん出会った。古い家屋や神社、立派な玉葱畑、小さな商店。5年も住んだこの町に、この町らしさがあったことに気付いたのは初めてだった。私はこれまで、この町に愛情を持ったことがただの一度も無かった。田舎とも都会ともいえないどっちつかずの雰囲気が好きになれず、いつか出て行く場としか考えていなかった。しかし、私はこの町を知ろうとしたことがあっただろうか、好きになろうとしたことがあっただろうか。屋久島に屋久島の自然と文化があるのと同様、ここにもここの自然と文化があるという、ごく当たり前のことに初めて気付いた。そして、私の生活がそれらの破壊という犠牲の上に成り立っていることにも、私のすぐそばで今日もそれらが破壊され続けていることにも、初めて気付いた。今住んでいる茨城県つくば市にしても同じこと。つくば研究学園都市は、まさに科学技術推進のため『近代的』に建設された場だ。しかし、そこにもまた、切り捨てられてきたその土地ならではの自然と文化がある。屋久島のように研究対象や世界遺産として、外から価値を見出されることもないだけで。

伝統がないがしろにされ、人びとの暮らしが『都会的』になる流れが止められない。屋久島だけの話でも、ボルネオのジャングルやその他世界の「自然が残っている」とか「野生生物の宝庫」とかとされている場所だけの話でも、決してない。日本中、世界中で、今もひっそりと同じことがおこっているし、おこってきた結果があちこちに転がっている。私たちが直面した問題はどれも、屋久島だったから実感できたというだけ。今までもごく身近にあったのに、気付いていなかったに過ぎないのだ。

　私たちは、超都会的な場と、自然を残す場と、両極を地球の中につくろうとしてはいまいか。屋久島が守るべき世界〝遺産〟となった、とは、裏返せば、他は全世界同じ画一的な流れにのるのが当然であるということ。全体としては合理性、利便性、世界共通を求める一方で、特定の人びとにだけ地元ならではのこと、伝統、文化、自然の大切さを認めることを強いているようなものだ。それではうまくいかないことは、屋久島で痛いほどわかってしまった。『ひとが何を大切にしたいか』『幸せとは何か』はじめから考えなおさなくては。島の人に島のよさを見つめなおしてほしいと感じたならば、私も私の暮らす地域のよさを見つめなおさなければならない。そこにいる人がその地域を愛する。その大切さに今まで気付かずにいた。たとえ一時の住まいだとしても、少なくとも住んでいる間はその場ならではの地元のよさを知り、その地域を愛し、「地の者」として生きる。真に屋久島を守るために必要なのは、島びとの価値観の変化だけではない。地球上に住む私たち一人ひとりの価値観の変化が必要なのだ。そこにしかない小さなことを大切に、という気持ち。それを持たずに合理化、見た目上の利便性を幸せとするのであれば、屋久島にしても、他の世界遺産のような場所にしても、都会で暮らす人の観光地なり次第に俗化されついには消費されつくしてしまうだけ。私たちが今本当に直面しているのは、決して屋久島のような場所だけの問題ではない。もっと身近にある問題だということに一人ひとりが気付かなければいけないのだ。

　屋久島での生活とフィールドワーク講座を通じ、今まで出会ったものの見え方も、これから出会うものの見え方も、随分変わったのではないかと感じている。ひとつ古い殻を脱ぎ捨てて、いま、まだふやふやのままの新しい自分でいるような、そんな気持ち。普段の生活に戻り、様々な点で疑問を感じずにはいられない自分がいる。こうした疑問や矛盾を、見てみぬ振りせず、しっかりと見据え、自分なりに行動していくことができたなら……。

　屋久島でのすべての出会いに対しての恩返しとして。


（引用おわり）

第三部　何が限界か——廃村・存続・復活の分かれ道を探る

第九章　やんばるの森の別天地──沖縄島北部のユッパー（横芭）

Ｉ　山に村があったころ──沖縄県国頭村楚洲・長嶺徳山さんのお話

琉球弧の最南端の八重山・西表島に続いて、北の端にあたる屋久島と口永良部島での報告に進むのであるが、沖縄島でも若干のフィールドワークをすることができました。

二〇〇六年一二月二〇日から二四日まで、総合地球環境学研究所（地球研）の、「日本列島の人と自然」プロジェクトで、沖縄島の北部を訪れました。湯本貴和リーダーからの研究課題は、「自然の賢明な利用とは何か」という、現代人にとっての頭痛の種のようなものです。しかし、いっしょに調査に加わった仲間と合宿形式で学び、夜は泡盛を酌み交わしながらおおいに語るという中でいろいろな気づきを得ることができました。夏の奄美調査とは違って、旅のアレンジは沖縄在住のメンバーにすっかりお任せして、山の中をえんえんと歩いて、人間の活動の跡を探し、麓に降りては昔の生活に耳を傾け、現在の夢を語りあうという充実した経験をさせていただきました。

旅の仲間は、いずれも沖縄在住の五人の研究者、当山昌直さん（オカヤドカリ屋）、渡久地健さん（サンゴ屋）、盛口満さん（生き物屋）、早石周平さん（サル屋）、佐藤綾さん（マングローブを歩く虫屋）と、西表島で調査中の京大院生・蛯原一平さん（イノシシ屋）でした（専門は、ゲッチョ先生こと盛口満さんの新刊書『生き物屋図鑑』にならって表記）。さらに、奥間（おくま）川に親しむ会から、親川栄さん（司法書士）と浦島悦子さん（フリーランスライター）にも参加していただくことができました。

調査後半の一二月二二日から二四日にかけては、沖縄島最北端の国頭村を回りました。とくに、昔、山の中に人が住んでいたという、ユッパーという村の跡と、奥間川流域から沖縄島最高峰の与那覇《よなは》岳周辺にかけてと、北側の西銘《にしめ》岳周辺での人間の生活の跡を追いかけました。親川さん、浦島さん、当山さんの案内によって普通では気づくことが難しいような生活遺跡の数々を見せていただくことができたことを感謝しています。

今回ご紹介するのは、国頭村東海岸の楚洲《そす》にお住まいの長嶺徳山《ながみねとくやま》さんです。長嶺さんは、大正六（一九一七）年二月のお生まれの満九〇歳。二〇〇六年一二月二二日にお宅でお話を伺いました。国頭村議を一六年間つとめ、山林の活用の事情についても非常に詳しい記憶をおもちの方です。下原稿を詳しくチェックして、さらにご本人に確認をとってくださった浦島さんと親川さんに感謝します。当山さん、渡久地さんにも協力をいただきました。

山の中の別天地　ユッパー

山原（ヤンバル、沖縄島北部のこと）の山の中にユッパー（注、大正一〇年測図、一二年発行の参謀本部陸地測量部の地図では、横芭、ふりがなはヨコパー）という所があります。ヤマトゥグチではヨコッパーともいい、地図には「横津巴」と書いてあるものがあります。まわりは国有林が多く、海辺の村の我地《がじ》に降りるのに五キロくらい歩くような山の中です。明治末、大正の初めころから人が住んでいましたが、昭和四、五年にユッパーの人たちは、ほとんどが国有地から追い払われて廃村になりました。ただ山城さんという人がひとりだけ戦後まで残っていました。

ユッパーは我地や伊江とおなじように楚洲の管轄で、区長は楚洲にいました。役場から用があるときなど、みなバラバラに住んでいて家族数は少ないし、家は谷間谷間にあるので人を探すのはたいへんでした。先輩の話では、ユッパーには一番多い時で五一三軒あったといいます。私がわかる範囲では、一〇軒くらいしか記憶にありません。我地も今は廃村になっていますが、楚洲から三キロほどのところにあって、多いときには二〇軒で一二〇名もいる村でした（注、大正一〇年二月二四日の国頭村の記録では、楚洲全体の八七戸四三二人のうち、横芭が一五戸六〇人、我地は一三戸五二人、伊江には九戸四五人と報告されています）。

山の村ではユッパーに一番たくさん家がかたまっていましたが、この他に西銘岳、辺野喜《べのき》川上流、伊部岳《いぶだけ》など山の中に散らばって住んで山仕事する人たちがいました。（大正時代の地図を見ながら）西銘岳の近く、今の辺野喜ダムの上流にも家の印があるでしょう、ここにも五、六軒の家がありました。

西銘岳の周辺には大正末か昭和初めくらいまで人が住んでいましたが、ユッパーと同じころに国有地からは追い出されました。残ったのは二、三人でしたね。

そのほかに、伊江川本流沿いの山の中に宜保（ジーブ）開墾というのがあって、有名でした。これは首里出身の宜保という人の土地で、一〇町歩ぐらいの畑があり、芋をつくって農業だけで暮らしていました。自分の土地だから、追い出されることはなかったんですね。宜保開墾の跡にはゥワーフル（中で豚を飼う便所）の跡が残っています。家は本土の馬小屋のような簡単な作りで、豚を養い、飲み水は山の川から汲んで担いできていました。

ユッパーは、あちこちから寄り集まった寄留民の部落でした。たとえば「ジノンヤー」という屋号の家がありましたが、これは宜野湾（方言でジノーン）から来た人です。ユッパーで生まれた人もいます。フミさんという女の人ですが、その後我地に降りてきています。出身地は他には本部《もとぶ》、首里、那覇など。独り者が多かったですね。夫婦ものでも子どもはそれほど多くなかった。子どもはみんなで一四、五名でしたか、一番近い楚洲の学校に出ました。

ユッパーには一癖ある者が多く暮らしていました。例えば、負債で追われて逃げてきた人とか、人の妻をこっそり連れてきた人とか。こっちに隠れたら大丈夫ですからね（笑い）。ヤンバルはとても広いし山の中に道がないから、探しにきても見つけきれなかったんです。

ユッパーでは、ばくちも盛んでしたよ。沖縄バクチャー（ばくち札）はわかりますかな。花札のようで、一、二、三と数字がついているものでした。一癖はあっても悪い者とか暴力を振るうというような人たちではなく、踊りや芝居なんかも上手な、人情味のある人たちでした。まあ、いうならば、いろいろなジンブン（生きる知恵や技）はあるけれど、世間の競争を逃れた人たちが安心して暮らせる上等の居場所というような雰囲気でした。

山の幸で暮らす

ユッパーでは、山を切り開いて五坪から六坪くらいの家を建てて住んでいました。掘っ立て小屋で、土を掘って柱を建て、屋根は竹ガヤで葺いた家でした。食べるほどの畑をつくりイモを植えていました。田んぼは川のそばにわずかしかなかったですね。現金収入は農作物でなく山稼ぎだけで生活していました。林産物は角材がほとんどで、木を切り倒して丸太から斧ではつって四角くしたものを泡瀬《あわせ》か与那原《よなばる》あたりに出しました。那覇へは遠いからめったに出さなかったです。

皆さんがおられるこの部屋のその敷居と柱は兄と私で製材して山から担いできたものです。ユシギ（和名イスノキ）、シージャー（イタジイ）とスギを角材として出しました。スギは当時すでに造林されていました。あとは自然木で、他にもチャーギ（イヌマキ）やイク（モッコク）を柱にします。瓦屋根のキチ（垂木）には、イクの丸太のイクギチやチャーギなんかを丸いまま使いました。シロアリが入らないですから。

木炭は、大正四、五年ごろ奥、楚洲辺りにヤマトゥの指導員が三名来ました。ひとりは所谷という人で、こちらの女性と結婚しましたが子どもができなかったので、養子を四国から連れてきてその子が校長までやりました。所谷さんは、田名《だな》の平坦地に住んでいました。ですからそれ以前まで、このあたりでは本当の木炭は作っていなかったことになります。それまでは「ウスイガマ（覆い窯）」といって木を燃やしてから上から土をかけて作る消し炭のような軽い炭でした。

昔は陸路が発達しないから、林産物でも何でも海路で船から運んだものです。陸路は人の足だけで、食料なんかの物資は海から来たんです。ユッパーは林産物を我地にもって降りて交換してはいろいろな物をもってきていました。

産物とともに船や人が行き来すれば、移住したり、結婚したりということも当然あります。私のおじいさんは与那原出身ですが、楚洲に通ううちにこっちで生まれた男の子を跡継ぎにしました。それが私の父です。

当時、楚洲から出していた産物は、角材、薪、竹、ナーベラ（へちま）などの棚材、木炭、シャリンバイの染料、砂糖樽のくれ板など、山のものが何でも金になった時代でした。土地も何も持たない人でも、持っているものは額の汗だけでも暮らしていけたんです。他の村では樟脳づくりなどもありました。

ユッパーは、二五年間くらいだけあった山の中の村です。当時、こっちに来たらなんかかんか仕事はあり、失業ということはありませんでした。山の材木でもなんでも、山に入って何かとってきたら金になったのです。ですが結局、とりすぎて山が荒れてしまったために、国から立ち退き命令が出たと聞いています。

ティカチ（和名シャリンバイ）のエキスを染料用につくる釜場をヤマトゥンチュが造って山の中にありました。あれは薪がたくさん必要ですから山の中でないと作れません。

――ヤマモモの樹皮の染料は作りましたか。

いや、私の記憶ではシャリンバイだけでした。砂糖樽のくれ板は、昭和六、七年ごろ、辺野喜に製材所ができましたが、それまでは一枚ずつ割ってからけずって出していました。材が軽くて、まっすぐに割れる木を使いました。

――（親川さんが模型を出して質問）こんなものが山の中にあるんです。火を下から焚いて釜をいくつも置いて、上の方には煙突がついています。樟脳製造の跡でしょうか。

樟脳づくりは奥（地名）が主で、このあたりではやっていませんでした。ほう、これはエキス釜ですね。小学校を出たばかりのころ、ここから一キロ半ほど山に入ったところに工場がありました。やり方はだんだん煮詰めていく黒砂糖づくりと似ていました。子どもでしたからあまり詳しくはわかりませんが。この辺のシャリンバイは山だけでなく海岸のものも全部この工場にかついで出したんですよ。だからこの辺のシャリンバイは一回は伐られています。昭和五、六年のことです。初めは山のものの樹皮を剥いでつくっていましたが、海岸のものは木が締まっているので皮だけでなく木まで取りました。材料を切り尽くして、このエキス工場は一年ももたなかったです。

藍は谷間の木の陰でないと育ちません。今もアイ（和名リュウキュウアイ）の草は川の上流なんかに残っています。大きな「エーチブ（藍壺）」で、アイの葉を醗酵させて固くして出しました。藍作りには本部からその技術をもった人がたくさん人がきていました。エーチブは伊江川の上流なんかの山の中に跡が残っています。できた藍は、奄美大島あたりに送りよったですよ。まだ私が小学生のころでした。

——刃物はどうしておられましたか？

刃物は朝研げば一日大丈夫でした。欠けた鋼の修理は鍛冶屋がいる奥まで歩いて修理を頼みに行きました。昔の道を歩くと楚洲から奥まで一時間四〇分かかりました。海岸に降りて、浜づたいに半分、山道を半分くらいです。浜道は潮が深い時、岩に棒を立ててそれにすがって上がったり下がったりする所がありました。棒で測ってそれより上に潮がきていたら着物のすそをからげて、ヤックワン（睾丸）が濡れないようにサナジ（褌）を外して肩に担いで通りました（笑い）。女はそうもできんから濡れたまま通るんですが。ナゲーという地名の所です。そこしか降りられないから通ったんです。

怖いものはヤンビシャという役人とハブ

山で暮らして怖いものがありました。国有林や県有林の管理をする役人の「ヤンビシャ（山筆者）」です。「ヤンビシャ事件」というのもありましたね。ノイローゼで自殺だったのか誰かの恨みをかって殺されたのかわからない、あるヤンビシャの変死事件でしたが、公務災害ということにしたものだから、それじゃ下手人は誰だということで、村のものは長い間、肩身が狭いいやな思いをいたしました（『国頭村史』三二五頁によれば、明治四一年のできごとです）。ともかく世の中で怖いものはヤンビシャでした。今でもヤンビシャに追われる夢を見ることがあります。

——捕まったらどうなるのですか？

道具を没収されます。オノをとられるともう食べていけません。捕まる人はけっこういました。部落で相談して「許してくれ」ともいいました。国有林から県有林へ出たところで捕まるんです。でも現行犯でないと捕まえられませんから、けっこう要領よくやったものです。国有林と県有林とそれぞれ別の管轄です。だから国有林と県有林の境界のところにいれば取り締まりを逃れやすいわけです。ヤンビシャの取り締まりは毎日あるものではなかったですから。

その他に怖いものといえば、ハブは今でも怖いが、気をつけていればいいのでそれほどまでは恐れなかったです。それに最近はずいぶん少なくなっていますね。ほとんど見かけないと言ってもいいぐらい減っています。

沖縄中の祭を持ち寄っていました

ユッパーの住民の中には、国頭村出身の人が那覇のチージ（辻、遊廓があった）で若いジュリ（遊女）に惚れて連れてきてしまったという人もいましたよ。駆け落ちというよりも年季が明けないうちにお金も払わずに奪ってきたということでしたよ。名護から北は全部がヤンバルだから広くて道もないし、どこってわからんのだから山に逃げ込めばもう探しきれないでしょう。大正初めころは、那覇から名護まで馬車が通る道があったぐらいのことでしたから。

――「お願い、あたしを盗んで逃げて！」なんて、小説になりそうですね。

べっぴんさんだけれど、ここの暮らしになじんでいました。体が大きくて力があって一斗甕を頭にのせてこの山を上がりおりして暮らしていました。この女性は那覇の人でしたが、こちらで長生きをされて八八歳のトーカチの祝いまで盛大にやりました。

与那原から船で駆け落ちしてきた人妻もありましたが、この人は、ある年の五月二五日に、ふるさとの綱引き行事をやってみようというので、縄をつくって子ども達に綱引きをさせたそうです。そうしたら、大人たちが子どもの加勢をして、それがとうとう今では年中行事の綱引きとして定着しているんですよ。だから、あの女の人が楚洲の綱引き行事の元祖です。

楚洲には、沖縄中の三七マヂリ（間切、王府時代の行政単位）から集まったものがおった、といわれたんですから、行事もいろいろなところからの集まりでした。楚洲には、沖縄の祭は皆ありましたよ（笑い）。お盆のエイサー、旧暦五月のハーリー、綱引き、シヌグ（注、稲の刈り上げにあたり山から神々が来訪）、ウシデーク（注、臼太鼓、女性が円陣を作って踊る祭祀）、今は豊年祭と呼んでいますが「ムラアシビ（村遊び）」などです。昭和の初め頃、ユッパーの青年二〇人ほどが本部落の楚洲に降りてきてエイサーを披露したこともありました。

戦後の換金作物の導入

楚洲は公民館など空襲で全部焼けました。それで戦前の文書など何も残っていません。ユッパーの資料なども見つからんでしょうね。

戦後はものが出回らず、楚洲の共同店に酒がないというようなことがありました。共同店に負債がたくさんある人も多かったんです。やがて一九五六年、海岸沿いに道路ができたために、キビやパインといった換金作物を作ってそれを出荷できるようになってきます。そこで力を合わせて開墾して、親川さんのお父さんの親川弘さんなんかの指導で土壌改良剤を入れてサトウキビをつくったらよくできました。直径五センチ以上あるような太いキビが収穫できたんです。キビとパインをつくって、だんだん生活がよくなってきました。復帰の時、ドルから円にお金が変わりましたが、交換額が各戸平均では楚洲が国頭村の中でいちばん多かったです。こうして、自給用の芋をつくっていた昔からの段畑は放棄されてヤマ（やぶ）に戻っていったわけです。

Ⅱ　その後の物語

今回の語りには登場しませんが、ヤンバルの山は、沖縄戦の中で沖縄島の中南部から避難してきた人たちと地元の人たちが、食べるものもなく山中をさすらい、マラリアとあいまって多くの犠牲者を出した舞台にもなりました（『東村史』第三巻、四四七頁）。

調査の案内役を買って出てくださった、親川栄さんが調べておられる所では、伊部岳には、王府時代にのろしで首里王府に連絡をとるための「ヒータチ（火立）」と言われる遠見番所があったといいます。しかし、一九七〇年二月二七日に、伊部岳は米軍によって山頂部分が高さ八メートルほど切り取られ、ブルドーザーで平らにならされてしまっていました。何らかの遺構が仮に残っていたとしても、現在それを確認することは絶望的です。

実は、伊部岳は、ベトナム戦争にむけて実弾砲撃のための海兵隊の訓練場建設の一環で削られたのでした。比嘉康文さんの著書（二〇〇一年）から、ユッパーのその後の物語として、その経緯をかいつまんで紹介しておきます。

発射地点では山頂が幅五〇メートル長さ三百メートルほど切り取られ、着弾地点とされたのは、今回の聞き取りの中心になったユッパー周辺の山々でした。一九七〇年の一二月三〇日に、翌日の大みそかに砲撃を開始するという米軍からの通告。国頭村の人たちは、雨の中、早朝から着弾予定地に入り、のろしを上げるなどの阻止行動に出ました。午前八時には村長や村議会議長、村議だった長嶺さんをはじめ、七百人もの人たちが山中に集まり、鉄条網を破り全員で発射台に登るという作戦をとります。シャベルや棍棒で殴りかかる海兵隊員に対して「ここは私たちの山だ」などと叫びつつ泥をつかんで投げつけるといった抵抗をしながら約二百人が発射台に登ったところで、米軍は、ヘリコプターで機材の撤収を開始し、演習は中止に追い込まれたのでした。

このあとついに砲弾射撃演習が再開されなかった理由として、ヤンバルの森にしかいない希少なキツツキのノグチゲラの存在が大きかったといいます。まず日本野鳥の会が立ち上がり、山階鳥類研究所、日本鳥類保護連盟、日本鳥学会、東京動物学会の連名で抗議文を各方面におくり、翌一九七一年の一月中旬までには、国際鳥類保護会議（ロンドン）、国際自然保護連盟（ジュネーブ）、世界野生生物保護基金、アメリカで三百万人の会員を擁するオーデュボン協会をも動かしました。その結果、当時沖縄を統治していたアメリカ民政府の最高権力者であるランパート高等弁務官からの要請によって、在沖縄米軍から、国頭村の森林地帯では、今後いかなる射撃演習もおこなわないむねの手紙が、国際自然保護連盟に送られたのでした。一九七一年月のことでした（比嘉、二〇〇一より）。

今回の旅では、自然環境と賢くつきあい、自然の資源を賢く使うとはどういうことか、という課題を現場で考えようと、仲間たちとともにヤンバルの森の中に分け入り、高齢者の証言を聞きました。そこで出会ったのは、森を唯一の糧とする日々を送った人々の足跡、一年足らずで取り尽くして廃業に至ったというエキス製造の釜場跡、さらに、暮らしと自然を守るという両面からの取り組みが実って、ついに一度も使われることなく放棄された軍事施設をめぐる物語だったのです。

第一〇章　火山の島に生きる――聞き書き・口永良部島の暮らし

二〇一五年五月二九日、新岳の爆発的噴火によって、口永良部島の一三〇人の住民は、全員が屋久島に避難して七か月を過ごした。火山と共存してきた島だけあって、若干の軽傷者がでただけで済み、人々は口永良部での生活の再建に取りかかっておられます。奄美の西にあり、沖縄県に属している硫黄鳥島のように、大噴火によって離村し、いまは久米島に鳥島集落を作って暮らしている例などからわかるように、火山の島に暮らすためには、一時的にせよ廃村を覚悟しておかなければならないということでしょう。そこで、口永良部島での生活の聞き書きを、ここに掲載します。

「熊毛はひとつ」

二〇〇一年三月に初めて訪れた口永良部島は、とてもひなびた温泉のある穏やかな島でした。現在建設中の貴船さんのユースホステルに泊めていただき、そこを拠点に何人かの方にお話をうかがうことができました。

ところで、二〇〇〇年来、馬毛島（西之表市）を核廃棄物捨て場にする計画が明るみに出て、それを阻止するために立ち上がった種子島・屋久島のみなさんのスローガンが「熊毛は一つ」でした。実は、私たちが暮らす山口県にも熊毛郡があるのです。瀬戸内海に面する柳井市から南に伸びる半島を熊毛半島といい、その南に連なる島が長島、祝島です。そして、長島の祝島に面した入り江に、中国電力上関原子力発電所を建設することが国の計画となって進められようとしています。祝島の住民は、もう三〇年以上も反対し続けてきていますし、最近になって長島の海がすばらしい生物多様性をもつ場所であることがわかってきました。私たちの属する日本生態学会でも、昨年と今年の二回にわたって、「すばらしい自然のある場所なので、環境影響評価は万全を期してほしい」という趣旨の決議をあげています。二つの熊毛郡を知り、ともに大切に思う者として、なんとか、この二つの熊毛の取り組みをひとつにつなぐ道はないものか、と思ってきました。

今回のお話は、山口県の長島の東側の平郡島《へいぐん》から、三島村の黒島を経て口永良部島に住み着かれた、日高末男さんとの出会いから始まります。山腹の傾斜地に一軒分の住宅地を切り開いた形の日高さんのお宅で、移住のいきさつや、火山の噴火のことをうかがいました。私たちにとっては、まさに「熊毛は一つ」を感じさせてくれる旅になりました。また、前田の渡辺ミキさんのお宅にもおじゃまして、ご近所のお友達も交えていろいろなお話を楽しくさせていただきましたが、ここでは、噴火の時のことを中心に少しだけご紹介いたします。みなさん、ありがとうございました。

山口県・平郡島での暮らし

日高末男「私のおやじは、伊予（愛媛県）の松山の人。山でかせぐ山師やったが、オイ（私）の一一歳の頃には、山口県の瀬戸内海側の平郡島という島におった。自分は大正五年の生まれやが、愛媛で生まれたのか、それとも山口で生まれたのか、それはようわからん。オイのおった島には、部落が二つあって、西側の西平郡におった。向かいには、三日月のような島（八島）があった。その向こうには、長島とか祝島もあったなあ。」

――現在、平郡島が属している柳井市から松山市までフェリーが日に五、六便出ています。近いですよ。

末男「柳井というところも、ようおやじから聞かされよったな。平郡島は島だけれど、田が一町歩ほどあった。石垣で止めて草を夜中に切ってくる。それを田に入れて足で踏み込むわけ。それからスキで牛に引っ張らす。なぜわざわざ草を夜切るかというと、そうせんと人が切ってしまうからな。わしらの頃は牛は大事にしたよ。荷物は人間がかるうて（担いで）牛は前を歩かせていた（笑い）。」

――当時の生活はどうでしたか。

末男「牛に草を食わせながら海辺で昼寝をする。六月の照りあがった時には、浜の石の湯飲み茶碗くらいの大きさのが、一里ぐらい三日月型になって敷いている場所もあったとやからなあ。『油石』ちゅうて黒い堅い石があるところは、裸足で歩けば足が焼けて痛かったな。砂浜にいるムカデみたいな長いの（ゴカイ）をとって空き缶に入れて、これを餌にして釣れば、大きくても七寸まで行かないような魚がようつれよった。海底は砂浜よ。雨が降って海が濁れば、そこは、フグがいっぱいいいよった。」

――山師というても、いろいろありましょうが……。

末男「おやじは、炭焼きをしよった。それしか能がなかったとやろうなあ（笑い）。あのころは、電気というものもガスというものもなくて、一般の人が、農家の人でもみんな炭に頼って生活をしていたわけ。私は、今ここに火鉢があるけれどな、これへ入れる炭は買いよるわけよ（笑い）。山が終わると『あそこがヨカちゅうど』というと、『そんならそこへ行ってみようか』というて、各地をまわったらしい。だから、財産とかそういうものもなんにもなか。」

――一町の田んぼを作っていたとさっきおっしゃったのは？

末男「それは、農家の人がいっぱい作っちょった。いっぱい田んぼだらけではあったが、あれは、みんな人の財産よ。大きな溜めが田んぼの中にあって、人糞を町から運んでくる。そのころは機械船というのはないから、櫓舟（ろぶね）に乗せて、ずうっと運んできて、女の人が五、六人で天秤棒で担ぎ上げて、その溜めの中に入れよったな。それを肥やしにしたわけや。」

黒島へ、そして口永良部島へ

――それで、山口を出られたのがおいくつの時でしたか。

末男「おふくろが黒島の人やったから、結局、山口県から黒島に来た。あれは、一三ぐらいになっとったかなあ。よう覚えちょらん。」

日高ハツミ「私は、黒島の人。主人のお母さんも黒島の人で、私たちは、黒島で結婚したのよ。」

――どうして愛媛や山口の人とそういうご縁ができたものでしょうか。

ハツミ「主人のお父さんは、黒島へ炭焼きに来ていたのよ。私の父ももともとは京都の人で、母は黒島の人でした。」

――こちらから黒島は見えますか。

末男「見えるよ。今なら、黒島までは早い漁船で一時間ちょっとでいけるやろ。今の船ならトッピーぐらい早いからなあ。」

ハツミ「ここに来たのは、開拓で入ったんです。昭和三五年に土地は配分してもらいました。畑だけで一町七反ぐらいあります。名義を自分たちになおすのに、屋久島へ行ったり、いろいろ大変だったんですが、畑だけは自分の名義になおすことができました。その他に採草地が五町歩あるんです。名義をなおすまで九年間土地代は払ってきました。」

末男「昭和三五年に開拓に入る前には、ここの田代の下の方におって畑を借りて作っていました。ここは、十条製紙の土地やったが、政府が買い取って、個人個人に下げ渡したのよ。今でもほとんどの土地は十条のものや。」

――五町歩の採草地というのは、牛を飼うためにということですか。

ハツミ「牛を飼っていたけれど、平成七年の二月に全部処分しました。七頭ぐらいおったかなあ。だんだん牛に力でかなわんようになりました（笑い）。」

末男「せりに村までひっぱって行く時なんか、外に出したら言うこと聞かんから。道の横がちょっと空いておるとそこをめがけて牛ん子はもう走り出します。」

ハツミ「せりに出す牛を小屋につないで養って、せりにひっぱって行こうと思って、外に出して慣らそうとしたところが、その牛ん子が走り出して。もう、綱を放したところが、その綱がこっちの足にからんで、転んだことがあります（笑い）。そうして足がこねたわけや。転んだそこに何もなかったからよかったのよ。もし何かあったら、片足は折れちょった。」

――そりゃ、仔牛でもたいがい大きいですからね。一昨日船から下りてすぐに牛の競りを見てきました。博労さんたちも海がひどく荒れたので、船酔いでダレてましたよ。
末男「海が荒れて船が来んから積み出しもできんからなあ。」

昭和四一年の大爆発と人々の離島

ハツミ「あの当時、一一軒の人たちが開拓で入りました。みんな永良部の人やった。でも、あの噴火がしてからすぐ、ほとんどの人たちが出ていきました。亡くなった人もあれば、出ていった人もある。」
末男「あのころは、噴火がきっかけになったなあ。もうわしらも命はなかかなあ、と思うちょったから。知り合いが向江浜にいて、パルプ材を出すために集材機を据えて仕事を市よって、ワイヤーを外しに行った時に噴火が起こって、煙が風に乗って海岸めがけてザアーッときた。それをわしらは見ておったのよ。」
ハツミ「あのときは、私は、寝待温泉の所に魚釣りに行っちょったのよ。寝待の温泉について、靴を脱いで、今お湯に入ろうかなあとしたところが、なんか大きな音がしたので、何か飛行機でも飛んでくるのやろうか、と思うて上の方を見ると、上の方にきらきら光ったものが飛んでくるのが見えてな、温泉の沖の方の海の中にそれが落ちたのを見たら、焼けた石やからガタガタたぎって。まあ、あのときは、ほんとに（笑い）。朝の一〇時頃やったかなあ、一番末の男の子を一人つれて行って、反対の方へあわてて逃げていきよった（笑い）。」
末男「オイはなあ、温泉のずうっと向こうに魚釣りに行っとった。ところが、飛行機がいくつも編隊を組んで来るような音がした。湯向の方向を見たときには、何か煙がバァーと上がるものやから、これこそ噴火ちゅうもんやな、と思うて。釣り竿なんか、そこにおいて温泉の方へ走ってきた。来るあいだにもう、温泉の上の竹山が焼けよったわ。焼けた石が落ちてくるから。だから、そこの下にも避難壕というあれがあるけれど、あれは何にもなりゃせん。あ、噴火じゃと気についた時には、もう焼けた石が落ちてくるから、間に合わんのよ（笑い）。その時、初めて噴火ちゅうのはこういうもんやなあ、とわかったわけ。」

ハツミ「あれは、昭和二十何年やったか。いや、昭和三三年生まれの末の男の子がちょうど五歳の時やからな。この場所になおってからやからな。昭和三五年には、末の女の子が生まれ、この家がその年にはでけたとやから。」

――役場の記録では、昭和四一年一一月二二日、午前一一時三〇分となっていますね。

噴火の力

末男「でっかい石が道路に落ちて、道路なんかあちこち通れんところがありよったな。今でも、大きな岩が海に落ちて、山の方がくぼんで海の方が高くなっている所はいく所もある。石が何メートルも海の方へずり落ちてな、そうしたらそこが禿げ山のようになる。焼けた石やから軽石のようなものかと思うたら、これが鉄のように堅いのよ。」

ハツミ「道路には畳一枚敷きぐらいの石が飛んできて、そこがボクッと引っ込んでしもうておるわけ。あんな石をようまあ飛ばしますなあ。厚さもだいぶん厚かったよ。噴火のあと、測量で火口の近くまで行った人が見たら、そこらの木はみんな吹き飛ばされて、そこには何もないのよ。噴火というものは恐ろしい。」

末男「単車の五〇（ＣＣ）のエンジンでも人間の五〇キロ以上のものを乗して坂道をポッポポッポあがる。あれも爆発をしてあがるわけやから、火山の爆発の力がどのくらいあるか、これは想像もつかん（笑い）。」

――なるほど、そりゃ理屈です。黒島には火山がないんですか。

ハツミ「黒島には火山が通っていないからなあ。ここらの島で火山があるのは、口永良部、硫黄島は通っている。それから、中之島なあ。それから諏訪之瀬島。黒島も竹島も火山はないです。」

――大きな噴火を経験されたのは、一回だけですか。

ハツミ「そう。一回だけ。その前にもあったらしいけどなあ。その時はいなかったから。」

末男「前の噴火の時には、何人か人も死んでいる。湯向のなんとかの谷というあたりで。その時は、私らはここにいなかったから。水蒸気爆発なら何回もあったよ。ここあたりも灰が一寸ぐらいずうっと積んでいたこともあったたしな。今またテレビを見ておれば諏訪之瀬島が爆発したらしい。永良部がこれからどうなるか。」
ハツミ「開拓で入った人で、噴火の後も残っているのは、避難小屋のすぐ下に主人の兄さんともう一軒と、合わせて三軒だけ。」
――何か前触れのようなものはなかったですか。
末男「いや、全然なかった。前触れちゃなかよ。いつも突然くるよ。」
ハツミ「何か噴火がある、と前触れとか知らせがあったら、逃げるけど（笑い）。灰だけやったらなあ、肥やしになるけど（笑い）。」
末男「水をかけてやると、セメントを練ったみたいに粘ってなあ。肥やしにもならん。」

島に暮らす楽しみ

――子どもさんは何人ですか。
末男「子ども八人。長女は五八歳で亡くなった。」
ハツミ「口永良部には一人も残っていない。鹿児島に三人、岡山に二人、大阪に一人、滋賀県に一人。孫の数は、今はようけ生まんから、一四人。曾孫が一人です。」
ハツミ「定年になったら島に帰ると言う子もおるが。」
末男「これもあんまりあてになった話やない。こちらから、都会に行けば、もう死ぬばっかりや。」
ハツミ「テレビ見て座っているだけ。」
末男「こっちにおってイオ（魚）でも釣っておった方がよっぽどよか。今日は、海がしけて出れば命がなかから休み（笑い）。釣ってきた新鮮なやつを刺身に切って、残りを冷凍しておいて人にやれば、釣りに行かん人は喜ぶ。オイは酒も飲まん、お茶はこのごろちょっと練習をして飲むようになったが、たばこだけはやめられん。もう、好きなものは飲んで死のうかなあ（笑い）。もう、魚釣りも行けんようになったら、早う死なにゃ、と考えとる。」

――よかったら、写真をお送りしますから、もう少しひっついて座られて（笑い）。

初めての噴火――渡辺ミキさんの話

私がまだ学校の生徒だったとき、爆発がありました。あの時は五年生だったか、六年生だったか、大正五年二月生まれでもう八五歳になって、物忘れがひどいのよ。一番最初の噴火があったのは、夜でした。地震があって、吹き出す大きな音がしました。何かと思ったらおじさんたちが「岳が爆発した」といいました。その時、ご飯を食べよったです。みんなが初めてでした。みんなが経験のないことで、テレビがないころでもあり、誰も知らなかったんです。

――これは、役場の記録には、昭和六年四月二日午後七時爆発とあります。

ああ、そうですか。そのころの岳には硫黄会社があって、人夫がつるはしで起こしていました。みんなで木馬に三百斤ぐらいずつ運んできて、有蓋車で出します。朝早く出たら、一〇時ごろ帰ります。一日一回しかできません。岳で硫黄を採っている人や、道の修理する人たちがいました。爆発が昼ならみな即死ですよ。

うちは、向江浜でしたから、噴火の直前に、隣の親戚の家が火事になったのよ。その時、母はうちに火が移ると思ってあわてたのな。その時、もう今度何事かあった時にはあわててはだめやと思っていた。そこへ、岳が爆発しました。だから、その時は全然あわてなかった。母に起こされた時に、母は、すぐお位牌に『窮屈でしょうけれど、避難せんといけんので、いちおう手提げに収まってください』と言うて、出ました。

ところが、すぐ上の家でちょうどお産があって、生まれた時だったのよ。それで、そこの家のご主人が馬に鞍かけて避難する時、黒砂糖の製造場のところの杉の木の所に来て、しまった！と思ったんです。奥さんと赤ちゃんを連れてきてないのよ。馬をつないで家に連れに戻ったら、もう居ないのよ。私のお母さんが連れて避難させていましたから。私らは海辺のドンドロの所を通っていったら、それがすれ違いになったんです。ご主人が製造所の所へもどって来てみたら、こんどは馬がいない（笑い）。体の不自由な人を背負って逃げる人が、どこの馬か知らんけど、神のお助けと思うて借りて行ったんですよ。けっきょく、馬の方が先に避難所の岩屋泊に着いていました。みんなあわてたのなあ、あの時は。

この時は、屋久島の一湊にひと月ぐらい避難していたのよ。みんなここに残っていらしたけれど、私たちは初めてのことでびっくりして避難しました。その後は、何度も噴火が続いてなあ。岳が爆発したあと、ほとんどの人が子どもさんのところに引っ越して出ていきました。私も夫の仕事のつごうで兵庫県に十何年いましたよ。ここらの空き地はもともと、みんな家のあとでした。噴火が恐ろしくて神戸にいってみたが、そこで震災の被害にあった方もあるのよ。

雨が降れば、よく土石流がありました。噴火の後三年目（昭和一〇年四月）に大雨が続いて、旧の三月二日の餅つきをした晩に向江浜に土石流が流れてきて、三七人も亡くなったことがあったのよ。そのあと代替地として私らはここ（前田）に引っ越したのよなあ。岳の裏側の七釜の方に焼け石が飛んで、私らの知らんうちに、硫黄製造の人が亡くなったこともあったのなあ（昭和八年一二月二四日午前四時爆発。死者八人）。

――トカラの中之島に行ったら、ちょうど旧暦の一三日だったんですよ。そしたら、村の人がみんな集まってあたりをきれいに掃除していました。そこで聞いたら、こんな話でした。昔、ある年、ある月の一三という日に、お岳が大噴火をして、もう逃げるのに船もないし、もう神様にたよるしか道がなか、ということでみんなでお祈りをしてようやく命は長らえたので、それから毎月一三日、毎月よ、みんなで集まってお祈りをしたあと、村の掃除をするということを続けております、と。昔の人はよかしつけをしたもんじゃなあ、とそういうてやっておられましたよ。（『生命の島』三二号）。

うちらもなあ、旧の四月三日と六月一五日には、お祭りをしてきました。これは、昔、噴火が始まった日と、終わった日というて伝えられているのよ。

――それは、天保一二年、西暦一八四一年のことで、八月一日（旧六月一五日）の大噴火では、元村が全焼したと役場の記録にはありますね。
それでもなあ、やっぱり人間は生まれ育ったいなかが一番いいのよ。
――どうも、ありがとうございました。どうぞお元気でお過ごしください。

おわりに

ふるさとを愛する人たちが島と島をつなぐ話を続けます。現在私たちがいっしょに田んぼを作っている、貴子さんという若い女性がおられます。このひとは、萩市の北の見島出身の方ですが、ともに瀬戸内海の長島と祝島を訪れたことがあります。驚いたことには、彼女のお父さんと原発いらない運動の中心となっておられる漁協長の山戸さんは旧知の仲だったのです。また、貴子さんは、トカラ列島の小宝島の方々とも親交があります。実は、見島・祝島・小宝島をつないだのは、全国離島会議での出会いが元らしいのですが、去年の秋に彼女のところに、緊急の署名を求めるファックスが来ました。馬毛島でくじかれた核廃棄物計画が、トカラ列島でも一番人口の少ない小宝島をめざして手を伸ばして来そうだ、というのです。小宝島・見島ルートで私たちの手元のとどいた情報を、その日のうちに、屋久島・種子島ルートにもつなぎました。その後、幸い多くの署名を得て、十島村議会でも核廃棄物拒否を決議しました。「熊毛はひとつ」をさらに広げて、台湾を含め、黒潮洗う島々が手を結んで自然と暮らしを守る時代がやってきたことを頼もしく思います。

第一一章　廃村続出の時代をどう生きるべきか──足下からの実践

苛政は虎よりも怖ろしい

島平成の大合併のあとで、日本の庶民が直面しているのは、行政サービスの限りない低下と、勇ましいかけ声にもかかわらず、ますます進む家計のきびしさと減らない税負担という現実であろう。

古代の中国で、父も夫も息子までが虎に食い殺されたと激しく泣く女を見舞わせた孔子は、苛政は虎よりも猛なりと嘆いた。人々が虎の出るところを選んで住んだのは、一口に言えば税の負担が軽かったからである。

そのように、虎よりも猛々しい政治のもとでも、居住の自由はあったのだろう。沖縄の両先島と呼ばれた宮古・八重山の人々には、その居住の自由がなかった。耕地の測量（検地）をし、その年の収量を踏まえて（検見）、五公五民なりの税を課すのが普通だった江戸時代。首里王府から遠く離れ、役人が無事到着できないこともしばしばであった宮古・八重山では、村のランク分けと士族平民の区別・性別年齢によって税額が決まる人頭税が課せられていた。このシステムを維持するためには、各住民が登録された村落から勝手に移住することは許されなかったのである。

それどころか、強制的な移民もしばしば行われた。マラリアが蔓延していたために人口が希薄だった場所に、周辺の島々から人を移すという政策である。西表島だけに限っても、一七三二年に小浜島から北部の高那村へ六〇〇名を移し、一七三四年には、波照間島から東南部の南風見村に四〇〇名、一七三七年には竹富島から東部の仲間村に五一七名、一七五五年には崎山村を創建して波照間島から二八〇名が移され、一八五七年には黒島から西部の上原村に一五〇名が送られた。マラリア原虫に免疫をもたない人々の移住の結果は、急速な人口減少であった（喜舎場、一九五四）。

明治一二年の琉球処分によって、琉球王国が最終的に沖縄県とされたのちも、旧慣温存策がとられ、宮古八重山の住民が、ようやく居住の自由を得たのは、二〇世紀に入った明治三六年のことであった。実際、明治期における地域の疲弊は著しいもので、明治二六年に八重山を訪れた青森県の探検家・笹森儀助は、西表島東部の仲間村の役人にあなたはどんな対策を考えているのかと問い掛けたところ役人は驚いて「自分は親代々この仕事を引き継いでいるだけでそのようなことは考えたこともない」と正直に答えたので笹森は大変にあきれ返ったと書いている。

笹森は、マラリアの有病地にある八重山の二五村落のうち、一八までは「数十年を経ず廃村となるべき村」とみなして、次のように書いた。

八重山群島有病地村落二十五ケ村ニテ数十年ヲ経ス廃村トナルヘキ病毒激烈ニシテ甚シク人口減少ノ村落ヲ左に掲ク名蔵村、崎枝村、桴海村、野底村、盛山村、桃里村、伊原間村、安良村、平久保村、干立村、浦内村、上原村、高那村、野原村、仲間村、南風見村、成屋村、計十八ケ村トス（笹森、一八九三、二二〇頁）

この予言は、ほとんどの村について的中し、西表島では干立村だけが例外となって存続している。これは、浦内村が廃村になったとき、その住民を受け入れることができたことと、その後も外来者にも村の仕事を任せ、祭の主役さえも与えるなど、寛容な懐の深さをもつからであろう。これとは逆に、今後数十年は大丈夫のはずだった、鹿川・崎山・網取の三村がことごとく廃村を迎えてしまったのは、笹森にも予想がつかない歴史の激変であった。また、本書では触れられなかったが、第二次世界大戦中に八重山の各島に配置された残置諜報員によって、西表島に強制移住させられた波照間島民のなめた、マラリア地獄の惨苦なども、忘れてはならぬ歴史のひとこまである。

それでは、どのような条件で、地域が生き延びられるのかを考えてみたい。時代は急に現代に跳ぶ。

郷田實氏を生き延びさせた故郷への思い

有機農業と照葉樹林の保全と観光で宮崎県綾町を有名にした元町長の郷田實氏（一九一八～二〇〇〇）の講演を、

むつみ村（現、萩市）で聞いたことがある。そこで、私が一番印象に残ったのは、戦争中に中国大陸の北部から今日のベトナム・タイまで転戦した三年間の経験談だった（郷田・郷田、二〇〇五も参照）。

私のいた部隊はほぼ全滅しました。三人に一人は戦死、三人に一人は戦病死、そして三人に一人は自殺でした。「郷田君、いっしょに死のう」と何度誘われたかわからないほどでした。しかし、私には故郷の綾に帰ってやりたいことが三つあったんです。それはもう一度だけでもいいから故郷の「あの緑なす山々を見たい」「あの清らかな水を飲みたい」「あの祭囃子を聞きたい」という三つの願いでした。病気になり、骨と皮にやせ衰えた私が戻ってみたら、緑の山と清らかな水は以前と同じにあったのですが、祭囃子は消えていました。戦後、私が、綾町の助役を引き受けたころは、「夜逃げの町・綾」と言われたのです。木材輸入の自由化とチェーンソーの導入によって林業で暮らしを立てられた膨大な人たちが暮らせなくなるという大きな変化が起こっていました。「頭がおかしい」と言われながら、二〇年も時代にさきがけて有機農業を推進したのも、さまざまな仕掛けをして誰もが行ってみたい綾町をつくるためだったんです。誰も知らない所には誰も来ないのです。山口県北部のこのあたりのような、綾町よりもはるかに恵まれた条件のあるところでは、さまざまな可能性があると思います。奮起していただければと思います。

よみがえる村・新しくできる村

村がなくなったあと、そこに留まった人たちもいる。例えば、ハンセン病で村の外では暮らしにくいという事情で移住が難しかったという例も聞いた。沖縄島北部の山中にあったユッパーという村が、そうした世間の風から守られた隠れ家のような場所だったということと共通する要素だろうと考えられる。

数は少ないが、いったんは廃村となった村が復活するという事例にも接してきた。都会からの移住者が牽引して、山尾三省という詩人の情報発信にも引かれて、学校を支える子どもと親たちの集落として育っていった屋久島山中の白川山《しらこやま》がそのひとつ例であり、また、スペイン北部のナバラ州で、復活を遂げたアルギニャリッ村のようすにたいへん感心したことがある（安渓・安渓、二〇〇九）。これは、ローマ時代の文化財である教会があるため自治政府の肝いりで、電気とタンクローリーによる給水サービスを受けながら一〇家族ほどの人たちが暮らしている。そこには、地域で人気のパン屋もあれば、廃屋を健康住宅に改築して農家民宿をめざす娘さんもいる。このように、世の中の仕組みがかわれば値観観も変わり、廃村が生まれたり復活したりする社会の力学もまた変わってくるのだ。

祖先が苦労して開いた村や畑や田を放棄して杉を植えて去る例は、屋久島にも山口県でもよくある。このような場合は、再び人が住むことがかなり難しくなる。

村を離れる人々が増えた結果の廃村化を食い止められるとすれば、積極的に村に住もうという動きをいかに促進するかを考えるべきだが、それを都会に住むインテリがかけ声をかけても説得力はないと思う。

島びとの感じている地球レベルの自覚

私と妻の安渓貴子が、一九八六年に初めて出版したのは、西表島の山田武男さんが、廃村となったふるさとの網取村への熱い思いをこめて、父君からの伝承を中心に民俗と古謡を綴った原稿を小さな本に編集したものだった（山田、一九八六）。そのあとがきの冒頭部分で山田さんは、次のように書いた。

> 人類社会は、土から否応なくあらゆる物質を取り出して科学文明をつくりあげ、現在に至っています。地球はいまや人類の吐き出す汚物の処理に苦痛を感じています。現代、庶民はことごとく離島して都会へと流れ去り、小島の発展はその犠牲とされました。

このような地球レベルの自覚とでもいうべきものが、島に生きてきた一人の庶民の実感として生まれていたのである。最晩年の一番言いたかったことを自分自身のことばで表現されたものだった。

こうした自覚は、どのようにして得られるのか。津野幸人《ゆきんど》氏の『小農本論――誰が地球を守ったか』（津野、一九九一）の中に、非常に印象的なエピソードが載っているので紹介したい。昭和一九年の冬、中学二年生の愛国少年だった津野幸人氏は特攻隊を志望して予科連に合格。その時、〈片田舎の一介の老農夫〉であった老人が、かわいい孫を兵隊に行かせまいとして言った言葉は、こんなものだった。『日本は負ける。お前らみたいな子供までが死ぬことはない。明日これで小指を切れ。小指がのうても百姓はできる』。そして牛のかいばを切る押し切りを指さしたのだった。当時、国際的な情報を一切もたないひとりの老人が、大本営発表などの圧倒的な世論工作に抗して、日本は負けるということが的確に判断できた根拠は、なんと古いアメリカ製の剪定鋏だった。もらって二〇年にもなるのに、バネはびくともしないし、切れ味も新品同様。『百姓道具にこれだけのええ鋼鉄を使う国なら、兵器も日本のものとは較べもんにならんぞな』と言われたという。

西表島の山田武男さんの自覚も、それと同じことではなかろうか。ひとつの土地にしがみついて、その土地を本当によく見つめて生きてきて、今を真剣に生きている人は、その自分の土地を深くみつめたという物差で世界が測れるのである。あらゆる情報操作の中でも、いま、何が世の中に起きているのかがわかる。自分の土地を深くみつめ続けてきた厳しい目、それが実は世界を本当に測る物差でありうるのだ。

津野先生にひかれて第三種兼業農家志願

一九九三年度は、まる一年間、わが家は鳥取県の大山のふもとの海辺の村に住んだ（安渓、一九九四）。当時鳥取大学農学部長だった津野幸人氏のお世話で、三〇軒余りの、兼業農家がほとんどの村の中に、家族で暮すことができたのである。家主に水田の一部と、クズが生い茂る遠くの畑を借りることができた。クズの根との格闘を見かねた村の方々が近くの畑を貸してくだり、次々と借りるうちに、いつのまにか畑は四か所にもなっていた。現金収入には結びつかないけれど、時には鳥取大学生にも来てもらって、かなり熱心に「小さい農業」にとりくんだ。ときあたかも、日本中が冷害による不作で、タイ米の輸入騒動の年だったが、無農薬・無除草剤の再生紙マルチ稲作は、気候変動には強くて、一年分の飯米を籾で枕元に積み上げて寝るという、例えようのない安心感を味わうことができたのである。日本海側で育った私は、いつか息子に長い、本当の冬をプレゼントしてやりたいと思っていた。それが、鳥取県を選んだ理由のひとつだったかもしれない。そして、村で暮した一年間は、予想をはるかに上回る、たくさんのすばらしいできごとに満ちていたのである。

この一年間の農的な生活をきっかけとして、「田のある暮し」を続けたくなったわが家では、山口県に帰ったあと、当時の勤め先から一五キロほど離れた山口市の北部の田園地帯に引っ越して、小さい果樹園のついた家と一枚の田んぼを借り、成り行きで農協の組合員にもなったのだった（安渓・安渓、一九九六）。そのあと、山の中の村に県産材で家を建てて薪暖房で暮らし、グローバルな経済に巻き込まれることが少ない暮らしを夢見て、田舎でできるだけシンプルに暮らしたいと願ってきた。東日本大震災後は、お米や大豆の「お福分け」と称して販売もする小さな有機農家を家族でめざしている。

野となれ山となれでは先祖に申しわけがない

白銀の大山のふもとの鳥取県の海辺の村での一年間は、日本の田舎の村の底力を知り、そこに腰をすえて暮らすためのよい練習だったと思う。毎日、何かの差し入れをいただいて過ごしたその村びとたちとの別れの日が近づくころ、村の役員の方々を招いて酒をくみ交わした。放棄された田が工務店の廃材捨て場になっている場所からもらってきた丸太を、のこぎりで切って作った椅子に腰をおろすと、村人たちの話は、こんなふうにはじまった。

「田んぼや畑をゴミ捨て場にして、そこにこんな立派な木を捨ててしまうということは、なんといってももったいないなぁ」

「生きとる以上は、物の心、人の心がわからにゃ」

「ゴミ捨て場にはせんまでも、丹精こめたナシの木を切るのをみると涙が出ますな。畑が草山になるのは見ておれん。田畑を荒して、野となれ山となれでは、そこを耕してこられた先祖に対して申しわけがないですけぇなぁ」

「そう、そう。百姓をやっとるのは、その気持ちが根底にあるだけぇ。家の若いもんには、そんなに大赤字を出すような農業をやってもらうより、家で寝ておってくれた方がよっぽどいい、なんていわれるけど……」

「土地をもっとる限りは生かしたいですけぇなぁ」

「それに、もうからんからと土地を放棄しちゃえば、将来大水や地滑りなんかの災害が起こらんかということも心配します」

「すべての公務員は、少なくとも一年間は農民の生活を経験してから、仕事にかかるべきだと思うとります。そうすれば、人間の原点からもっとちゃんと考えるようになるはずじゃないでしょうか」

経済を優先すれば成り立たないはずの田舎暮らしと、そこでの農という営みを続ける理由はなにか。その問いに、こんなにも明快に答えてくれる人々に会ったのは、はじめてだった。私と妻は、屋久島で聞いた言葉とも響きあうものを感じとっていちいちうなずいていた。

「……減反していくと、やがてはきっと食糧戦争になります。今の日本のように世界中から物が来ることを、いつまでもあてにしてはいけないと思います。食べものは、いのちを支えるものでしょう。もともとお金では買えないはずのものなんですよ。」

将来は孫たちも通る道だから

妻が参加していた、大山のふもとの村の若嫁さんたちのよりあいで、こんな話題が出た。ちかごろ、上流部の開発が行なわれて、小学校の通学路の一部が大雨のたびに濁流に洗われるようになった。小さい子供を通わせるのが心配だから、水路を整備するように、働きかけていこうというのだ。次に引用するのは、その時、よその町から嫁に来て、小学校一年生の子どもをもっていた、ある母親の言葉である。

「将来は、私らの孫たちも通る道なんだから、今のうちにちゃんとせんといけんよ。みんなで議員さんを動かそう」

道ひとつをどうするかについても、若い人たちが率先して、今の利益だけでなく、孫の世代に感謝されるような賢い選択をすることができるかどうか。それができる地域だけが、今日まで伝えられてきた自然と人の豊かな関係を将来にわたって保っていくことができるはずだ。

それにしても、土地を荒らせば先祖に対して申しわけない、子孫に対して環境を守っていく責任がある、という自覚はどうやって生じ、世代を越えて伝えられているのだろうか。先祖代々住んでさえいれば、自然にそういう生きかたになるのか。逆に、よそ者は、いつまでたっても「地の者」にはなれず、世代を越えた智恵とは無関係な存在なのだろうか。

酒を飲みながら家の土蔵にある古文書を読むのが趣味という、ご近所に教わった所では、この鳥取県中部の村では、一八世紀の半ばごろ、なんらかの理由で在来の村人のほとんどが追い払われる、という事件が起きたという。その後、あちこちからの移住者によって村は再建されたのだが、数戸の家だけは追い払われずに残された。田への水をどう引くか、それぞれの田の必要とする水はどのくらいか、といった水利についての知識のある人たちまで追い出したのでは、稲作も徴税も不可能になるからだった。

自然とつきあう方法がきちんと伝承される。そのことさえ保証されるならば、地域の環境を守ってゆく智恵と知識はよそ者にも開かれている。そして、その伝承をわがものとした人はすでに「地の者」への道を歩み始めているのである。それこそが、「限界集落」などという名付けや、いまにも廃村が多数うまれるかのような予測が、かならずしもそのようにならず、この島国の村々が意外なまでの強靭な生命を保ってきた秘密ではなかっただろうか。

おわりに

天災・人災のさまざまな事情の中で、人口が減りつづけ、ついには廃村を迎えるにいたったさまざまな歴史を、日本の南の島々でそこに残された物質的な手がかりと、それを記憶する人々の語りから復原していくというのが、この本の趣旨である。しかし、それは過去に目を向けることで、現在おこっていることにも盲目とならず、さらに未来へも希望をもって行動できるというヒントとなるのでなければならない。それがこの本に「廃村続出の時代を生きる」というタイトルをつけた意味であった。

私と妻は、一九八一年に山口県に住み始めてから、一九九七年には、いわゆる中山間地で、みずから「僻地サミット」を開催するほどの集落に居を移し、二〇一一年の福島の原発震災以降は、息子を中心に家族で有機農家をめざすというライフスタイルを追求している。

それは、大都市への人口集中が過密と過疎という問題を生み、過密地が必要とする食糧やエネルギーの生産地となり、それにともなう危険や、やっかいなゴミの処分を過疎地に押しつけるという差別構造の上になりたっている現代日本の病根に、その末端の現場で直面するという経験でもあった。

わが家の農的暮らしのきっかけを与えてくださった、鳥取大学農学部長（当時）の津野幸人氏は、日本は、現在の食料消費のレベルで一億五〇〇〇万人が食料自給できる島だということを試算した（津野、一九九一）。ただし、そのためには、病院や学校など、どこでも人間らしくくらせるような政策をとりつつ人口を適切に配分しなければならない。都会の人々を活力あるうちに地方で受け入れるというＣＣＲＣ構想なども、地方の受け入れ体制がきちんとしていなければ実現は難しい。そのような時、わが家の四半世紀になろうとする田舎暮らしの実践には、熱帯アフリカのコンゴ民主共和国の森の村で養子になって暮らしたことだけでなく、実は西表島や屋久島での廃村研究の中での気付きにもひとつのルーツがあることに気付かされるのである。

ほとんどの兵士が死ぬような極限状態の中で、後に綾町長となる郷田實氏を生き延びさせた力は、故郷の祭への思いだった。しかし、にぎやかな祭を続けうるような、コミュニティの活力と連帯感は住民の主体的な努力なしには得られないものである。山口県での上関原発計画の受け入れか拒否かで分断された祝島住民は、対立を乗り越えて一〇〇〇年の歴史をもつ神舞（かんまい）を復活させた（安渓・安渓、二〇一六、一一〇～一一一）。この本では詳細を述べなかったが、祭ができなくなったことが直接のきっかけで廃村につながったと考えられる例もある。廃村化が起こるとすれば、実際の離村よりも前に、それは住民の心の中で先に起こるものだとも言えよう。

国は破れても、生き伸びて故郷の山河にふたたび出会えた郷田實氏は幸運だった。例えば、二〇一七年一月の時点で、福島県だけで八万人を越える人々が故郷に帰れない状態を引き起こした原発震災事故。目には見えない放射線物質の汚染によって、山も川も変わってしまった。一二年暮らした浜通りの川内村を二〇一一年三月一一日のうちに脱出できた大塚愛さん（岡山県議）の言葉を最近聞く機会があった。事故による放射能雲の届く前に家族で逃れられたから体には響いていないはずだけれど、咲き乱れる桜を見ても何も感じられない状態で「心は重傷」だったという。

山口県に暮らす私と家族にとって、福島の原発震災の避難民を受け入れてともに暮らすことは、とても大切なことだ。同じ山口市内とはいえ、自宅から五〇キロほど離れた島根県の津和野に近い阿東高原に農地と家を求めて、本腰を入れて農的暮らしを追い求めているのも、故郷を追われた人々の悲しみを抱きしめながら、ともに暮らそうという決意からだった。

私は、二〇一七年三月末をもって山口県立大学を定年退職することになった。「着土」の暮らしを願って、山口大学から山口県立大学に移籍して二〇年余り。その間、山口県立大学国際文化学部で、のべ一〇〇人余のゼミ生の卒論執筆によりそってきた。大学の法人化にともなって研究室の看板が、「文化人類学」から「地域学」に変わったのだが、「土着」とは何かという研究から、地球人として地域にねざして生きることを模索する「着土」へと学びを深めるよい機会をいただいたと思っている。

最終巻となった卒論集で、瀬戸内海因島出身の若者は「今ここがふるさと」と書いた。そう「ふるさとは、近くにありて創るもの」なのだ。

唐突だがここで、ふるさとへの愛をめぐってパレスチナ出身の思想家サイードが引用したので有名になった、一二世紀フランスのヴィクトル・フゴーの言葉を引きたい（http://ankei.jp/yuji/?n=940）。

祖国が甘美であると思う人はいまだ繊弱な人にすぎない。けれども、すべての地が祖国であると思う人はすでに力強い人である。がしかし、全世界が流謫の地であると思う人は完全な人である。

第一の人は世界に愛を固定したのであり、第二の人は世界に愛を分散させたのであり、第三の人は世界への愛を消し去ったのである。

私はといえば、幼少の頃より流謫の生を過ごしてきた。

そして、どれほどの悲痛をともなって、精神がときとしてみすぼらしい陋屋の狭苦しい投錨地を後にするものか、どれほどの自由をともなって、精神が後ほど大理石の炉辺や装飾を施した天井を蔑むものかを私は知っている。

本書の最後の、「廃村・存続・復活の事例索引」を見ていただければ分かることだが、津波や噴火などの天災がひきがねになって廃村化が起こったという例はむしろ少ない。大航海時代にもたらされた新たな病いとしての熱帯熱マラリアや、いわゆるスペインかぜなどの、人間の交流の密度が高まる中で起こったできごともある。しかし、為政者が土着の智恵を軽視することから引き起こされた数々の悲劇は、まさに人災としか呼びようがあるまい。さらに、現在では、グローバルな経済が地球の隅々までも支配する勢いで、庶民のささやかな願いを踏みにじっているのが現実である。

西表島の廃村の藪の中からスタートした、私と貴子の道のりは、アフリカの大きな森の小さな村や世界都市パリでの暮らしを経て、やまぐちでの田舎ぐらしという選択に行き着いたのである(YouTubeで「唐突なリサイタル」を検索)。そこで模索しているなかでもっとも力を入れているのは、できるだけ「お金」に換算されにくい「本物」で暮らしをまわしていくという智恵の獲得である(YouTubeで「お金を使わないしくみで暮らす」を検索)。物々交換の復活と呼んでもいい。「花咲爺の夢」と題して、最近こんなエッセーを書いた。

山口市の山村に暮らして二〇年。田畑を耕し、薪で暖房と風呂をまかなっています。那覇市の友人が伝統の沖縄そば屋「てんtoてん」を開店、麺のコシを出す木灰が入手困難と知って以来、遠距離物々交換を続けています。ところがこのたびの原発震災で、薪ストーブの灰から高濃度の放射性セシウムが検出される事態に、林野庁は青森から静岡にいたる一七都県産の木灰の食品への使用自粛の通達を平成二四年二月に出しました。こんなとき便りになるのが民間で線量を計ってくれるQベクこと放射能市民測定室・九州です。わが家の新鮮な灰と、震災以前からとってある熟成した灰の放射性セシウムを調べてもらいました。結果はどちらも不検出。地元の藍染め作家たちからの引き合いもあり、囲炉裏や茶道にも必要な安全な灰の確保を目的に、「やまぐち広葉樹灰研究会」を立ちあげました。汚染の少ない地域の良質の薪を燃やした灰の生産者をネットワーク化しようという花咲爺の夢です。震災後、山口市阿東徳佐で息子が始めた農薬も除草剤も化学肥料も使わない「阿東つばめ米」のイセヒカリや煮豆・味噌用大豆のタマホマレも毎年計ってもらって消費者に届けようとはりきっています(http://tokusa.sorecchа.jp　facebook 半農半大学教員の自家用品のお福分け)。

人間らしく生きられる田舎と都会のより望ましい関係のために、この本で紹介した、南の島びとたちの経験とことづてが、少しでも多くの人の未来を照らすものであることを願ってやまない。

最後に、お世話になった地域の方々や先生方への謝辞を述べて、結びとしたい。

郵便はがき

料金受取人払郵便

鹿児島東局
承認
229

差出有効期間
2026年7月
31日まで

有効期限が
切れましたら
切手を貼って
お出し下さい

892-8790

168

鹿児島市下田町二九二—一

図書出版
南方新社 行

ふりがな 氏　　名		年齢	歳
住　　所	郵便番号　　　—		
Eメール			
職業又は 学校名		電話（自宅・職場） （　　　）	
購入書店名 （所在地）		購入日	月　　日

書名　（　　　　　　　　　　　　　　　　）愛読者カード

本書についてのご感想をおきかせください。また、今後の企画についてのご意見もおきかせください。

本書購入の動機（○で囲んでください）

A　新聞・雑誌で　（紙・誌名　　　　　　　　　　）
B　書店で　C　人にすすめられて　D　ダイレクトメールで
E　その他　（　　　　　　　　　　　　　　　　　）

購読されている新聞，雑誌名

新聞　（　　　　　　　）　雑誌　（　　　　　　　）

直接購読申込欄

本状でご注文くださいますと、郵便振替用紙と注文書籍をお送りします。内容確認の後、代金を振り込んでください。（送料は無料）		
書名		冊
書名		冊
書名		冊
書名		冊

私は、この本の「著者」ではない。胸襟を開き、地域の伝承を共有することを惜しまれなかったすべてのみなさまが共著者なのであり、私は、妻の貴子の応援をうけて、それらの先人たちの言葉を編集させてもらっただけなのだ。その意味で、編著者・安渓遊地と表記している。まずは、京都大学に提出した私の修士論文の謝辞を再録して、あらためて敬意と感謝の気持ちを表したい。肩書きその他は当時のものである。

この調査は鹿川、崎山、網取をはじめ、西表島の方々の御理解と御援助なしには行なうことができなかったであろう。お世話になった方々のお名前は下記のとおりである。心からなる謝意を表したい。

入伊泊屋良部亀氏御夫妻、前底マナビ氏、赤嶺ナシキ氏、粟野実・トク御夫妻、川平永美氏、東若久和利氏御夫妻、大濱雪子氏、伊泊文雄氏、山田武男・シズ御夫妻、池田稔氏御夫妻、仲立孫次氏、西部診療所の下田正夫先生御夫妻、孫慶氏御夫妻、古見用美氏、新盛行雄・浪御夫妻、那良伊正伸氏御夫妻、星勲氏御夫妻、前底正一氏、宮良用茂氏御夫妻、石垣金星氏をはじめとする網取青年村建設委員会の若者達、慶田盛富士氏、慶田盛寛松氏、黒島英輝氏、黒島寛松氏、真謝永暉氏御夫妻、高江州元徳氏、大底功氏、後底阿良加氏、仲本信幸氏。

少人数で多様な物的所与を取り扱う際に、多数の先生方に御教示をいただくことができた。丹野正氏（東京大学理学部）には、鹿川遺跡での薮伐りと測量という困難な作業の御援助を受け、篠原徹氏（岡山理科大学）には、考古学的な視点から、集落全体を観察していただき、発掘と実測の御指導を受けた。安田喜憲氏（広島大学総合科学部）には、花粉分析法の手ほどきを受け、同定をお願いした。陶磁器のカラー写真による鑑定は多和田真淳氏、矢部良明氏（東京国立博物館）にお願いし、西表信氏、宮城篤正氏（沖縄県立博物館）の御意見もうかがった。

植物の同定に際しては、村田源氏（京都大学理学部）の御援助を受けた。シダ植物の同定は光田重幸氏（京都大学理学部）にお願いした。同定の困難な標本については、初島住彦博士（琉球大学理工学部）の御手を煩わした。田端英雄博士（京都大学理学部）には、植物の生態と遷移についてお教えをいただいた。

池田次郎博士をはじめとする京都大学理学部自然人類学研究室の方々には、ゼミナールを通じて数多くの有益な助言と御批判をいただいた。伊谷純一郎博士（京都大学理学部）は、この鹿川調査を立案され、困難な調査を通じて常に御指導、御鞭撻下さり、全身にダニの襲撃を受けつつも、三たび鹿川で御指導下さったことは筆者の深く感謝するところである。妻貴子は、五〇日余にわたって調査に同行し、主に植物調査について、採集・標本作製・同定・推論の各過程で全面的な協力とはげましを与えてくれた。一九七四年と七五年度の西表島のフィールドワークは、主として文部省科学研究費補助金（担当者、伊谷純一郎）によって進められた。

このあとも、西表島ではさまざまな研究や地域づくりの実践に関わったので、さらに幅広い方々にお世話になったことは、安渓他（二〇〇七）を見ていていただけばおわかりいただけると思う。そして、天野鉄夫、宮本常一、リチャード・ピアソン、國分直一、三島格、渡辺誠といった諸先学にも激励を受けた。屋久島では、フィールドワーク講座の湯本貴和、手塚賢至・田津子さんを通して、たくさんの知り合いができた。季刊『生命の島』の編集者だった日吉眞夫、長井三郎さんと愉快な仲間たち。山尾三省、岩川文寛、笠井林、木原幸治、柴鐵生、塚田英和、中島繁安、永野憲一、堀田優、山本秀雄、上勢頭芳徳、金井塚務、匿名のFさんほかの皆様にも多くの教えと御援助を受けている。このような多彩な人たちの輪に支えられ、奄美沖縄の環境史を研究する理科系のミンゾク学（愛称リカミン）のみなさんや、さらにはスペインや山口県でも廃村学と地域活性化を学べることをありがたく思っている。

田代安定の史料の利用にあたっては、国立台湾大学図書館特蔵組の林慎孜さんと、国立国家図書館の洪淑芬博士に特にお世話になった。原稿整理とＤＴＰは、山下博由さん（貝類多様性研究所）と福田美智子さん（カモテ・トップス）のお力を借りた。出版の冬の時代に、向原祥隆社長の心意気と経営的判断で南方新社から出していただく本としては、これが四冊目になる。山口県立大学の出版助成費にも助けられた。すべてのみなさんに心から感謝もうしあげるとともに、この本を、恩師・伊谷純一郎先生に捧げたい。

引用文献

網取小中学校、一九七一『あみとり』網取小中学校、竹富町
新城敏男・浦崎浩行、一九七四「八重山嶋村々書上帳」『八重山嶋資料集』第一集、浦崎浩行、東京
新城祐吉、一九七五「沖縄通信」『えとのす』二号、九二〜九四頁
安渓貴子・安渓遊地、二〇一一「西表島の女性の暮らし――網取村の思い出」『季刊東北学』第二七号、一九五〜二〇七頁、柏書房
安渓遊地、一九七七「八重山群島西表島廃村鹿川の生活復原」伊谷純一郎・原子令三編著『人類の自然誌』三〇一〜三七五頁、雄山閣
安渓遊地、一九九四「大山のふもとで屋久島を想う」『生命の島』三一号、三五〜三九頁、屋久島産業文化研究所
安渓遊地、一九九六「カシの木に救われる――西表島の洪水」『季刊シルバン』七号
安渓遊地、二〇一一「足もとからの解決――失敗の歴史を環境ガバナンスで読み解く」湯本貴和・矢原徹一・松田裕之編著『環境史とは何か』(シリーズ日本列島の三万五千年――人と自然の環境史)、文一総合出版
安渓遊地、二〇一五a「他人ごとからわがことへ――フィールドに育てられる」『平和研究』(地域・草の根から生まれる平和)四四号、七九〜九八頁、日本平和学会
安渓遊地、二〇一五b「明治中期に田代安定が見た八重山のソテツ」安渓貴子・当山昌直編著『ソテツをみなおす――奄美・沖縄の蘇鉄文化史』八〇〜八三頁、ボーダーインク
安渓遊地、二〇一六「西表島の廃村ですごした日々――わたしのはじめてのフィールドワーク」秋道智彌・赤坂憲雄・小長谷有紀編著『人間の営みを探る』(フィールド科学の入口)、玉川出版
安渓遊地・安渓貴子、一九九六「百三十年もつ住まいを――わが家づくり奮戦記①」『生命の島』三七号、三五〜三八頁
安渓遊地・安渓貴子、一九九九「人と自然班報告」『屋久島フィールドワーク講座報告書』一号、一〜一九頁
安渓遊地・安渓貴子、二〇〇〇「屋久島西部・半山集落での暮らし――上屋久町永田・Fさんの語り」『生命の島』五二号、七一〜八〇頁
安渓遊地・安渓貴子、二〇〇一a「火山の島に暮らす――口永良部島のみなさんのお話」『生命の島』五七号、二〇〜二六頁
安渓遊地・安渓貴子編著、二〇〇一b「人と自然班報告」『屋久島フィールドワーク講座報告書』三号、五〜三四頁

安渓遊地・安渓貴子編著、二〇〇三「人と自然班報告」『屋久島フィールドワーク講座報告書』五号、四～一三頁
安渓遊地・安渓貴子、二〇〇四a「小杉谷に暮らした日々――屋久町春牧・堀田優さんのお話」『生命の島』六六号、三一～四一頁
安渓遊地・安渓貴子、二〇〇四b「屋久島最高の村・石塚での暮らし――若者たちと耳を傾ける」『生命の島』六七号、五五～六四頁
安渓遊地・安渓貴子、二〇〇七「山に村があったころ――沖縄県国頭村楚洲・長嶺徳山さんのお話」『生命の島』七八号
安渓遊地・安渓貴子、二〇〇九「第六章スペイン・よみがえる廃村と古民家――サラ一家の健康民宿づくり」『出すぎる杭は打たれない――痛快地球人録』みずのわ出版
安渓遊地・安渓貴子、二〇一六「里海の豊かさを守る」『東アジアにきらめく――長州やまぐちの遺産・自然と文化の再発見』山口県立大学ブックレットCOC新やまぐち学七、東洋図書出版
安渓遊地・安渓貴子・川平永美・山田武男、二〇〇七『西表島の農耕文化――海上の道の発見』法政大学出版局
安渓遊地・安渓貴子・弓削政己・今村規子、二〇一四「国立台湾大学図書館・田代安定文庫の奄美史料――『南島雑話』関連資料を中心に」『南島史学』八二号、一～一九頁
石垣金星、一九九〇「稲葉川――人と自然の関わり（仮題）」『地域と文化――沖縄をみなおすために』五三・五四合併号、ひるぎ社
石垣島測候所、一九六三『石垣島気象災害資料』石垣島測候所、石垣市
石垣市総務部市史編集室、一九八九『八重山古地図展――手描きによる明治期の村地図』温故学会所蔵、石垣市役所
上田不二夫、一九七四「戦前における糸満漁業の発展過程について」『沖縄歴史研究』一一号、一八～六四頁
蛯原一平・安渓遊地、二〇一一「『必要書』にみる明治末期の西表島における自然利用――村人からの贈り物に注目して」安渓遊地・当山昌直編著『奄美沖縄環境史資料集成』六一九～六四四頁、南方新社
大竹勝・三戸幸久、一九八四「屋久島オープン・フィールド博物館を考える」『モンキー』一九七・一九八号、九〇～九三頁、日本モンキーセンター
大濱信賢、一九七一『八重山の人頭税』三一書房
奥間川に親しむ会、二〇〇〇『清流に育まれて――奥間川流域生活文化遺跡調査報告書』著者発行
川平永美述、安渓遊地・安渓貴子編、一九九〇『崎山節のふるさと――西表島の歌と昔話』ひるぎ社（おきなわ文庫から電子書籍として復刊）
喜舎場永珣、一九五四『八重山歴史』八重山歴史編集委員会、石垣市

喜舎場永珣、一九六七『八重山民謡誌』沖縄タイムス社
吉良哲明、一九五四『原色日本貝類図鑑』保育社
金城睦弘、一九七三「墓の変遷」『琉球の文化』四、一五六～一六一
国頭村役場、一九六七『国頭村史』国頭村
郷田實・郷田美紀子、二〇〇五『結いの心――子孫に遺す町づくりへの挑戦』評言社
国立歴史民俗博物館編、一九九九『村が語る沖縄の歴史――再発見・八重山の村の記録』新人物往来社
崎山直、一九七五「明治前期八重山の概況『沖縄県八重山嶋統計一覧略表』について」八重山文化三、一一八～一四三
笹森儀助、一八九四『南島探験』著者発行
竹富町誌編集委員会、一九七四『竹富町誌』瀬戸弘、石垣市
千葉徳爾、一九七二「八重山諸島におけるマラリアと住民」地理学評論四五（七）、四六一～四七四。
津田邦宏、一九八六『屋久杉が消えた谷』朝日新聞社
津野幸人、一九九一『小農本論――誰が地球を守ったか』農文協
豊見山和行ほか編著、二〇一四『琉球・沖縄学における先端的研究領域の開拓――文理融合型研究を目ざした実践的研究プロジェクト成果報告書』琉球大学国際沖縄研究所
仲松弥秀、一九九〇『神と村』梟社
名越護、二〇一七『南島植物学、民俗学の泰斗　田代安定』南方新社
新納義馬、一九七一「沖縄島の植生概観」Biol.Okinawa 八、八八～九四
新納義馬・宮城康一、新城和治、島袋曠、一九七四「八重山群島の植生」『琉球列島の自然とその保護に関する基礎的研究』一、五～三六、文部省
初島住彦、一九七一『琉球植物誌』沖縄生物教育研究会、那覇
初島住彦、天野鉄矢、一九六七『改訂沖縄植物目録』沖縄生物教育研究会、那覇
波部忠重、一九六一『続原色日本貝類図鑑』保育社
東村村史編集委員会、一九八四「飢えとマラリア」『東村誌』第三巻、東村役場
比嘉康文、二〇〇一『鳥たちが村を救った』同時代社

外間正幸・宮城篤正、丹地敏明、一九七四『カラー日本のやきもの１沖縄』淡交社
McClure, F. A., 1966, The Bamboos、Fresh Perspective. Harvard Univ. Press. Cambridge.
真栄田義見、三隅治雄、源武雄、一九七二『沖縄文化史辞典』東京堂出版
牧野清、一九七二『新八重山歴史』著者発行、石垣市
松田高明、一九九七『屋久島の不思議な物語』秀作社出版
宮城文、一九七二『八重山生活誌』著者発行（沖縄タイムス社から再刊）
宮本常一、一九七二「調査地被害――される側のさまざまな迷惑」『朝日講座・探検と冒険』七巻、朝日新聞社
宮本常一・安渓遊地、二〇〇八『調査されるという迷惑――フィールドに出かける前に読んでおく本』みずのわ出版
盛口満、二〇〇六『生き物屋図鑑』木魂社
八重山気象台、一九六八『石垣島の気候表』琉球政府
ヤチムン会、一九七一『ヤチムン会誌』二号、二～三頁、ヤチムン会、那覇
山極寿一、一九八八「屋久島におけるこれまでのエコ・ミュージアム的活動」『上屋久町委託屋久島オープン・フィールド博物館構想報告書』二三～二九頁、屋久島研究グループ
山田武男著、安渓遊地・安渓貴子編、一九八六『わが故郷アントゥリ――西表・網取村の民俗と古謡』ひるぎ社（おきなわ文庫から電子書籍として再刊）
山田雪子述、安渓貴子・安渓遊地編、一九九二『西表島に生きる――おばあちゃんの自然生活誌』ひるぎ社（おきなわ文庫から電子書籍として復刊）
著者不明、一九三八『八重山郷土資料』喜舎場永珣所蔵資料五八

廃村学入門文献解題

〝廃村学〟をキーワードにインターネット検索をしてもほとんどヒットしないだろう。また、漢字文化圏ではそのような学問分野が確立されていないことの証左である。これから多発してくるはずの廃村現象や、廃村研究についての特徴的な文献のいくつかを紹介して、私なりの廃村学入門の手引きとしてみたい。

坂口慶治、一九六八「廃村（Wüstung）の研究」『人文地理』二〇巻六号、六四五〜六六一頁

Study on Deserted Village（Wüstung）in Settlement Geography という英語の題がついた廃村学研究の草分けの論文。一九五〇年代にはじまるドイツでの研究を紹介している。坂口氏は、近畿地方の廃村の地理学的研究を長年にわたって進めたが、一九六六年の「丹後半島における廃村現象の地理学的考察」『人文地理』一八巻六号が、最初期の論文である。

森口豁《かつ》、一九八五『子乞《こご》い――八重山鳩間島生活誌』マルジュ社（二〇〇五年『子乞い――沖縄孤島の歳月』として凱風社から新装版再刊）

西表島の北にある鳩間島。子どもがいなくて学校がなくなりそうになったとき、学校がなくなるのと同時に廃村になった網取村の例などに危機感を抱いた島民たちは、沖縄島から里子を迎えることにした。テレビドラマ「瑠璃の島」の原作。

石垣市総務部市史編集室、一九八八『石垣島 村むら探訪――野底・伊原間・開拓の村むら・桴海・安良』石垣市、三八二頁

石垣市史巡検の手引きとして刊行された冊子を合冊にしたもの。安良などの廃村の総合案内を含んでいる。

国立歴史民俗博物館編、一九九九『村が語る沖縄の歴史――再発見・八重山の村の記録』新人物往来社、二五六頁

本文でも紹介したが、首里王府の支配のおよぶ前の中世の八重山の村の姿が、現在からは想像できないような城砦型のものがあったことなど、研究の成果の現地への還元をめざして、分かりやすく多角的に紹介している。

赤坂憲雄編、二〇〇六『季刊東北学』第七号、特集「廃村——少子高齢化時代を迎えて」東北芸術工科大学東北文化研究センター
　民俗学と地域づくりの観点からの廃村特集。著者と表題は以下のとおり。湯川洋司「山村民俗の変容と現在」、保母武彦「中山間地域の内発的発展——地域再生のキーワードとしての『集落』」、沼野夏生「雪国の中山間地域は住み継げるか——季節居住と雪処理ボランティアへの取り組みを通して」、佐藤晃之輔「秋田県の廃村と高度過疎集落の実態」、島津邦弘「地図から消えた『むら』——中国山地の過去・現在・未来」、須藤護「木地師の村のゆくえ」、稲垣尚友「無人化する島——オキシマ・臥蛇島の場合」、竹内祐二「イタリアの街並みに見る空間構成——廃墟となった街、保存と再生、都市の回廊空間に関する一考察」、飯塚俊男「エッセイ・映画と廃村」

ダイアモンド・J、二〇〇五『文明崩壊——滅亡と存続の命運を分けるもの』上・下巻、草思社
　ほぼ同じ環境条件下の他の文明が存続できたなかで、滅亡する文明があった。その条件を探ったベストセラー。食糧よりも教会のステンドグラスを優先したために滅んだグリーンランド最後の村の例など、失敗学の教科書としても読める。

矢原徹一、二〇一一「人類五万年の環境利用史と自然共生社会への教訓」湯本貴和編・松田裕之・矢原徹一責任編集『環境史とは何か』日本列島の三万五千年——人と自然の環境史1、七五～一〇四頁、文一総合出版
　アフリカを出て五万年あまりの時間の中で、現世人類が歩んだ環境改変の歴史を検討した論文。前述のダイアモンドの著作の批判的紹介を行っている。

西日本新聞文化部編、二〇〇〇『唯我独創の国から』みずのわ出版
　新聞連載を単行本化したもの。第二部は、「西日本〝現代遺跡〟行」となっていて、九州と山口の二五か所をルポしている。五島列島・野崎島の「祈り途絶えし教会」では、戦後普及した電気・ガス・電話という月々の現金払いが必要な〝文明の利器〟が、畑とイリコ製造で暮らしていた、最盛期一七一人もの信仰共同体の生活を立ちゆかなくしたことが語られている。

山本務、二〇一四「限界集落論への疑問」『県立広島大学経営情報学部論集』第六号、一一三〜一二三
http://harp.lib.hiroshima-u.ac.jp/pu-hiroshima/file/12207/.../keijoron06113.pdf
「限界集落」というパンチのある言葉が、二〇〇六年以降、マスコミで広くつかわれるようになった状況を、関連記事をていねいにひろって紹介している。住民の半数以上が六五歳以上の集落が、全国の過疎地の平均で一二・七％であるのに、四国では二〇％、中国地方では一八・一％に達すること、住民の全員が六五歳以上という集落は、全国で〇・七％であり、四国と北陸では一・三％、中国と中部では一・一％であることなど、を紹介した。いまにも滅びるような論調にもかかわらず、現実の集落消滅はかなりまれにしか起こっていないと述べている。

「までい」特別編成チーム企画編集、二〇一一『までいの力――福島県飯舘村にみる一人一人が幸せになる力』SEEDS出版
原発震災の直前までの飯舘村民からの「自分さえ良ければ病」につける薬「お互い様のまでいの力」を紹介する写真たっぷりの絵本。扉をめくると、「ここには二〇一一年三月一一日午後二時四六分以前の美しい飯舘村の姿があります。」という文章がある。原発震災で失ったとりかえしのつかないものの大きさに呆然とさせられる一冊。

ウェブページ紹介

国土交通省・総務省、二〇一六『平成二七年度　過疎地域等条件不利地域における集落の現況把握調査』
https://www.mlit.go.jp/kokudoseisaku/kokudokeikaku_tk3_000010.html
〝条件不利地域〟の七万五六六二集落の二〇一五年四月時点での人口動向等についての政府調査。二〇〇九年の前回調査から追跡可能な六万四八〇五集落のうち、無居住化（通年で居住者が存在しない状態をいう）集落は、全体の〇・三パーセントにあたる一七四集落で、そのうち二七は東日本大震災による津波被災地の集落だった。

廃墟検索地図　http://haikyo.crap.jp/ck/912.html
地図から廃墟や産業遺産を探したり、レポートやブログ、写真を探せるサイト。奄美沖縄は登録がないが、イタリアとアメリカが一か所ずつ加わっている。

廃村と過疎の風景　http://heyaneko.web.fc2.com/ghle.html

「廃村ひとすじ！」を生き甲斐とするHeyanekoこと浅原昭生さんのホームページ。同題で単行本化されたものも多数。

文部科学省　〜未来につなごう〜「みんなの廃校」プロジェクト　http://www.mext.go.jp/a_menu/shotou/zyosei/1296809.htm

維持するにも解体するにもお金がかかる廃校をなんとか使って欲しい地方公共団体の物件情報を文科省がまとめたもの。さまざまな活用事例リンク集がついている。

西表島の廃村生活誌三冊

本書第二章でも引用した西表島網取村の山田武男さんの記録や、山田雪子さんの生活誌、崎山村の川平永美さんの語りは、以下のサイトで「西表」と検索すれば読める。https://booklive.jp/focus/keisai/k_id/2435

聞き書き・奄美沖縄の島の生活誌

前記のサイトで、出版社の「ボーダーインク」を検索すれば、奄美沖縄環境史研究会（リカミン）編の七冊のブックレットがヒットする。続刊が出るという噂もあり、目が放せない。

沖縄廃村研究

本文第一章の末尾でも紹介したが、北條芳隆氏らの網取村での考古学発掘（http://www.hum. u-tokai.ac.jp/arch/hojo/）。石井龍太氏の、網取村、崎山村、石垣島安良村、宮古島狩俣村、沖縄島底川村の廃村考古学研究も読める（http://www.josai.ac.jp/~ishiir/index.html）。

初出一覧

第 1 章　安渓遊地、1977 と安渓遊地、2016 を改訂
第 2 章　川平永美、1990（抜粋）　山田武男、1986（抜粋）
第 3 章　安渓遊地、新稿　Ⅲのみ、安渓遊地、2015b
第 4 章　安渓遊地、1996　石垣金星、1990（抜粋）
第 5 章　安渓遊地・安渓貴子、1999（抜粋）
第 6 章　安渓遊地・安渓貴子、2000
第 7 章　安渓遊地・安渓貴子、2004a
第 8 章　安渓遊地・安渓貴子、2004b
第 9 章　安渓遊地・安渓貴子、2007
第 10 章　安渓遊地・安渓貴子、2001a
第 11 章　安渓遊地、新稿

使用した図表のリスト

ページ

廃村・存続・復活の事例と人物の索引

廃村化の背景ときっかけ

集落の存続と復活

◆編著者プロフィール

安渓遊地（あんけい・ゆうじ）

1951年、富山県射水郡二口村生まれ。京都大学大学院で伊谷純一郎氏の指導を受け沖縄・アフリカの人と自然のかかわりを学ぶ。アフリカの物々交換経済の研究で京都大学理学博士。西表ヤマ大学に在学中。編著書に『奄美沖縄環境史資料集成』（当山昌直と共編著 2011年 南方新社）、『西表島の農耕文化』（法政大学出版局 2007年）など。URL http://ankei.jp

◆著者プロフィール

安渓貴子（あんけい・たかこ）

愛知県名古屋市生まれ。生態学・民族生物学専攻。微生物生理の研究で理学博士。現在、山口大学医学部や看護学校等で生物学と文化人類学の非常勤講師。著書に『森の人との対話』（東京外大AA研 2009）、共編著に『ソテツをみなおす』（ボーダーインク 2015）など。

川平永美（かわびら・えいび）

1903年、西表島網取村に生まれ、崎山村で育つ。1990年、ひるぎ社から『崎山節のふるさと』（おきなわ文庫）を出版。2000年逝去。

山田武男（やまだ・たけお）

1919年、西表島網取村に生まれる。1967年に石垣島に転出。1986年逝去。没後ひるぎ社から『わが故郷アントゥリ』（おきなわ文庫）が出版された。

廃村続出の時代を生きる
——南の島じまからの視点

二〇一七年三月三十一日　第一刷発行

編著者　安渓遊地
発行者　向原祥隆
発行所　株式会社南方新社
〒八九二―〇八三七
鹿児島市下田町二九二―一
電話　〇九九―二四八―五四五五
振替口座　〇二〇七〇―三―二七九二九
URL　http://www.nanpou.com
E-mail　info@nanpou.com

印刷・製本　株式会社イースト朝日
定価はカバーに表示しています
落丁・乱丁はお取り替えします
ISBN 978-4-86124-363-9 C0036

※この本は、二〇一六年度山口県立大学
出版助成を受けて出版されました。